성공을 끌어오는 마음의 법칙

쉬브 케라 | 백지연 옮김

YOU CAN WIN
by
Shiv Khera

Translation copyright © 1999 by Aquarius
You Can Win

Copyrigh © 1998 by Shiv Khera

성공을 끌어오는 마음의 법칙

쉬브 케라 | 백지연옮김

물병자리

옮긴이 백지연은 한국외국어대학교와 동대학원을 졸업하고, 전문 번역가로서 활동중이다. 옮긴 책으로는 《코니는 내 친구》《불고기 덩치》《숲속의 의자》 등 다수가 있다.

성공을 끌어오는 마음의 법칙

지은이/쉬브 케라
옮긴이/백지연
펴낸이/류희남
교정·편집/김기중, 강혜련

1판 1쇄 발행일/1999년 1월 20일
1판 6쇄 발행일/2002년 8월 30일

펴낸곳/물병자리
출판등록일(번호)/1997년 4월 14일(제2-2160호)
주소/110-121 서울시 종로구 종로 1가 24번지 수도빌딩 506호
대표전화/(02) 735-8160 팩스/ (02) 735-8161
e-mail/aquari@unitel.co.kr

ISBN/89-87480-16-X 03300

머리말

당신은 살아오는 동안 방황하는 사람들을 자주 만나 왔을 것입니다. 그들은 운명이 그들에게 가져다 주는 어떤 것도 순순히 받아들였습니다. 단지 소수만이 우연히 성공할 수 있으나 대부분은 일생 동안 좌절과 불행을 겪습니다.

이 책은 그러한 사람을 위한 것은 아닙니다. 그들은 성공하고자 하는 결의나 성공하기 위하여 필요한 시간과 노력을 쏟으려고 하는 의지가 없습니다.

이 책은 당신을 위한 책입니다. 당신이 이 책을 읽는다는 단순한 사실 자체가 지금보다 더 부유하고 풍요로운 삶을 살기 원한다는 것을 시사합니다.

이 책은 당신이 그러한 삶을 살 수 있도록 해줍니다.

이 책은 어떤 종류의 책인가?

어떤 의미에서 이 책은 건축 지침서입니다. 이 책은 당신이 성공을 위해 필요한 도구들을 설명하고 있고, 성공적인 그리고 살 만한 가치가 있는 삶을 이루기 위한 청사진을 제공합니다.

또한 이 책은 요리책입니다. 이 책은 성공하기 위해서

> 실패하지 않는 것이 곧 성공은 아니다. 성공은 궁극적인 목적을 달성하는 것이다. 성공은 개별적인 모든 전투에서 승리하는 것이 아니라 궁극적으로 전쟁에서 이기는 것을 의미한다.
> —에드윈 C. 블리스

당신에게 필요한 재료(원리들)를 열거하고 있으며, 이 재료들을 적절한 비율로 섞어 요리하는 조리법을 제시하고 있습니다.

그러나 무엇보다도 이 책은 안내서입니다. 다시 말하면 성공을 꿈꾸는 당신에게 당신 안에 있는 성공에 대한 잠재력을 일깨워 주는 단계적이고 초보적인 입문서인 것입니다.

이 책을 어떻게 읽을 것인가?

이 책은 당신이 새로운 목표를 세우고 새로운 목적의식을 고무시키며 자신과 미래에 대한 새로운 생각을 갖도록 도와줄 것입니다. 책의 제목처럼 이 책은 당신에게 성공적인 일생을 보장합니다.

그러나 이 책을 대충 읽거나 한 번에 속독으로 책 전체를 읽어나가면 이 책에서 나타내고자 하는 생각들을 흡수할 수 없을 것입니다. 이 책은 천천히 그리고 주의 깊게 한 번에 한 장(章)씩 읽어야 합니다. 한 장(章)안에 있는 모든 생각들을 전부 이해하였다고 확신하기 전에는 다음 장(章)으로 넘어가서는 안 됩니다.

이 책을 학습장처럼 이용하십시오. 책의 구석구석에 당신만의 노트를 하십시오. 읽으면서 중요한, 특히 당신에게 적용 가능한 낱말이나 문장에 표시를 해 두십시오.

이 책을 읽으면서 각 장에 나오는 생각들을 배우자나 동료 또는 친한 친구와 토론해 보십시오. 당신의 장점과 약점을 잘 알고 있는 누군가에게서 듣는 간접적이거나 솔직한 의견이 매우 유익할 수 있습니다.

이 책을 읽는 방법
· 천천히 한 장씩 숙독하라.
· 중요하고 필요한 부분을 체크하라.
· 책 내용을 주위 사람과 토론하라.

행동 계획 세우기

이 책의 목적 중에 하나는 남은 인생 동안 당신이 '행동할 계획'을 만들 수 있도록 도와주는 것입니다. 만약 '행동 계획'을 만들어 본 적이 없다면, 다음 세 가지를 정의해 보십시오.

1. 성취하고자 하는 것
2. 그것을 이루는 방법
3. 그것을 이루기 위한 계획

이 책을 읽는 동안에 노트를 항상 곁에 두고 활용하고 노트에 세 부분으로 나누어 기록하십시오. 말하자면 당신의 목표와 목표를 이루기 위한 단계적인 방법 그리고 성공을 위한 시간 계획서 부분으로 구분하십시오.

이 책을 다 읽을 무렵, 당신의 노트에는 새 삶을 이루기 위한 토대가 완성되어 갈 것입니다.

이 책에 나와 있는 원리들은 보편적인 것입니다. 이러한 원리는 어떠한 상황, 어떠한 조직 그리고 어떠한 나라에서나 적용 가능한 것입니다. 플라톤이 말했듯이 " 진리는 영원합니다."

여기에 나오는 원리들은 남성 여성 모두에게 적용할 수 있고 또한 그 원리는 많은 사람들의 실패가 능력이나 지성의 부족함이라기보다는 욕망 · 방향 · 헌신 · 자제심의 부족에서 비롯된다는 것을 전제로 한 것입니다.

행동계획을 세우는 법
1. 내가 성취하고 싶은 것은?
2. 그것을 이룰 방법은?
3. 이루기 위한 계획은?

감사의 말

어떤 성취를 이루기 위해서는 많은 사람들의 노력이 필요합니다. 이 책도 예외는 아닙니다. 이 책을 쓸 때 많은 인내와 지원을 아끼지 않은 아내와 딸들에게 감사합니다. 또한 이 책이 출간될 수 있도록 성실하게 노력하며 도와주신 여러분에게 감사합니다.

본서에 나오는 많은 예들과 이야기, 일화는 지난 25년 동안 신문, 잡지, 연설자들 그리고 세미나 참석자들 등 여러 출처에서 인용한 것입니다. 유감스럽게도 출처들을 모두 밝히지는 못했습니다. 따라서 일일이 다 감사의 뜻을 나타내지는 못했습니다. 비록 익명일지라도 이 작업에 기여한 사람들에게 감사의 말씀을 전하고 싶습니다.

이 책에서 인용한 모든 자료에 이 작업의 공을 돌리고 싶습니다. 만약 부주의하게 언급하지 않았다면 다음 번 출간시에 필자의 관심을 끌었던 분들에게 적절한 감사의 언급을 하겠습니다.

저작권이 있는 자료를 이용하도록 허용해 주신 분들에게 특별한 감사의 말씀을 드립니다.

차 례

1. 마음가짐의 중요성

어떤 박람회에서 풍선을 팔아 생계를 잇는 사람이 있었습니다. 그는 빨강, 노랑, 파랑 그리고 녹색을 비롯한 모든 색깔의 풍선을 가지고 있었습니다. 장사가 뜸할 때마다 그는 헬륨으로 가득 찬 풍선을 공중에 날리곤 했습니다. 아이들이 그 모양을 보곤 풍선이 사고 싶어졌습니다. 아이들은 그에게로 와서 풍선을 샀고, 다시 매상이 올라갔습니다. 그는 이 일을 하루종일 반복하곤 했습니다. 어느 날 누군가가 그의 윗도리를 세게 당기는 것이었습니다. 돌아서 보니 한 작은 아이가 이렇게 물었습니다. "아저씨, 검정 풍선을 날려도 하늘 높이 날아가요?" 그는 아이의 호기심에 감명을 받아 공감하듯 이렇게 말했습니다. "애야, 풍선이 뜨는 것은 풍선의 색깔 때문이 아니고 풍선 안에 들어 있는 물질 때문이란다."

똑같은 이치가 우리의 삶에도 적용될 수 있습니다. 중요한 것은 우리 안에 무엇이 들어 있는가 하는 것입니다. 우리가 발전할 수 있는 깃은 우리 안에 있는 마음가짐 때문입니다.

당신은 왜 특정 개인이나 단체나 국가가 성공하는지 궁금해 본 적이 있습니까?

특별한 비결이 있는 것이 아닙니다. 이러한 사람들은 단순하게 생각하고 좀더 효율적으로 행동하기 때문입니다. 그들은 가장 귀중한 자산인 사람에게 투자함으로써 성공하는 방법을 알게 된 것입니다. 한 개인, 단체, 또는 국가의 성공은 사람의 자질에 달려 있다고 생각합니다.

"비즈니스에서 가장 큰 자산은 사람이다"

나는 세계적인 대기업의 중역들과 얘기해 본 적이 있으며 그들에게 똑같은 하나의 질문을 해 왔습니다. "당신에게 요술 지팡이가 생겨서 꼭 한 가지 바꾸고 싶은 것이 있는데, 그것이 시장에서 생산을 증가시켜주고 이익을 증대시켜주는 것이라면, 무엇을 바꾸겠습니까?" 그 대답은 만장일치였습니다. 만약에 사람들이 더 나은 마음가짐을 가진다면, 그들은 좀 더 나은 팀플레이를 할 수 있으며 낭비를 줄이고 업무 완성도를 높이며 그들 회사를 일하기 훌륭한 장소로 만든다는 것이었습니다. 곧 그들은 마음의 자세를 이야기했습니다.

하버드 대학교의 윌리암 제임스는 "우리 세대의 가장 큰 발견은 사람이 마음자세를 바꿈으로써 자신의 삶을 바꿀 수 있다는 사실이다"라고 말했습니다.

"사람은 당신의 가장 큰 자산이자 가장 큰 부채이다"

인적 자원이 어떠한 비즈니스에서나 가장 귀중한 자산이라는 것은 이제까지의 경험이 잘 말해 줍니다. 그것은 자본이나 시설보다 더 귀중한 것입니다. 하지만, 불행하게도 가장 잘 외면되는 것이기도 합니다. 사람은 당신의 가장 큰 자산이자 가장 큰 부채입니다.

TQP - 총체적인 자질을 갖춘 사람

많은 트레이닝 프로그램, 예를 들면 고객 서비스, 판매

기법, 전략적 계획 등을 접해 본 나로서는, 이 모든 훌륭한
프로그램들에는 하나의 중요한 전제조건이 따른다는 결
론에 이르렀습니다. 즉 모든 프로그램은 올바른 기반을 갖
지 않으면 어느 것도 성공적인 프로그램이 되지 못한다는
것이며, 그 올바른 기반은 바로 'TQP'입니다. TQP가 무엇
일까요? TQP는 총체적인 자질을 갖춘 사람(Total Quality
People) 즉 인격, 성실, 가치관, 그리고 적극적인 태도를 가
진 사람입니다.

내 말을 오해하지 마십시오. 다른 프로그램도 필요합니
다. 그러나 그 모든 프로그램은 올바른 기반을 가질 때에
만 성공할 수 있습니다. 그 기반이 TQP입니다. 예를 들면,
어느 고객 서비스 프로그램은 교육 참가자에게 "어서 오
십시오", "감사합니다" 말하면서 미소를 띠며 악수할 것을
가르칩니다. 그러나 만약 그가 고객에게 봉사하겠다는 욕
망이 없다면, 그가 얼마 동안이나 가짜 미소를 지속할 수
있을까요? 게다가 사람들은 그의 마음을 꿰뚫어 봅니다.

마음에서 우러나오는 미소가 아니라면 오히려 짜증나는
일입니다. 중요한 것은 형식보다 내용이라는 것입니다. 물
론 "어서 오십시오", "감사합니다"와 같은 친절한 말이나
미소짓는 일도 필요합니다. 사실 그것들은 매우 필요합니
다. 그러나 명심해야 할 것은 그러한 서비스는 봉사하겠다
는 욕망이 더해졌을 때 더욱 쉽게 나온다는 것입니다.

어떤 사람이 유명한 프랑스 철학자인 파스칼에게 "만약
에 내가 당신의 머리를 가질 수 있다면, 좀더 나은 사람이
될 수 있을 것입니다"라고 말했다 합니다. 그때 파스칼은
이렇게 대답했다고 합니다. "좀더 나은 사람이 되십시오.
그러면 당신은 내 머리를 가질 수 있을 것입니다."

TQP란?
Total Quality People로
총체적 자질을 갖춘 사
람 즉 인격, 성실, 가치
관 그리고 적극적인 태
도를 가진 사람.

캐나다의 캘거리 타워는 높이가 190.8 미터입니다. 총 중량은 10,884 톤이며 그 중 대략 60%인 6,349 톤은 지하에 해당합니다. 이것은 건물이 클수록 그만큼 튼튼한 토대를 가졌다는 것을 보여줍니다. 큰 건물이 튼튼한 토대 위에 서 있는 것과 마찬가지로 성공 또한 그렇습니다. 그리고 성공의 토대는 바로 마음가짐입니다.

당신의 마음가짐이 성공에 기여합니다

하버드 대학교에서 실시한 조사에 따르면, 일자리를 얻게 된 사람들 중에 85%는 태도 때문이고 15%는 똑똑함과 지식 때문이라는 것입니다. 놀랍게도 교육비의 거의 100%가 일터에서 15%밖에는 성공을 가져다주지 않는 지식을 위해 쓰여진다는 것입니다.

"성공의 결정적 요인은 마음가짐에 달려있다"

이 책은 85%의 성공을 위해 쓰여진 것입니다. 마음가짐(Attitude)은 영어에서 가장 중요한 단어입니다. 그 말은 개인적인 그리고 직업적인 생활을 포함한 모든 삶의 영역에 적용할 수 있습니다. 어떤 회사의 중역이 좋은 마음가짐이 없이 탁월한 중역이 될 수 있을까요? 어떤 학생이 좋은 태도 없이 훌륭한 학생이 될 수 있을까요? 부모가, 선생님이, 세일즈맨이, 사용자가, 종업원이 좋은 자세를 갖지 않고 그들의 역할을 잘 해낼 수 있을까요?

당신이 선택한 분야를 불문하고, 성공의 기반은 마음가짐입니다.

만약에 그 마음가짐이 성공의 결정적인 요인이라면, 삶에 대한 당신의 마음가짐을 점검하고 당신의 마음가짐이 당신의 목표에 어떤 영향을 주는지 생각해 보지 않을 수 있겠습니까?

대량의 다이아몬드

아프리카에 행복과 만족을 모두 누리며 사는 하피즈라
는 한 농부가 있었습니다. 그는 만족했기 때문에 행복했습
니다. 그리고 행복했기 때문에 만족했습니다. 어느 날, 현
자(賢者)가 그를 찾아와 다이아몬드의 영화로움과 그 위
력에 대해 말해 주었습니다. 현자는 말하기를 "만약 당신
이 엄지손가락 크기만한 다이아몬드를 가지게 된다면 당
신 소유의 도시를 만들 수도 있을 것이다. 그리고 만약 다
이아몬드의 크기가 주먹만하다면 당신은 당신만의 나라
를 가질 수 있을 것이다"라고 말하며 가 버렸습니다. 그날
밤 그 농부는 잠을 이룰 수가 없었습니다. 그는 만족하지
못했기 때문에 불행했습니다. 그리고 불행했기 때문에 만
족하지 못했습니다.

다음날 아침 그는 농장을 팔고 다이아몬드를 찾기 위해
떠났습니다. 그는 아프리카 전 지역을 찾아 나섰지만 그
어느 곳에서도 다이아몬드를 발견할 수 없었습니다. 스페
인에 이르렀을 때, 그는 정서적으로나 신체적으로 그리고
금전적으로 파산에 이르렀습니다. 그는 매우 낙담하여 바
로셀로나 강에 투신자살했습니다.

고향에서는 그의 농장을 샀던 사람이 농장을 가로지르
는 냇가에서 낙타들에게 물을 주고 있었습니다. 냇가 너머
로 아침 햇살이 냇물속 돌에 부딪쳐 무지개처럼 반짝거렸
습니다. 새 주인는 그 돌을 외투의 장식으로 쓰면 좋을 것
이라고 생각했습니다. 그는 그 돌을 집어다가 거실에 두었
습니다. 그날 오후 현자가 찾아와서 반짝이는 돌을 보고,

"하피즈가 돌아왔나?"라고 물었습니다. 새 주인이 "아니오, 그런데 그건 왜 묻지요?"라고 말하자, 현자는 "오, 그 돌은 다이아몬드일세. 내 눈은 정확하네"라고 말했습니다. 이에 농부가 대답했습니다. "아닙니다. 이 돌은 단지 냇가에서 주어 온 것일 뿐입니다. 제가 그곳으로 안내해 드리지요. 아직도 그런 돌은 많이 있답니다"라고 말했고, 그들은 함께 몇 개의 돌을 표본으로 채취하여 감정을 의뢰했습니다. 그 돌들은 분명히 다이아몬드였습니다. 그 농장은 대량의 다이아몬드로 덮여 있었던 것이었습니다.

이 이야기의 교훈은 무엇입니까?

이 이야기에는 다섯 가지 교훈이 있습니다.

"내가 흙 위에 서 있느냐 다이아몬드 위에 서 있느냐를 결정하는 것은 내 마음가짐이다"

1. 마음가짐이 올바를 때, 우리는 우리가 넓은 땅의 다이아몬드 위를 걷고 있다는 것을 깨닫습니다. 기회는 항상 우리 발 밑에 있습니다. 다른 곳으로 갈 필요가 없습니다. 우리가 해야 할 것은 이러한 사실을 깨닫는 것입니다.
2. 남의 떡이 더 커 보인다는 것입니다.
3. 내가 다른 사람의 떡을 탐낼 때, 반대로 우리의 떡을 탐내는 다른 사람이 있다는 것입니다. 그들은 우리와 서로 떡을 바꾸기를 원합니다.
4. 사람들은 기회를 인식하는 방법을 알지 못하기 때문에 막상 기회가 문을 두드리면 그 소리에 불평합니다.
5. 같은 기회는 두 번 다시 오지 않습니다. 다음 기회는 더 좋거나, 더 나쁘거나 둘 중의 하나입니다. 그러나 결코 똑같은 기회는 아닙니다.

다윗과 골리앗

우리는 다윗과 골리앗의 이야기를 알고 있습니다. 마을에 아이들을 괴롭히고 성가시게 하는 한 거인이 있었습니다. 어느 날 17살 난 다윗이 그의 형제들에게 "왜 그 거인에게 대항하여 싸우지 않나요?"라고 물었습니다. 다윗의 형제들은 겁에 질려 말했습니다. "그는 우리가 맞서서 싸우기에 너무 크지 않니?" 그러나 다윗은 이렇게 대답했습니다. "그렇지 않아요. 그는 맞서 싸우기에 너무 큰 게 아니라 주먹이 빗나가기에 너무 클 뿐이에요"라고 말했습니다. 나머지는 역사 이야기와 같습니다. 우리는 어떤 일이 있었는지 잘 압니다. 다윗은 그 거인을 돌팔매질로 죽였습니다. 똑같은 대상을 대하지만 인식 방식이 달랐던 것입니다.

우리의 마음가짐은 장애물을 보는 방식을 결정합니다. 긍정적으로 생각하는 사람에게는 장애물도 성공으로 가는 디딤돌이 될 수 있지만, 부정적으로 생각하는 사람에게는 발부리에 걸리는 장애물이 됩니다.

큰 조직은 임금이나 작업 조건에 의해 판단되는 것이 아니라 정서, 태도, 그리고 사람들 사이의 인간관계 등에 의해 판단됩니다.

종업원이 "난 그것을 할 수 없어"라고 말할 때, 두 가지로 해석이 가능합니다. 그들이 어떻게 하는지를 모르는 것일까요 아니면 하고 싶지 않다는 것일까요? 만약 방법을 모른다면, 그것은 트레이닝의 문제입니다. 그러나 만약에 하고 싶지 않다는 뜻이라면, 그것은 마음가짐의 문제(상관하지 않는다)이거나 가치관의 문제(해서는 안 되는 것으로 믿고 있다)입니다.

우리의 마음가짐은 난관과 장애물을 어떻게 볼 것인가 결정한다.

총체론적 접근

나는 총체론적 접근을 믿습니다. 우리는 하나의 팔이나 다리가 아닙니다. 우리는 완성된 인간입니다. 이렇게 개체가 모여 완성된 인간이 일터에 나갔다가 집에 돌아옵니다. 우리는 가족 문제를 일터에 가져가고 직장의 문제를 집에 가져옵니다. 우리가 가족 문제를 일터에 가져가면 어떤 일이 생기겠습니까? 우리의 스트레스 수준은 상승하고 생산성은 내려갈 것입니다. 마찬가지로 직장과 사회문제는 우리 생활의 모든 측면에 영향을 끼칩니다.

이러한 문제들을 복잡한 어른들의 말투로 해석해 보십시오. 그리고 당신 가족의 생활이나 당신의 일 또는 국가나 세계에 적용시켜 보십시오. 그러면 명료하고 분명하고 확실해집니다.

우리의 태도를 결정하는 요인들

우리 태도를 결정하는
3요소 — 3E
· 환경(Environment)
· 경험(Experience)
· 교육(Education)

우리들의 태도는 타고나는 것입니까, 아니면 성숙하면서 발전하는 것입니까?

만약에 당신이 처한 환경 때문에 삶에 대하여 부정적인 시각을 가졌다면, 당신은 당신의 태도를 바꿀 수 있습니까? 우리가 가진 태도의 대부분은 우리의 인격 형성기에 구체화됩니다.

우리의 태도를 결정하는 세 가지 요인은 다음과 같습니다.

환경 (Environment) · 경험 (Experience) · 교육 (Education)

환경 · 경험 · 교육을 태도의 3E 라고 합니다. 이 세 가지

요인을 하나씩 평가해 봅시다.

① 환경

환경은 다음의 것들로 구성됩니다.

가정 : 긍정적 또는 부정적 영향

학교 : 또래 집단의 압력

일터 : 따뜻하게 대해 주거나 또는 지나치게 비판적인
　　　상사

매체 : 텔레비전, 신문, 잡지, 라디오, 영화

문화적 배경

종교적 배경

전통과 신념

사회적 환경

정치적 환경

이 모든 환경 요인들이 하나의 문화를 만듭니다. 어떤 곳일지라도 그것이 집이나 조직이나 국가일지라도 하나의 문화가 형성됩니다.

가끔이라도 판매원, 감독자, 지배인 그리고 주인 등 모두가 공손한 가게를 본 적이 있습니까? 그러나 모든 사람들이 무례하고 버릇없다고 느껴지는 가게는 쉽게 만날 수 있습니다.

아이들과 부모들이 행동거지가 얌전하고 예의바르며 사려깊은 가정이 있는 반면에 가족끼리 매우 심하게 다투는 가정도 있습니다.

정부와 정치적 환경이 정직한 나라에서는 일반적으로 사람들이 정직하고 법을 잘 지키며 서로가 상부상조합니다. 그리고 그 반대의 경우도 사실입니다. 부패한 환경에서는 정직한 사람이 어려움을 겪게 됩니다. 반면에 정직한 환경에서는 부패한 사람이 어려움을 겪습니다.

긍정적인 환경에서는 최저의 능력을 가진 생산자의 생산성은 상승합니다. 부정적인 환경에서는 최고 능력자의 생산성도 하락합니다.

_{문화는 항상 위에서 아래로 전파된다.}

문화는 어느 곳에서나 항상 탑다운(top-down) 방식(위에서 아래로)으로 가지 결코 바틈업(bottom-up) 방식(아래에서 위로)으로 가지 않습니다. 한 걸음 뒤로 물러서서 우리가 우리 자신들과 주위 사람들을 위해 어떠한 환경을 만들어 왔는지를 바라볼 필요가 있습니다. 부정적인 환경에서 긍정적인 행동을 기대하기는 어렵습니다. 무법이 법이 되는 곳에서는 정직한 시민들은 사기꾼, 악한 또는 도둑이 됩니다.

우리가 처해 있는 또는 우리가 다른 사람들을 위해 만들어 온 환경을 평가할 시간이 되지 않았을까요?

② 경험

우리들의 행동은 사람들과의 경험과 우리 생활의 사건들에 따라 변하게 됩니다. 만약 우리가 어떤 사람과 긍정적인 경험을 하게 되면, 그에 대한 태도는 긍정적이 되고 반대의 경우는 부정적으로 됩니다.

③ 교육

나는 단지 학문적인 교육만을 말하는 것이 아니라, 공식적인 그리고 비공식적인 교육 모두를 언급하는 것입니다. 전략적으로 응용된 지식은 성공을 보증하는 지혜라고들 합니다. 보다 광범위한 의미에서의 교육을 말하는 것입니다.

교육자의 역할은 극히 중요합니다. 선생님은 영원히 영향을 주고 그 파급효과는 헤아릴 수 없습니다.

우리들은 정보의 홍수 속에 빠져 익사할 지경이지만 지식과 지혜에 갈증을 느끼고 있습니다. 교육은 우리에게 생계를 유지하는 방법뿐만 아니라 또한 어떻게 살아야 할 것인가를 가르쳐 주어야 합니다.

긍정적인 태도를 가진 사람을 어떻게 구분하나

건강이 나쁘지 않다는 것이 반드시 좋은 건강을 의미하지 않는다는 것과 마찬가지로, 부정적인 면이 없다는 것만으로는 그 사람을 긍정적으로 만들지 않습니다.

긍정적인 태도를 가진 사람들은 쉽게 알아볼 수 있는 성격과 특성을 가지고 있습니다. 그들은 주위를 돌보며 자신감과 인내심이 있고 겸손합니다. 그들은 자신과 다른 사람에 대한 높은 기대를 가지고 있습니다. 그들은 긍정적인 결과를 예상합니다.

긍정적인 태도를 가진 사람은 사계절 과일과 같습니다. 그는 항상 환영받습니다.

> 긍정적인 태도를 가진 사람 — 그들은 주위를 돌보고, 자신감 · 인내심 · 겸손함을 경의하며, 타인에 대한 기대가 높고 긍정적 결과를 예상한다.

긍정적인 태도가 주는 이익

긍정적인 태도가 주는 이익은 참으로 많고 찾기도 쉽습니다. 그러나 찾기 쉬운 것은 또한 놓치기도 쉽습니다. 몇 가지만 언급하면, 긍정적 태도는

- 생산성을 증대시키고
- 팀워크를 기르며

- 문제를 해결하고
- 자질을 향상시키며
- 마음이 맞는 분위기를 만들고
- 성실성을 배양하고
- 이윤을 증대시키며
- 사용자와 종업원 그리고 고객들과의 관계를 향상시키며
- 스트레스를 감소시키고
- 사회에 기여하는 구성원이 되며 나아가서 그 나라의 자산이 되도록 도와주며
- 쾌활한 성격의 소유자가 되게 합니다.

부정적 태도의 결과

부정적인 태도는 자신을 망치며 사회와 주변 사람에게 나쁜 영향을 미치며 후세에게도 부정적 영향을 미친다.

우리 인생은 장애물 코스이며, 부정적인 태도를 가짐으로써 우리가 우리 자신의 가장 큰 장애물이 되기도 합니다. 부정적인 마음가짐을 가진 사람은 우정과 일과 결혼과 대인관계를 잘 유지하는 데 어려움을 겪습니다. 그들의 태도는 다음과 같은 것을 유발합니다.

- 쓰라림
- 분개
- 목적 없는 삶
- 나쁜 건강
- 그들 자신과 타인에게 높은 수준의 스트레스

그들은 가정과 직장에서 부정적인 분위기를 만들어 내며 사회에 짐이 됩니다. 그들은 또한 주위에 있는 타인들과 미래의 세대들에게 부정적인 행동을 전파하게 됩니다.

부정적인 마음가짐을 인식하게 되었을 때 왜 우리는 변하지 않으려는 걸까?

인간은 속성상 변화를 거부합니다. 변화는 불편한 것입니다. 변화의 긍정적인 또는 부정적인 효과를 불문하고 변화는 스트레스가 생기는 일입니다. 가끔 우리는 우리의 부정성(否定性)에 너무 익숙해져서 변화가 긍정적일 때조차도 받아들이려고 하지 않습니다. 우리는 부정성과 함께 남게 됩니다.

찰스 디킨스는 한 지하 감옥에 여러 해 동안 감금되었던 한 죄수에 관한 이야기를 썼습니다. 그는 형량만큼 복역한 뒤에 석방되어 자유를 되찾았습니다. 감옥에서 출옥한 후 주위를 몇 분 동안 둘러보고 새로 얻게 된 자유가 너무 불편하여 그는 자기 지하 감옥으로 돌아가게 해 달라고 요청했습니다. 그에게는 지하 감옥, 쇠사슬, 어두움이 자유와 열린 세계로의 변화보다 훨씬 더 안정감을 주고 편안했던 것입니다.

긍정적인 태도를 확립하는 수칙

어린 시절에 우리는 일생 동안 지속되는 태도를 형성합니다. 의심할 여지없이 이러한 형성기때 긍정적인 태도를 획득하는 것이 훨씬 쉽고 좋습니다. 그 말은 우리가 의도해서든지 또는 태만해서든지 부정적 태도를 얻는다면 그것이 우리를 옴짝달싹 못하게 만든다는 것을 의미하는 걸까요? 물론 아닙니다. 우리는 변할 수 있을까요? 그렇습니다. 쉽습니까? 절대 쉽지 않습니다.

어떻게 당신은 긍정적인 태도를 구축하고 유지합니까?

- 긍정적인 태도를 만드는 원리들을 잘 인식해야 합니다.
- 긍정적이 되도록 갈망해야 합니다.
- 그러한 원리들을 실행하기 위한 노력과 수양을 계속해야 합니다.

성인기에는 환경, 교육과 경험을 불문하고 누가 우리의 마음가짐에 대한 책임이 있습니까? 바로 우리 자신입니다. 우리는 우리 인생에 대한 책임을 인정해야 합니다. 우리는 우리 자신들을 제외한 모든 사람과 모든 것들을 비난합니다. 매일 아침 우리의 마음가짐을 선택하는 것은 우리입니다. 성인으로서 우리는 우리의 행동과 행위에 대한 책임을 인정할 필요가 있습니다.

부정적인 태도를 가진 사람들은 세상 전부와 그들의 부모, 선생님, 배우자, 경제, 그리고 정부에게 그들 자신의 실패에 대한 책임을 돌립니다.

당신은 과거로부터 도망쳐야 합니다. 자신의 과거를 털어 버리고 본류로 되돌아가십시오. 꿈을 가지고 앞으로 전진하십시오. 참되고 정직하고 착하고 긍정적인 것들을 생각하는 것은 당신을 긍정적인 마음 상태로 인도해 줍니다.

만약 당신이 긍정적인 태도를 만들고 유지하기를 원한다면 우리는 다음 수칙들을 의식적으로 실행할 필요가 있습니다.

제1수칙 : 초점을 바꾸고 긍정적인 것을 찾아라

우리는 좋은 발견자가 될 필요가 있습니다. 삶의 긍정적

"마음가짐에 대한 책임은 자신에게 있다."

인 것에 초점을 맞출 필요가 있습니다. 사람이나 상황에서 잘못된 것을 찾으려 하지 말고 올바른 것을 찾기 시작하십시오. 우리는 잘못된 것을 찾고 흠 잡기에 너무 잘 적응되어 있어서 긍정적인 면을 보는 것을 잊어버립니다.

천국에서조차 흠잡는 사람은 흠을 찾습니다. 대부분 사람들은 그들이 찾는 대로 발견합니다. 우정, 행복 그리고 긍정적인 것을 찾는다면 그들은 그것들을 얻게 됩니다. 만약 그들이 싸움이나 무관심을 찾고 있다면 바로 그것을 얻게 될 것입니다.

주의 — 긍정적인 것을 찾는다는 것이 결점들을 간과한다는 것을 의미하지 않습니다.

황금 찾기 ▪ 스코틀랜드 출신 앤드류 카네기는 소년 시절에 미국에 와서 임시직으로 일을 하며 미국 생활을 시작하였습니다. 그는 미국에서 가장 큰 강철 제조업자 중 한 사람으로서 삶을 마쳤습니다.

한때는 그를 위해 일하는 백만장자가 43명이 되기도 하였습니다. 몇십 년 전에 일백만 달러는 큰 돈이었습니다. 오늘날도 일백만 달러는 많은 돈입니다.

누군가가 카네기에게 사람을 다루는 방법을 물었을 때, 그는 다음과 같이 말했습니다. "사람을 다루는 것은 금을 캐는 것과 같습니다. 1온스의 금을 찾기 위해 땅을 팔 때에는 수 톤의 흙을 옮겨야 합니다. 즉 당신이 땅을 파는 것은 흙을 찾는 것이 아니라 금을 찾는 것입니다." 당신의 초점은 무엇입니까? 금을 파기 위한 채굴자가 되십시오. 만약에 당신이 사람들이나 어떤 일들에서 잘못된 것을 찾는다면 많이 찾을 수 있을 것입니다. 당신은 무엇을 찾습니까?

긍정적인 태도를 확립하는 수칙 8가지

1. 초점을 바꾸고 긍정적인 것을 찾아라
2. 지금 당장하는 습관을 가져라
3. 감사하는 마음가짐을 가져라
4. 지속적인 교육 프로그램에 가입하라
5. 긍정적인 자부심을 확립하라
6. 부정적인 영향을 멀리 하라
7. 할 필요가 있는 것들을 좋아하라
8. 긍정과 더불어 하루를 시작하라

카네기의 대답은 매우 중요한 메시지를 담고 있습니다. 모든 사람과 모든 상황에는 긍정적인 면이 있습니다. 가끔 우리는 긍정적인 것을 찾기 위해 더 깊게 파야 합니다. 왜냐하면 분명치 않으니까요. 뿐만 아니라 우리는 잘못된 것을 찾는 데 매우 익숙해 있기 때문에 옳은 것 보기를 잊습니다. 누군가가 오래전에 멈춰진 시계도 하루에 두 번은 맞다고 말한 적이 있습니다.

기억하십시오. 1온스의 금을 얻기 위해서는 수 톤의 흙을 옮겨야 합니다. 그러나 당신은 땅을 팔 때 흙을 찾는 것이 아니라 금을 찾는 것입니다.

부정적인 사람은 항상 비판한다 ■ 어떤 사람은 무엇이든지 비판합니다. 당신이 어느 편에 있는가는 중요하지 않습니다. 그들은 항상 다른 편입니다. 그들은 비판을 통해 출세해 왔습니다. 그들은 '직업 비평가'입니다. 그들은 마치 시합에서 상을 탈 것처럼 비판합니다. 그들은 모든 사람과 모든 상황에서 결점을 찾습니다.

이와 같은 사람들은 모든 가정과 사무실에서 찾을 수 있습니다. 그들은 흠 잡으며 돌아다니고 쉽게 모든 일들과 세상 전부를 비난하며 다닙니다. 이런 사람들에게 붙일 이름이 있습니다. 그들은 '에너지 소모자'입니다. 그들은 간이 식당에서 20잔의 커피와 차를 마시고 마음껏 담배를 피우면서 하나의 평계를 댑니다. 자신은 쉬는 중이라는 것입니다. 그들이 하는 짓이라고는 그들 자신과 주위 사람들에게 더 많은 긴장을 유발하는 것입니다. 그들은 흑사병처럼 부정적인 메시지를 퍼뜨리며 부정적인 결과를 유발하는 환경을 만듭니다.

로버트 풀턴은 증기선을 발명하였습니다. 허드슨강 제방에서 그는 새로운 발명품을 선보였습니다. 비관론자와 회의론자들이 이것을 보기 위해 몰려들었습니다. 그들은 그 배가 결코 출발하지 않을 것이라고 평했습니다. 자, 보시라! 배는 출발하였습니다. 배가 강을 따라 내려갔을 때 그 배가 결코 가지 않을 것이라고 말했던 비관론자들은 이번에는 그 배가 결코 멈추지 않을 것이라고 외치기 시작했습니다. 이게 무슨 태도입니까!

어떤 사람은 항상 부정적인 것을 찾는다 ▪ 물위를 걸을 수 있으며 세상에서 유일하게 새를 사냥할 줄 아는 사냥개를 한 마리 샀던 사냥꾼이 있었습니다. 그는 이러한 기적을 보았을 때 자기의 눈을 믿지 못하였습니다. 동시에 그는 자기 친구들에게 그 새로 얻은 개를 보여줄 생각을 하니 매우 기뻤습니다. 그는 한 친구를 오리 사냥에 초대하였습니다. 얼마가 지난 후 그들은 몇 마리의 오리를 쏘았고 그 사람은 자기 개에게 달려가서 그 오리를 가져오라고 명령했습니다. 하루 종일 그 개는 계속해서 물위를 뛰어다니고 오리들을 가져왔습니다. 개 주인은 이처럼 놀라운 개에 대한 찬사와 평가를 기대하고 있었지만 아무 소리도 듣지 못했습니다. 집으로 돌아오는 길에 그는 자기 친구에게 그의 개에 대해서 특이한 것을 발견했는지를 물었습니다. 그 친구는 "그랬지. 사실 뭔가 특이한 것을 알아챘지. 자네 개는 헤엄치지 못하더군."

어떤 사람은 항상 부정적인 측면을 바라봅니다. 비관론자는 어떤 사람입니까?

비관론자들은

- 불평할 문제가 없을 때 불안해 합니다.
- 기분이 좋아지면 기분 나빠질까 두려워 기분이 좋게 느낄 때를 기분 나빠합니다.
- 삶의 대부분을 불만의 창구에서 보냅니다.
- 얼마나 어두운지를 보기 위해 항상 불을 끕니다.
- 삶이라는 거울에서 항상 갈라진 틈을 찾습니다.
- 침대에서 가장 많은 사람들이 숨진다라고 들었을 때 침대에서 자는 것을 중단합니다.
- 내일 아프게 될지 모르기 때문에 자신들의 건강을 즐기지 못합니다.
- 가장 최악을 예상할 뿐만 아니라 무슨 일이 일어나든지 최악으로 비관합니다.
- 도넛은 보지 못하고 구멍만 봅니다.
- 태양은 빛나지만 결국 그림자를 드리운다고 믿습니다.
- 축복받은 일을 잊고 문제거리를 셉니다.
- 고된 일이 해가 되지 않는다는 것을 알지만 고생을 무릅쓰지 않으려고 합니다.

어떤 사람이 낙천주의자입니까? 다음에 잘 묘사되어 있습니다.

"어떠한 것도 마음의 평화를 방해하지 않도록 강해져라. 건강, 행복, 번영을 만나는 사람 모두에게 얘기하라. 친구들에게 그들 안에 뭔가 귀중한 것이 있다고 느끼도록 만들라. 모든 것의 밝은 면을 보라. 최선의 것만을 생각하고, 최선을 위해서 일하고 오직 최선만을 기대하라. 당신 자신의 성공에 대해 열중하는 것만큼 다른 사람의 성공에 열광적이 되라. 과거의 실수들을 잊고 미래의 더 큰 성취를 위해 돌진하라. 모든 사람에게 미소를 지어라. 당신 자신을 향상시키는 데 많은 시간을 쓰도록 하라. 그래서 다른 사람을 비판할 시간이 없도록 하라. 걱정하기보다는 더 성숙해지고 노여워하기보다는 더 고귀해져라." *

* "낙천주의자를 위한 강령", 《creed for optimisty》 Christian Do Larser, Economic Press, NJ. 1994, p3.

제2수칙 : 지금 당장하는 습관을 가져라

우리 모두는 사는 동안 일을 미루어 본 적이 있습니다. 나 역시 일을 뒤로 미루어 나중에 후회해 본 적이 있습니다. 나태와 게으름은 부정적인 태도를 갖게 합니다. 연기하는 습관은 당신이 그것을 하는데 드는 노력보다 더 당신을 피로하게 합니다.

완성되어진 과업은 만족감을 주고 힘이 나게 합니다. 미완성 과업은 물탱크가 누수되는 것처럼 에너지를 차츰 소모시킵니다.

긍정적인 태도를 만들고 유지하기를 원한다면 현재에 살고 지금 하는 습관을 가지십시오.

> 그는 달의 밑에서 잠을 자고
> 그는 해의 밑에서 불을 쬐고
> 그는 '할 예정' 인 삶을 살고
> 아무것도 해 놓은 것없이 죽었다네
> — 제임스 알버리

내가 청년이 되었을 때 ■ 이 말은 '내가 청년이 되면 나는 이런 이런 일을 할 것이고 그러면 행복할꺼야' 라고 말

긍정적인 태도를 확립하는 제2수칙
"지금 당장하는 습관을 가져라"

하는 작은 소년과 같습니다. 그리고 그가 청년이 되었을 때 그는 '내가 대학을 마치면 이런 이런 일을 할 것이고 그러면 행복할꺼야'라고 말합니다. 대학을 마치면 '내가 첫 직장을 얻게 되면 이런 이런 일을 할 것이고 그러면 행복할꺼야'라고 말합니다. 그리고 첫 직장을 얻었을 때 그는 '내가 결혼해서 이런 이런 일을 하면 행복할꺼야'라고 말합니다. 그리고 그가 결혼을 하였을 때는 '아이들이 학교를 졸업하면 이런 이런 일을 하고 행복할꺼야'라고 말합니다. 그리고 그 아이들이 학교를 졸업하면 '은퇴하고 이런 이런 일을 하면 행복할꺼야'라고 말합니다.

그가 은퇴할 때 그는 무엇을 알게 될까요? 그는 그의 눈 앞에서 삶이 단지 스쳐지나 갔음을 알게 될 것입니다.

"삶은 리허설이 아니다"

어떤 사람들은 "나는 지금 분석중이야"라고 말하면서 그 말 뒤에 숨어서 일을 미룹니다. 그러나 6개월 후에도 그들은 계속 분석중일 것입니다. 그들이 깨닫지 못하는 것은 그들이 '분석 마비증'이라고 불리는 질병을 겪고 있다는 것입니다. 그들은 결코 성공하지 못할 것입니다.

그리고 "나는 준비중이야"라고 말하면서 일을 미루는 또 다른 부류의 사람들이 있습니다. 1개월 후 그들은 아직도 준비중이고 6개월 후도 계속 준비중일 것입니다. 그들이 깨닫지 못하는 것은 그들이 '변명증'이라고 불리는 질병을 겪고 있다는 것입니다. 그들은 계속해서 변명을 합니다.

삶은 무대 의상을 입고 하는 리허설이 아닙니다. 나는 당신이 어떤 철학을 믿고 있는지 상관하지 않습니다. 우리는 삶이라고 불리는 이 게임에 오직 한 발의 총알만을 가지고 있습니다. 내기 상금은 너무 큽니다. 내기 상금은 바로 미래 세대입니다.

시간이 언제쯤이며 우리는 어디쯤 있습니까? 그 대답은 현재이며 우리는 여기 있습니다. 지금을 최대한 이용하고 현재를 충분히 이용합시다. 내 말은 우리가 미래를 위한 계획을 필요로 하지 않는다는 것이 아닙니다. 미래에 대한 계획이 필요합니다. 우리가 현재를 충분히 이용한다면 더 나은 미래를 위한 씨앗을 자동적으로 뿌리는 것이 됩니다. 그렇지 않습니까?

만약 당신이 긍정적인 태도를 갖기를 원한다면 "지금 하라"라는 구절을 명심하고 일을 미루는 습관을 버리십시오.

인생에서 가장 슬픈 말들은

> 오늘 할 수 있는 일을 내일까지 남겨 두지 마라.
> — 벤자민 프랭클린

"그랬었을지 몰라"
"했었어야 했어"
"할 수 있었는데"
"했으면 좋았을 텐데"
"조금만 더 했었더라면"

승리자들도 우리들처럼 일을 미루고 싶은 마음은 있었지만 결코 거기에 매달리지는 않았다고 확신합니다. 사람들이 "이 일을 곧 해야지"라고 말할 때는 아무때도 하지 않는다는 것을 의미하는 것이 확실합니다.

어떤 사람들은 집을 떠나기 전에, 운전도 하기 전에 모든 신호등에 파란 불이 들어 오기를 계속 기다립니다. 그 일은 결코 일어나지 않으며 그들은 출발하기 전부터 실패합니다. 그것은 슬픈 일입니다.

일을 미루는 것을 중단하십시오. 일을 미루는 것을 이제 미룰 시간이 아닙니까?

제3수칙 : 감사하는 마음가짐을 가져라

골치 아픈 문제들의 숫자보다 축복의 수를 세십시오. 별
도로 시간을 들여 장미의 냄새를 맡으십시오. 사고나 질병
때문에 눈이 멀고 장애자가 되었으나 자기가 하는 일에서
많은 돈을 벌었던 사람들의 이야기를 듣는 일은 드문 일이
아닙니다. 우리 중 얼마나 많은 사람이 그 사람과 처지를
바꾸기를 원합니까? 많지 않을 것입니다. 우리가 갖지 못
한 것에 대한 불평에 너무 초점이 맞춰지면 우리가 가진
것을 볼 수 있는 시야를 잃게 됩니다. 감사할 일은 아주 많
습니다.

내가 문제점을 세지 말고 축복받은 일들을 세 보라고 말
한 것은 스스로 만족하라는 뜻이 아닙니다. 만약 자기 만
족을 이야기의 핵심으로 받아들였다면 나는 의사 전달을
잘못한 책임이 있고 당신은 선별적으로 경청하지 못한 책
임이 있습니다.

당신에게 '선별적인 청취'의 예를 들기 위해 알코올 중
독자 집단에 연설하기 위해 초청 연사로 초대된 한 의학박
사에 대해 들었던 얘기를 하겠습니다.

그는 알코올이 건강에 해롭다는 것을 사람들에게 깨닫
게 하기 위해 메시지가 강한 실험을 하였습니다. 그는 두
개의 용기를 가지고 하나는 순수한 증류수를 넣고, 또 하
나는 순수한 알코올을 넣었습니다. 그는 한 마리 지렁이를
증류수에 넣고 그것이 헤엄쳐 위로 올라오는 것을 보여주
었고 또 다른 지렁이를 알코올 속에 넣어 그것이 모든 사
람의 눈앞에서 분해되는 것을 보게 하였습니다. 그는 이것
이 알코올이 우리 몸 내부에서 하는 일임을 증명하고 싶었

던 것이겠지요. 그는 이 실험의 교훈이 무엇인지 물었고 그 중 한사람이 뒤에서 "만약 당신이 알코올을 마신다면 당신 배속에 있는 벌레가 다 죽어 없어 질 것입니다"라고 말하는 것이었습니다. 그것이 박사가 의도한 이야기의 핵심이었을까요? 물론 아니지요. 그것은 자기중심적으로 선별한 청취였습니다. 대부분 우리는 말하고 있는 내용이 아니라 우리가 듣기를 원하는 쪽으로 듣습니다.

우리의 많은 축복들은 감춰진 보물입니다. 당신의 문제보다 축복의 숫자를 세어 보십시오.

제4수칙 : 지속적인 교육 프로그램에 가입하라

근거없는 통념을 제거합시다. 교육은 학교나 대학에서 시행된다는 것이 일반적인 믿음입니다. 나는 많은 다른 나라에서 세미나를 엽니다. 그리고의 청중에게 항상 "우리가 진정으로 배우는 곳이 학교나 대학입니까?"라고 묻습니다. 일부의 청중은 그렇다고 하지만 대부분은 그렇지 않다고 말하는 것이 일반적입니다. 내 말을 오해하지 마십시오. 우리는 교육받기 위한 정보가 필요합니다. 그러나 교육의 참된 의미를 알 필요가 있습니다.

지적인 교육은 머리에 영향을 주고 가치에 토대를 둔 교육은 마음에 영향을 줍니다. 사실 마음을 훈련시키지 않는 교육은 위험할 수 있습니다. 만약 우리가 사무실에서, 가정에서, 사회에서 인격을 쌓기 원한다면 우리는 최소한의 도덕적 그리고 윤리적인 소양을 길러야 합니다.

근본적인 인격을 길러 주는 교육 예를 들면 정직, 동정, 용기, 끈기, 그리고 책임감과 같은 교육은 절대로 필수적

> 긍정적인 태도를 확립하기 위한 제4수칙 "지속적으로 교육 프로그램에 가입하라"

입니다. 우리는 더 학구적인 교육을 필요로 하지 않습니다. 우리는 더 많은 가치관 교육이 필요합니다. 도덕적으로 잘 교육된 사람이 도덕적으로 파산한 사람보다 학문적으로 탁월한 자질을 가졌다고 할 순 없지만 인생에서 성공하기에 보다 더 좋은 자질을 갖추고 있다는 것을 강조하는 바입니다.

인격을 쌓는 것과 가치관의 확립과 윤리 교육은 인격 형성기에 이뤄집니다. 왜냐하면 신생아는 이러한 지식을 가지고 태어나지 않기 때문입니다.

가치관이 없는 교육 ■ 진정한 교육이란 머리와 마음을 모두 훈련하는 것입니다. 교육받지 못한 도둑은 화물차에서 절도를 할지 모르나 교육받은 사람은 철도 전체를 훔칠 수도 있습니다.

우리들은 성적을 위해서가 아니라 지식과 지혜를 위해서 경쟁할 필요가 있습니다. 지식은 사실들을 쌓는 것이고 지혜는 그것을 단순화하는 것입니다. 많은 것을 배우지 않고서도 좋은 성적과 점수를 얻을 수 있습니다. 사람들이 배울 수 있는 가장 중요한 것은 "학습하기를 배우는 것"입니다. 사람들은 교육을 암기 능력과 혼동하고 있습니다. 도덕성이 없는 정신교육은 사회를 위협합니다.

교육은 정확한 판단을 의미하지 않는다 ■ 도로가에서 핫도그를 팔고 있던 사람에 관한 이야기입니다.

그는 문맹이었습니다. 그래서 그는 결코 신문을 읽지 않습니다. 그는 난청이었습니다. 그래서 라디오를 결코 듣지 않았습니다. 그는 시력이 매우 약했기 때문에 결코 텔레비

대학교들은 매우 숙달된 야만인들을 생산해 내고 있다. 왜냐하면 우리는 젊은이들에게 가치관의 틀을 제공하지 않고 있기 때문이다. 그런데 점점 더 많은 젊은이들이 그것을 더욱 찾고 있다.
—존 스티븐 뮬러
홉킨즈 대학교 총장

전을 보지 않았습니다. 그러나 그는 열성적으로 많은 핫도
그를 팔았습니다. 그래서 매상과 이윤이 늘어갔습니다. 그
는 더 많은 고기를 주문하였고 더 크고 더 좋은 요리 스토
브를 샀습니다. 그의 사업이 번창하면서 최근에 대학을 졸
업한 그의 아들이 아버지 일에 합류했습니다.

그때 뭔가 이상한 일이 발생하였습니다. 아들이 물었습
니다. "아버지, 우리에게 닥칠 큰 불황을 아십니까?" 아버
지가 대답했습니다. "아니, 말해 보렴." 아들은 "국제 경제
상황이 끔찍합니다. 국내 상황은 이보다 더 심합니다"라고
말했습니다. 아버지는 아들이 대학을 졸업했고 신문을 읽
고 라디오를 듣기 때문에 그의 충고를 가볍게 넘겨서는 안
되겠다고 생각했습니다. 그래서 다음날 그 아버지는 고기
와 빵 주문량을 줄이고 간판을 내렸으며 더 이상 열심히
장사하지 않았습니다. 매우 빠르게 그의 노점을 찾는 사람
의 수가 적어지고 매상은 빠른 속도로 떨어지기 시작했습
니다. 아버지는 아들에게 말하기를 "얘야, 네가 옳았구나.
우리는 불황의 한 가운데 있는가 보다. 네가 일찍 나에게
경고해줘서 기쁘구나."

이 이야기의 교훈은 무엇입니까?

1. 수없이 우리는 지식과 정확한 판단을 혼돈합니다.
2. 사람은 높은 지식과 동시에 형편없는 판단력을 가질
   수가 있습니다.
3. 조언자를 신중하게 선택하십시오. 그리고 당신의 판
   단력을 이용하십시오.
4. 만약에 당신이 다음의 '5C'를 가진다면 공식적인 교
   육을 받았던 그렇지 않던 성공할 것입니다.

"지식과 판단은 별개의
문제다"

5C란?
· 인격(Character)
· 전념(Commitment)
· 확신(Conviction)
· 예의(Courtesy)
· 용기(Courage)

5. 살아 있는 실패자이며 걸어다니는 백과사전이 많이 있다는 것은 비극입니다.

지식은 배우는 민첩성이고 능력은 배운 것을 응용하는 기술입니다. 유능함은 배운 것을 응용하는 능력과 욕망입니다. 욕망은 재주 있는 사람을 유능하게 만드는 마음가짐입니다. 많은 재주 있는 사람들이 무능합니다. 올바른 마음가짐이 없는 능력은 허비됩니다.

교양인 ■ 어떤 사람을 교양인이라고 부를 수 있을까?
소크라테스는 이렇게 말합니다.

첫째, 매일 매일 마주치는 상황을 잘 처리하는 사람. 상황이 발생할 때 적절히 판단할 수 있고 적절한 행동 과정을 거의 놓치지 않는 사람.

둘째, 모든 사람들을 다루는 데 있어 존경할 만한 사람. 다른 사람들의 불쾌한 면이나 화가 나는 면을 쉽게 참는 사람. 인간적으로 가능한 한 동료들에게 합리적인 사람.

게다가 항상 자신의 기쁨을 통제할 수 있고 불행을 극복할 수 있는 사람. 보편적인 본성에 알맞은 방법으로 용감하게 불행을 참아 내는 사람.

무엇보다도 가장 중요한 것은 성공 때문에 자신을 망치지 않는 사람. 진정한 자아를 버리지 않는 사람. 그러나 현명하고 침착하게 그리고 견고하게 자기의 기반을 유지하는 사람. 태어난 이후 자신의 본성과 지성으로 얻은 것보다 우연히 얻게 된 좋은 것에 더 기뻐하지 않는 사람.

이상 얘기한 항목들 중에 하나가 아니라 모든 항목과 조화를 이루는 성격을 가진 사람들이 모든 덕목을 소유한 교

대학의 첫째 의무는 직업이 아니라 지혜를 가르치는 것이고, 전문 분야보다 인격을 가르치는 것이다.
— 윈스턴 처칠

양인이라고 할 수 있습니다.

아주 간단히 말하면 교양 있는 사람은 어느 상황에서나 현명하게 그리고 용기 있게 선택하는 사람입니다. 그들이 가지고 있는 학문의 수준을 불문하고 지혜와 어리석음 사이에서, 좋은 것과 나쁜 것 사이에서, 덕(德)과 무례 사이에서 올바른 것을 선택할 능력을 가지고 있다면 그들이 바로 교양인입니다.

무엇이 넓은 기반을 둔 교육인가? ■ 숲 속에 사는 동물들이 학교를 열기로 결정하였습니다. 학생들은 새 한 마리, 다람쥐 한 마리, 물고기 한 마리, 개 한 마리, 토끼 한 마리 그리고 정신지체아인 뱀장어 한 마리가 전부였습니다. 학교 위원회가 형성되었고 열린 교육을 시행하기 위해서 날기, 나무 타기, 수영 그리고 굴 파기가 교과과정의 일부가 되었습니다. 동물들은 모든 과목을 배우도록 되어 있습니다.

새는 날기에 탁월하여 A학점을 받았으나 굴 파기에서는 계속 부리와 날개가 깨져 낙제를 하였습니다. 곧 날기에서도 C학점을 받기 시작했고 물론 나무 타기와 수영에서는 F를 받았습니다. 다람쥐는 나무 타기를 매우 잘하였고 A를 받았습니다. 그러나 수영에서는 낙제를 하였습니다. 물고기는 가장 훌륭한 수영 선수였습니다. 그러나 물에서 나오지 못해 다른 모든 과목에서 F를 받았습니다. 개는 수업에 참여하지 않고 세금 내는 것을 중단하고 짖기를 교과과정에 넣기 위해서 정부와 계속해서 싸우고 있었습니다. 토끼는 굴 파기에서 A를 받았으나 나무 타기는 진짜 골치 아픈

전문가란 만약에 당신이 올바른 질문을 한다면 거기에 대한 모든 답을 알고 있는 사람이다.

열린 교육의 진정한 의미는 학생들이 자신의 전문분야에서 유능함을 잃지 않고 인생을 위한 준비를 하는 것을 말한다.

과목이었습니다. 토끼는 계속해서 떨어졌고 머리로 떨어져서 뇌 손상을 입었습니다. 그리고 곧 굴을 제대로 파지 못해 그 과목에서도 C를 받았습니다. 정신지체아인 뱀장어는 모든 과목에서 중간 정도를 했는데 그 반의 수석 졸업생이 되었습니다. 위원회는 모든 학생들이 열린 교육을 받게 되어 기뻐했습니다.

열린 교육이 진정으로 의미하는 것은 학생들이 그들의 전문화된 분야에서의 유능함을 잃지 않고 인생을 위한 준비를 한다는 것입니다.

우리 모두는 어떤 강점을 타고났다 ■ 예를 들면 1온스의 1/10밖에 무게가 나가지 않는 벌새의 몸 크기는 1초당 75번의 날개짓과 같은 복잡한 운동을 할 수 있게 유연성을 줍니다. 이것은 공중에 정지하고 있는 동안에 꽃에서 과즙을 마시는 것을 가능하게 해줍니다. 그러나 높이 솟구치거나 미끄러지거나 껑충 뛸 수는 없습니다. 300파운드 정도의 무게인 타조는 가장 큰 새입니다. 날지는 못합니다. 그러나, 타조의 다리는 매우 강해서 12~15피트의 큰 걸음으로 시간당 50마일의 속도로 뛸 수 있습니다.

무지(無知) ■ 지식에 대한 환상은 교육이 아니라 무지(無知)입니다. 어리석은 사람들은 무지에서 오는 어떤 이상한 종류의 확신을 가지고 있습니다.

무식 자체가 잘못된 것은 아닙니다. 그러나 무식으로 출세하려 하는 것은 어리석은 일입니다. 어떤 사람들은 무식을 축적하고 교육과 혼동합니다. 모르는 게 약이 아닙니다. 무식은 비참함, 비극, 빈곤 그리고 병입니다. 만약 모르는 것이 약이라면 어째서 더욱 많은 사람들이 행복하지 않을까요? 만약 빈약한 지식이 위험하다면 속좁음, 두려움, 독단주의, 이기주의 그리고 편견으로 이끄는 많은 무식함도 위험한 것입니다. 지혜는 단지 무지를 쫓아내는 것입니다.

우리는 정보 시대에 살고 있습니다. 지식의 양이 매년 두 배로 늘어난다고 추정됩니다. 정보를 쉽게 얻을 수가 있다면 무지를 퇴치하는 것은 어렵지 않습니다. 우리는 가장 필수적인 것들을 제외하고 모든 것을 배워야 한다는 것은 슬픈 일입니다. 우리는 3R(읽기-Reading, 쓰기-wRiting, 산수-aRithmetic)을 배웠지만, 인간의 존엄과 동정심을 이해하지 못한다면 지식 교육이 무슨 소용 있겠습니까?

학교는 지식의 분수대입니다. 어떤 학생들은 와서 맘껏 마시고, 어떤 이는 한 모금 마시고 그리고 또 다른 이는 입을 헹구기만 합니다.

> 무식(無識)하다는 것은 올바른 방법으로 일을 하는 것이 마음에 내키지 않는다는 뜻이 아니고 단지 수치(羞恥)일 뿐이다.
> — 벤자민 프랭클린

상식(常識) ▪ 상식이 없는 교육과 지식은 거의 의미가 없습니다. 상식은 있는 그대로 사물을 볼 수 있는 능력이며 그리고 해야하는 일을 하는 능력입니다. 우리는 다섯 가지 감각을 가지고 태어납니다. 촉각, 미각, 시각, 후각, 청각이 그것입니다. 그러나 성공하는 사람은 여섯 번째의 감각이 있습니다. 그것이 상식입니다.

상식은 교육과 관계없이 얻을 수 있으므로 반드시 교육의 결과로서 얻어지는 것은 아니라고 할 수 있습니다. 상식이 없는 좋은 교육은 가치가 없습니다. 풍부한 상식은 지혜라고 불립니다.

> "상식은 여섯 번째 감각이다"

도끼의 날을 갈기 ▪ 존은 벌목꾼으로 회사를 위해서 5년 동안 일을 했지만 급여를 인상받지 못했습니다. 회사는 새로 빌을 고용하였고 1년도 안 되어 급여를 올려 주었습니다. 이것이 존에게 분개심을 일으켰고 그는 따지기 위해 사장실로 갔습니다. 사장은 말하기를 "5년 전에 자네가 잘랐던 나무의 수와 지금 자를 수 있는 나무의 수가 같다네. 우리 회사는 결과 지향적인 회사라네. 그래서 자네의 생산성이 향상되면 기꺼이 급여를 인상해 주겠네"라고 말하는 것이었습니다. 존은 돌아갔고 나무를 더 세게 내리치고 더 오랜 시간 일을 했습니다 그래도 더 많은 나무를 자를 수 없었습니다. 그는 사장에게 되돌아가서 그의 딜레마를 얘기하였습니다. 사장은 빌한테 물어 보라고 말했습니다. "아마도 나와 자네가 모르는 무언가를 빌이 알고 있을지 모르지."

"지속적인 교육과 노력이 필요하다"

존은 빌에게 어떻게 더 많은 나무를 자를 수 있었는지 물어 보았습니다. 빌이 대답하기를 "매번 나무를 자르고 난 후에 나는 2분간의 휴식을 취하고 도끼의 날을 갑니다. 당신이 마지막으로 당신 도끼의 날을 간 것이 언제였습니까?" 이 질문이 총알처럼 가슴을 찔렀고 그는 답을 찾아냈습니다.

내가 하고 싶은 질문은 당신이 도끼의 날을 마지막으로 간 것이 언제였는가 하는 것입니다. 지난날의 영광과 과거의 교육은 그것을 하지 못합니다. 우리는 지속적으로 도끼의 날을 갈아야 합니다.

마음에 영양분을 공급하라 ■ 마치 우리의 몸이 매일 좋은 음식을 필요로 하듯이 우리의 마음은 매일 좋은 생각을 필요로 합니다. 앞 문장의 핵심 단어들은 좋은 음식과 좋은 생각입니다. 만약 우리가 우리의 몸에 쓰레기 같은 음식을 공급하고 우리의 마음에 나쁜 생각들을 공급한다면 우리는 병든 몸과 마음을 갖게 될 것입니다.

우리가 올바른 궤도 안에 머무르기 위해서는 순수한 것과 긍정적인 것을 우리의 마음에 양분처럼 주어야 합니다. 끊임없는 연습과 접촉을 통하여 마치 우리가 농구를 배우는 것과 마찬가지로 사람을 성공하게 만드는 원리를 배울 수 있습니다.

아는 것이 힘이다 ▪ 우리는 매일같이 아는 것이 힘이라는 말을 듣습니다. 사실은 아닙니다. 지식은 정보입니다. 그것은 잠재적인 힘이고 행동에 옮겨졌을 때만 힘이 됩니다.

글자를 읽을 수 없는 사람과 읽을 수는 있지만 읽지 않는 사람과의 차이는 무엇입니까? 많은 차이는 없습니다.

배우는 것은 음식을 먹는 것과 같습니다. 중요한 것은 당신이 얼마나 먹느냐가 아니라 얼마나 소화시키느냐 입니다.

지식은 잠재력입니다. 지혜는 진정한 힘입니다.

교육은 많은 형태를 띕니다. 교육은 단지 성적이나 학위가 아닙니다.

교육은

- 당신의 강점들을 육성하기
- 자제심을 배우기
- 경청하기
- 배우려고 갈망하기

만약 교육이 값비싸다고 생각한다면 무지를 시도해 보라.
— 데릭 복

근육과 같이 얼마나 많이 그러한 것들을 연습하느냐에 따라 우리들의 마음이 뻗어 나가기도 하고 움츠려 들기도 합니다.

지속적이고 긍정적인 교육은 긍정적 사고로 안내합니다.

교육은 하나의 저장고이다 ■ 연습을 통해서 스태미나의 저장고를 굳건히 쌓는 운동선수들과 긍정적으로 생각하는 사람은 같습니다. 운동선수는 연습하지 않는다면 쌓는 것이 없습니다.

마찬가지로, 긍정적인 사고인(思考人)은 매일같이 그의 마음에 순수한 것, 강한 것 그리고 긍정적인 것을 끊임없이 공급함으로써 긍정적인 태도의 저장고를 정기적으로 쌓습니다. 그는 자신들이 부정적인 것과 직면하게 된다는 것을 깨닫고 긍정적인 태도의 저장고를 가지게 된다면 스스로 극복할 수 있을 것이라고 확신합니다. 그렇지 않다면 부정적인 것이 만연할 것입니다.

긍정적인 사고인은 바보가 아니며, 그는 눈가리개를 하고 인생을 살아가지 않을 것입니다. 그는 자기의 한계를 인식하나 자신의 강점에 초점을 맞추는 승리자입니다. 반면에, 패배자는 자신의 강점을 인식하고 있으나 자기의 약점에 초점을 맞춥니다.

제5수칙 : 긍정적인 자부심을 확립하라

긍정적인 태도를 확립하기 위한 제5수칙 "긍정적인 자부심을 확립하라"

자부심이란 무엇인가 ■ 자부심이란 우리가 우리 자신에 대해 느끼는 방식입니다. 우리가 우리 자신에 좋게 느끼면 우리의 수행력은 상승하며 가정과 직장 모두에서의 대인

관계도 향상됩니다. 세상이 더 좋게 보인다면 그 이유는 무엇일까요? 감정과 행동 사이에는 직접적인 상호관계가 있습니다.

어떻게 우리는 긍정적인 자부심을 구축할 수 있을까 ▪

만약에 당신이 긍정적인 자부심을 빨리 구축하고 싶다면, 그때 가장 빠른 방법 중에 하나는 당신에게 현금으로 즉각 보답할 수 없는 사람에게 봉사하는 것입니다.

몇 년 전에 나는 감옥 죄수들에게 마음가짐과 자부심을 가르치는 프로그램 진행에 자발적으로 참여해본 적이 있습니다. 몇 주만에 나는 몇 년간에 배운 것보다 더욱 많은 것을 배우게 되었습니다.

2주 동안 나의 프로그램에 참여한 재소자 중의 한 사람이 나의 진행을 멈추게 하고 "쉬브, 당신에게 말하고 싶은 것이 있소. 나는 몇 주만 지나면 이제 출소하게 됩니다"라고 말을 건네왔습니다.

나는 그에게 '마음가짐 개발 프로그램'을 통하여 그가 무엇을 배웠는가 물어 보았습니다. 그는 잠시 생각하더니 자기 자신에 대해 좋게 느꼈다고 말해 주었습니다. 나는 "선(善)은 자신에게 아무것도 말해 주지 않소. 구체적으로 어떤 행동이 변화되었죠?"라고 물었습니다. 나는 행동이 변화하지 않으면 배움은 생겨나지 않는다고 믿고 있습니다. 그는 나에게 프로그램이 시작된 이후로 매일 성경책을 읽고 있다고 말했습니다. 그래서 나는 성경을 읽는 것이 자신에게 어떤 일을 일어나게 했는가를 물었습니다. 그는 자신과 다른 사람에게 편안함을 느꼈다고 대답했는데 그것은 전에는 느껴 본 적이 없었다고 합니다. 나는 "잘 됐군요. 그러나 가장 중요한 것은 감옥에서 나오면 무엇을 할 것입니까?"라고 물었고, 그는 사회에 기여하는 구성원이 되려 위해 노력할 것이라고 말해 주었습니다. 나는 그에게 같은 질문을 다시 한 번 하였고 그는 같은 답을 하였습니다. 세 번째로 같은 질문을 하였습니다. "출소하면 무엇을 하겠습니까?" 물론 나는 다른 대답을 찾고 있었지요. 그 시점에서 화가 난 목소리로 그는 "나는 사회에 기여하는 구성원이 되려 하오"라고 말했습니다. 나는 그에게 전에 말한 것과 지금 말한 것 사이에 큰 차이점이 있다고 지적해 주었습니다. 전에는 그가 "나는 되려고 노력하겠습니다"라고 말했고, 지금은 "나는 되려고 합니다"라고 말했던 것입니다. 차이점은 '노력'이라는 단어 하나입니다. 그는 노력이라는 단어를 제거하였고 그것은 이치에 맞았습니다. 사람은 무엇을 하든지 하지 않든지 둘 중에 하나일 뿐입니다. '노력'이라는 단어는 그로 하여금 감옥으로 다시 돌아올 수 있도록 감옥 문을 열어 놓는 것입니다.

또 다른 재소자가 우리들의 대화를 듣고 있었는데 "쉬브, 이런 일을 하면서 얼마나 받습니까?"라고 물었습니다. 나는 내가 단지 경험했던 느낌이 세상에 있는 어떤 돈보다 더 가치 있다고 말해 주었습니다. 그때 그가 "어째서 여기에 오셨지요?"라고 물었고, 나는 "내 자신의 이기적인 이유 때문에 여기 옵니다"라고 말했습니다. 그리고 나의 이기적인 이유란 이 세상을 살기에 더 좋은 장소로 만들겠다는 것이라고 덧붙였습니다. 이런 종류의 이기심은 건강합니다. 간단히 말해서 당신은 당신이 이 세상에 쏟아 넣은 것을 항상 다시 가져가게 된다는 이치입니다. 그리고 대부분은 당신이 쏟은 것 이상을 얻어 가는 것입니다. 그러나 당신은 무언가를 다시 가져가겠다는 욕망으로 쏟지는 않지요.

또 다른 재소자는 "누군가가 무엇을 하던 그것은 그 사람의 일이지요. 사람들이 마약을 할 때 그것은 당신의 일이 아닙니다. 어째서 그들을 내버려두지 않는 거죠?"라고 물었습니다. 나는 "친구여, 나는 당신이 말한 것 곧 '그것은 나의 일이 아니다' 라는 것을 양보하고 수용하겠습니다. 만약에 누군가가 마약을 하고 운전을 해서 사고가 났고 그 차가 들이받은 유일한 것이 나무라는 것을 당신이 보장한다면 나는 양보하지요. 그러나 그들이 마약을 하고 차 사고를 냈으며 그 사고로 인해 당신이나 당신의 자녀나 내가 또는 나의 자녀들이 죽을 수 있다면, 그것은 나의 일이라는 것입니다. 나는 그 사람을 차에서 내리게 해야만 하죠."

이 한 구절 "그것은 나의 인생입니다. 나는 내가 원하는 것을 할 것입니다"는 이익이 되기보다는 해를 끼쳤습니다. 사람들은 참뜻을 무시하고 그들에게 편리한 의미를 끌어내려 합니다. 그런 사람들은 이러한 구절을 이기심에 묶어두었고 나는 그렇게 하는 것이 본래의 의도가 아니라는 것을 확신합니다.

이런 사람들은 우리가 고립되어 혼자 살고 있지 않다는 것을 망각합니다. 당신이 하는 일이 나에게 영향을 미치고 내가 하는 것이 당신에게 영향을 줍니다. 우리는 서로 연결되어 있습니다. 우리는 이 지구를 공유하고 있다는 것을 깨달아야 하며 책임 있게 행동하는 것을 배워야 합니다.

이 세상에는 두 가지 종류의 사람이 있습니다. 즉 받는 자와 주는 자입니다. 받는 자는 잘 먹고 주는 자는 잘 잡니다. 주는 자는 높은 자부심과 긍정적인 마음가짐이 있고 사회에 봉사합니다. 나는 다른 사람에게 봉사하는 체 하는 평범한 사이비 지도자형의 정치인을 두고 사회에 봉사한다고 하지는 않겠습니다.

인간으로서 우리 모두는 받을 필요를 가지고 있습니다. 그러나 높은 자부심을 가진 건강한 인격은 받을 필요와 줄 필요를 다 가지고 있는 사람입니다.

어떤 사람이 자기 새 차를 닦고 있을 때, 이웃이 "언제 차를 샀습니까?"라고 물어왔습니다. 그는 "형이 내게 주셨습니다"라고 대답했고, 그 이웃은 "나도 그런 차가 있었으면 좋겠습니다"라고 말했습니다. 그러자 그 차 주인은 "당신도 그런 형이 있었으면 하고 바라셔야죠"라고 말하는 것이었습니다. 그때 그 이웃의 아내가 이 대화를 듣고 있다가 다음과 같은 말로 끼어들었습니다. "나도 그런 오빠가 있었으면 좋을 텐데."

제6수칙 : 부정적인 영향을 멀리하라

긍정적인 태도를 확립하기 위한 제6수칙 "부정적인 영향을 멀리하라"

오늘날의 10대들은 성인들의 행동과 대중 매체에서 많은 것을 배웁니다. 그들은 또래 집단의 압력을 받습니다. 또래 집단의 압력이란 10대에게 한정된 것이 아니고 성인들에게도 널리 행해집니다. 사람들이 "아냐, 나는 됐어"라고 말하고 부정적인 영향을 주는 것을 멀리할 용기가 없을 때 자부심이 결핍되었음을 알 수 있습니다. 부정적인 영향을 끼치는 것이 무엇일까요?

부정적인 사람들 ■ 어느 독수리의 알이 뇌조(雷鳥)의 둥지에 있었습니다. 그 알은 부화가 되었고 자기가 뇌조라고 생각하면서 자랐습니다. 그 독수리는 뇌조들이 하는 대로 했습니다. 곡물의 씨앗을 먹기 위해 땅을 파헤쳤습니다. 뇌조와 같이 꼬꼬댁 소리도 냈습니다. 그 독수리는 몇 피트 이상 결코 날지 않았습니다. 왜냐하면 다른 뇌조들이 그렇게 했기 때문입니다. 어느 날 그 새는 어느 한 독수리가 우아하고 위엄 있게 열린 하늘을 날고 있는 것을 보았습니다. 그 새는 다른 뇌조들에게 "저 아름다운 새는 무엇이지?"라고 물었고, 뇌조들은 "저것은 독수리야. 매우 두드러진 새지. 그러나 너는 저 독수리처럼 날지 못해. 왜냐하면 넌 단지 뇌조일 뿐이기 때문이지"라고 대답하였습니다.

그래서 그는 다시 생각해 보지 않고 그것이 사실이라고 믿었습니다. 그는 통찰력의 결핍 때문에 자기의 독수리로서의 유산을 박탈당한 채 뇌조의 삶을 살고 뇌조로서 죽었습니다. 얼마나 헛된 것입니까! 승리자로 태어났지만 패배자로 설정되었습니다.

같은 일이 대부분의 사람에게도 해당됩니다. 우리 자신의 통찰력 결핍 때문에 우수함을 달성하지 못합니다.

만약 당신이 독수리처럼 높이 날기를 원한다면 당신은 독수리의 방식을 배워야 합니다. 만약 당신이 성공한 사람들과 교제한다면 당신은 성공한 사람이 될 것입니다. 당신이 사색가(思索家)와 교제한다면 당신은 사색가가 될 것입니다. 당신이 주는 자와 교제한다면 당신도 역시 주는 자가 될 것입니다. 당신이 불평꾼과 교제한다면 당신 또한 불평꾼이 될 것입니다.

사람이 인생에서 성공할 때마다 소인(小人)들은 그를 험담하고 끌어내릴 것입니다. 당신이 소인들과 싸우기를 거절한다면 당신은 이기는 것입니다. 무술에서는 누군가가

부정적인 영향들

· 부정적인 사람들
· 담배, 마약 그리고 술
· 포르노그래피
· 부정적인 영화와 텔레비전 프로그램
· 모독

당신에게 달려들 때 막는 것 대신에 당신에게 옆으로 피하라고 가르칩니다. 왜입니까? 막는 것조차도 에너지가 필요합니다. 어째서 에너지를 더욱 생산적으로 사용하지 않습니까? 마찬가지로 소인들과 싸우기 위해서는 당신은 그들 수준까지 내려가야 합니다. 이것이 그들이 원하는 것입니다. 왜냐하면 그렇게 되면 이제 당신도 그들 중의 하나가 되기 때문입니다.

부정적인 사람들이 당신을 끌어내리지 않게 하십시오.

기억하십시오. 한사람의 인격은 그 사람이 사귀는 친구에 의해 판단될 뿐만 아니라 그가 피하는 친구에 의해 판단되기도 합니다.

담배, 마약 그리고 술 ▪ 나는 여행을 통하여 음주가 국가적 오락이 되어 버린 나라도 있다는 것을 알게 되었습니다. 만약에 당신이 술을 마시지 않는다면 그들은 뭔가 잘못된 것이 있는 것처럼 당신을 바라봅니다. 그들의 좌우명은 "당신이 스카치 위스키를 좋아하는 한 당신의 영어가 아무리 형편없어도 상관없다"입니다. 만약에 어느 은행가가 그들의 유동자산(流動資産)이 무엇이냐고 묻는다면 그들은 두 병의 스카치 위스키를 내올 것입니다.

음주와 흡연이 오늘날 미화되었습니다. 음주·흡연은 처음 한 번 때문에 시작됩니다. 사람들에게 왜 알코올을 소비하고 마약을 하는지를 묻는다면, 그들은 셀 수도 없는 이유를 댈 것입니다. 예를 들면 축하하기 위해서, 장난으로, 문제를 잊기 위해서, 긴장을 풀기 위해서, 실험해 보기 위해서, 감동을 주기 위해서, 유행을 좇기 위해서, 사람들과 섞이기 위해서, 사업 목적을 위해서 등등.

내가 술을 마시지 않는 한 가지 이유는 내가 좋은 시간을 가질 때 그것을 느끼고 싶기 때문이다.
— 레이디 아스토르

술은 사람이 자제심을 잃게 하고, 구경거리를 만든다.

 사람들은 동료 집단의 압력에 순응하기를 원합니다. 동료 집단의 압력이 "너 내 친구 아니니?", "작별의 한잔", "내 건강을 위해 한잔" 등과 같은 어구로 강요하는 방식에 나는 놀랐습니다.

 미상의 작가가 쓴 다음 시는 사회적 음주가의 딜레마를 잘 설명하고 있습니다.

나는 선술집에서
너의 건강을 위해 마셨지
나는 나의 집에서
너의 건강을 위해 마셨지
나는 제기랄 수도 없이
너의 건강을 위해 마셨지
그렇게 해서 나는 거의
내 자신을 거의 다 마셔 버렸지!

 음주운전은 목숨의 대가를 치릅니다. 제리 존슨에 따르면, 미국 병원 협회는 병원 입원자의 절반이 알코올 관련자라는 보고를 하였고, 국가 안전 협의회의 1989년 사고 총보고서에 따르면, 매 60초마다 음주 관련 차량 충돌로 한 사람이 상해를 입는다고 합니다.

포르노그래피 ■ 포르노그래피는 여성과 아동의 인간성을 상실시키는 것과 조금도 다를 것이 없습니다.

 포르노그래피의 결과는

●여성의 인간성을 빼앗고

- 아동을 희생시키며
- 결혼을 파괴하고
- 성 폭력을 조장하며
- 윤리적 도덕적 가치를 조롱하며
- 개인과 가정과 지역사회를 파멸시킵니다.

미국에서는 매 46초마다 한 여성이 강간당합니다.(전국 희생자 센터/범죄 희생자 연구와 치료 센터, 1992) 86퍼센트의 강간범이 포르노그래피를 정기적으로 이용했다고 인정했으며, 57 퍼센트는 성범죄를 할 때 포르노 장면을 모방하였다고 인정하였습니다.(윌리암 마샬 박사, 1988) *

일부 사람들이 장삿속으로 포르노를 만들어 돈을 벌며 비열해질 때 그것을 보는 것은 매우 슬픈 입입니다. 그것을 사는 불건전한 사람들은 또 어떻습니까?

부정적인 영화와 텔레비전 프로그램 ■ 오늘날 아이들은 어느 다른 곳보다 텔레비전과 영화에서 그들의 태도와 가치관을 배웁니다. 미국에서는, 한 아이가 고등학교를 졸업할 때까지 20,000시간을 텔레비전을 보고 15,000 번의 살인장면을 보고 100,000 번의 알코올 관련 광고를 본다고 추정합니다. * 그러한 것들은 음주는 재미있고, 흡연은 미화되고, 마약은 유행하고 있다는 메시지를 전달합니다. 범죄율이 그렇게 높은 것은 놀랄 일이 아니지요 !

연속극들은 혼전 · 혼외 섹스를 미화합니다. 남녀관계에 있어 헌신이 결핍되고 이혼율이 높은 것은 놀랄 일이 아닙니다. 감수성이 강한 시청자들은 매체에서 그들이 보고들

* 어린이와 가족의 보호를 위한 국제적 연대의 1995년 보고서에서

* "우리의 아이들을 죽이는 것" ≪It's Killing Our kid, Jerry Johnson≫

은 것에 그들의 기준을 둡니다. 정도에 차이가 있을지언정 우리 모두는 감수성이 있습니다.

모독(冒瀆) ▪ 모독은 자제심과 수양 부족을 보여줍니다.

제7수칙 : 할 필요가 있는 것들을 좋아하라

어떤 일은 우리가 좋아하든 그렇지 않든 할 필요가 있습니다. 예를 들면 어머니가 자녀를 돌보는 일과 같은 것은 재미와 놀이거리가 없고 심지어 고통스럽기까지 합니다. 그러나 우리가 그런 일을 좋아하도록 배운다면 불가능은 가능이 됩니다.

제8수칙 : 긍정과 더불어 하루를 시작하라

아침에 일어나면 제일 먼저 긍정적인 것을 읽거나 들으십시오. 밤 동안 잠을 잘 자고 나면 긴장이 풀리고 잠재의식을 잘 받아들입니다. 그것이 그 날의 상태를 결정하며, 매일매일을 긍정적인 날로 만들기 위해서 우리 자신을 올바른 마음의 틀 속에 넣으십시오. 변화를 일으키기 위해서는 우리는 의식적인 노력을 할 필요가 있고 긍정적인 생각과 행동을 우리 삶의 부분으로 만들기 위해 전념할 필요가 있습니다. 습관이 될 때까지 긍정적인 생각과 행동을 매일 갖는 것을 연습하십시오.

하버드 대학교의 윌리암 제임스는 "당신이 삶을 바꾸려 한다면 당장 시작할 필요가 있고 불꽃처럼 할 필요가 있다"라고 말합니다.

긍정적인 태도를 확립하기 위한 제7수칙 "할 필요가 있는 것들을 좋아하라"

필요한 일부터 시작하라. 그 다음에 가능한 일을 하라. 그러면 어느덧 당신은 불가능한 일을 해내게 되는 것이다.
— 아시시의 성 프란시스코

긍정적인 태도를 확립하기 위한 제8수칙 "긍정과 더불어 하루를 시작하라"

승리자 대 패배자

승리자는 항상 정답의 일부분이며
패배자는 항상 문제의 일부분입니다.

승리자는 항상 하나의 프로그램을 가지며
패배자는 항상 하나의 변명을 가집니다.

승리자는 "당신을 위해 그 일을 하겠습니다"라고 하고
패배자는 "그것은 내 일이 아닙니다"라고 합니다.

승리자는 모든 문제의 답을 보고
패배자는 모든 답의 문제점을 봅니다.

승리자는 "어려울지 모르나 가능하다"라고 말하고
패배자는 "가능할지 모르나 너무 어렵다"라고 말합니다.

승리자가 실수를 할 때는 "내가 틀렸어"라고 말하고
패배자가 실수를 할 때는 "내 잘못이 아냐"라고 말합니다.

승리자는 헌신을 하고
패배자는 약속을 합니다.

승리자는 꿈을 가지고
패배자는 음모를 가집니다.

승리자는 "나는 무언가를 해야 한다"라고 말하고
패배자는 "무언가가 행해져야 한다"라고 말합니다.

승리자는 팀의 한 부분이고
패배자는 팀에서 떨어져 나갑니다.

승리자는 이익을 보고
패배자는 고통을 봅니다.

승리자는 가능성을 보고
패배자는 문제점을 봅니다.

승리자는 양쪽이 다 승리할 수 있다고 믿고
패배자는 그가 승리하기 위해서 누군가가 져야 한다고
믿습니다.

승리자는 잠재력을 보고
패배자는 과거를 봅니다.

승리자는 자동 온도 조절 장치와 같고
패배자는 온도계와 같습니다.

승리자는 그들이 하는 말을 선택하고
패배자는 그들이 선택한 것을 말합니다.

승리자는 부드러운 말로 격렬한 토론을 하나
패배자는 부드러운 토론을 격렬한 말로 합니다.

승리자는 가치관이 확고하나 사소한 일은 타협하고
패배자는 사소한 일에 확고하나 가치관을 타협합니다.

승리자는 공감의 철학을 따릅니다.
"다른 사람이 당신에게 하지 않았으면 하는 일을 다른
 사람에게 행하지 말라."
패배자는 이런 철학을 따릅니다.
"그들이 당신에게 행하기 전에 당신이 그들에게 행하라."

승리자는 그것이 일어나게 만듭니다.
패배자는 그것이 일어나게 내버려둡니다.

승리자는 계획하고 이기기 위해 준비합니다. 핵심 단어
는 '준비'입니다.

승리자가 되자 — 행동 수칙

이제 앞서 토의했던 8가지 행동 수칙과 더불어 이 장(章)을 마무리할까 합니다.

1. 좋은 발견자가 되라.
2. 지금 하는 습관을 가져라.
3. 감사하는 마음가짐을 발전시켜라.
4. 지속적인 교육 프로그램에 가입하라.
5. 긍정적인 자부심을 구축하라.
6. 부정적인 영향을 멀리하라.
7. 할 필요가 있는 일을 좋아하라.
8. 긍정과 더불어 하루를 시작하라.

당신 자신에 대해 바꾸고 싶은 것들의 목록을 만드십시오. 그 다음에 각각의 변화가 당신과 다른 사람에게 주는 이점을 열거하십시오. 마지막으로 타임 스케줄을 설정하십시오. 그리고 이러한 변화를 이루도록 전념하십시오.

이 행동 수칙을 가로세로 5·3 인치 색인(索引) 카드에 적고 21일 동안 매일 읽으십시오.

앞으로 30분 동안 아래의 질문에 답하십시오.

당신은 각각의 행동 수칙을 어떻게 이용할 수 있나요?

- 집에서
- 일터에서
- 사회에서

2. 성공 전략

성공은 우연한 사건이 아닙니다. 성공은 우리의 마음가짐의 결과이고, 우리의 마음가짐은 선택입니다. 따라서 성공은 우연한 일이 아니고 선택의 문제입니다.

대부분의 정신나간 사람들은 큰 횡재를 기다립니다. 그러나 그것이 성공을 가져올 수 있을까요?

한 신부(神父)가 운전을 하고 지나가면서 뛰어나게 아름다운 한 농장을 보았습니다. 그는 차를 멈추고 풍성한 수확을 감상했습니다. 트랙터를 타고 가던 농부가 한 구석에 서 있는 신부를 보았습니다. 농부가 신부 쪽으로 다가갔을 때 신부는 "하느님의 축복으로 이렇게 아름다운 농장을 갖게 되었군요. 하느님께 감사하십시오"라고 말했습니다. 농부는 "그렇습니다. 하느님은 나를 축복하셔서 이렇게 아름다운 농장을 주셨고 나는 매우 감사하고 있습니다. 그러나 신부님은 하느님이 이 농장을 혼자 독점하고 계셨을 때를 보셨어야 했는데요"라고 대답하였습니다.

성공이 잇따를 때 그리고 또 다른 성공이 기다리고 있을 때 어떻게 사람이 정진할 수 있을까?

다른 이는 악전고투하고 전진하지 못할 때 나는 어떻게 나의 목표를 달성하며 장애물을 차례로 넘으며 인생을 살아 갈 수 있을까?

이 두 가지의 질문이 교과과정의 일부가 될 수 있다면 그것은 교육 제도를 혁신할 수 있을 것입니다. 보통 사람이 안전을 추구하는 반면에 비범한 사람은 기회를 추구합니다. 우리는 원하지 않는 것에 우리의 마음을 둘 것이 아니라 원하는 것에 전념해야 합니다.

성공이란 무엇인가

성공과 실패라는 주제에 대해서는 많은 연구가 이루어져 왔습니다. 역사로부터 우리는 배울 필요가 있습니다. 성공한 사람들의 인생 역정을 연구할 때 그들이 어느 시기를 살았던지간에 어떤 공통적인 자질이 있다는 것을 알게 됩니다. 성공은 단서들을 남겨 둡니다. 그래서 만약 우리가 성공한 사람들의 자질을 확인하고 받아들인다면 우리는 확실히 성공할 것입니다. 우리가 그러한 특질을 회피한다면 우리는 실패자가 되는 것입니다.

마찬가지로 모든 실패에는 공통적인 특질이 있습니다. 우리가 이러한 특질을 피한다면 우리는 실패자가 되지 않을 것입니다. 성공은 미스터리가 아닙니다. 단순히 일관성 있게 적용되는 어떤 기본적인 원칙들의 결과입니다. 여기에 대한 역(逆)도 참입니다. 실패는 단순히 몇 개의 실수를 반복적으로 하는 결과가 아닙니다. 너무 극단적으로 단순화해서 말하는 것으로 들릴지 모르겠지만 사실은 대부분의 진리는 매우 단순하다는 것입니다. 지금 나는 '진리가 쉽다'라고 말하는 것은 아닙니다. 그러나 진리는 확실히 매우 간단합니다.

자주 웃고 많이 사랑하기.

지성 있는 사람들의 존경을 얻고

아이들의 애정을 얻는 것.

정직한 비평가들의 찬사를 얻는 것과

잘못된 친구들의 배신을 견디기.

아름다움을 감상하기.

다른 사람들의 장점을 발견하기.

조금도 보답받겠다는 생각 없이

자기 자신을 아낌없이 주기.

건강한 아이라든지

구원된 영혼이라든지

정원 한 뙈기라든지

다시 찾은 사회적 지위라든지 하는

하나의 과제를 달성하기.

열성적으로 놀거나 웃기.

열광적으로 노래하기.

당신이 살아왔기 때문에

어느 한 삶이 더 수월하게 호흡했다는

사실을 알기.

이러한 것들은 성공했던 사람들의 것이다.

— 작자 미상

어떻게 우리는 성공을 정의하나

무엇이 사람을 성공하게 만드나? 어떻게 우리는 성공을 인식할 수 있나?

어떤 사람에게는 성공이 부(富)를 의미할 수 있습니다.

성공은 가치 있는 목표의 진보적인 실현이다.
— 나이팅게일 백작

또 다른 이에게는 성공은 인정, 좋은 건강, 좋은 가족, 행복, 만족 그리고 마음의 평화입니다. 이것이 우리에게 진정으로 말하는 것은 바로 성공이 주관적이라는 것입니다. 성공은 서로 다른 사람에게 서로 다른 것을 의미합니다. 내가 느끼기에 '성공'을 잘 요약한 정의는

성공은 가치 있는 목표의 진보적인 실현이다.

이 정의를 주의 깊게 살펴봅시다.

'진보적인'이란 성공이 목적지가 아니라 여행의 행로라는 것을 의미합니다. 우리는 결코 도달하지 않습니다. 우리가 한 목표에 이른 후면 우리는 다음 그리고 그 다음 그리고 또다른 다음의 목표로 떠납니다.

'실현'은 그것이 경험이라는 것을 의미합니다. 외부의 힘은 나를 성공적으로 느끼게 만들지 못합니다. 나는 그것을 내 자신 안에서 느껴야 합니다. 그것은 외적인 것이 아니라 내적인 것입니다.

'가치 있는'은 우리의 가치 체계를 언급합니다. 우리는 어떤 길로 가고 있습니까? 긍정적인 길입니까? 부정적인 길입니까? 가치는 여행의 품질을 결정합니다. 그것이 의미와 성취감을 주는 것입니다. 성취감 없는 성공은 공허한 것입니다.

왜 '목표'가 중요할까요? 왜냐하면 목표는 우리에게 방향감각을 주기 때문입니다.

성공은 모든 사람에게 인정받음을 의미하지 않습니다. 선택적으로 받아들이고 싶지 않은 어떤 집단이 있습니다. 나는 싫은 인물들에 의해 인정받기보다는 차라리 바보들에게 비판받는 것을 택하겠습니다.

나는 성공을 영감, 염원, 절망 그리고 땀의 결과로 나온 행운의 발현(發現)이라고 정의합니다.

존재만이 행복은 아닙니다! 더 많은 것이 있습니다!

존재하는 것 이상을 하라 — 살기
만지는 것 이상을 하라 — 느끼기
바라보는 것 이상을 하라 — 관찰하기
읽는 것 이상을 하라 — 흡수하기
듣는 것 이상을 하라 — 청취하기
청취하는 것 이상을 하라 — 이해하기
— 존 H. 로어드즈

성공과 행복은 나란히 간다. 성공은 당신이 원하는 것을 얻는 것이고, 행복은 당신이 얻은 것을 원하는 것이다!

성공을 가로막는 장애물들(실재 또는 상상)

- 자아
- 실패 · 성공에 대한 두려움 : 자부심 결여
- 무계획
- 형식화된 목표의 결여
- 생활의 변화
- 늑장부림
- 가족에 대한 책임감
- 금전적 안정 문제
- 초점 결여, 혼란스러움
- 돈에 대한 가망성을 포기
- 혼자 무리하기
- 과잉 헌신
- 헌신 부족

- 훈련 부족
- 끈기 부족
- 우선 순위 결여

승리를 위한 차이

승리하기 위한 차이를 얻기 위해서 우리는 완벽함이 아니라 탁월함을 위해 힘써야 할 필요가 있습니다. 완벽을 위해 애쓰는 것은 신경증입니다. 탁월함을 위해 애쓰는 것은 진보입니다. 왜냐하면 더 좋게 더 향상되어지지 않는 것은 없기 때문입니다.

우리가 필요한 것은 약간의 차이입니다. 경마에서 이기는 말은 5대1 또는 10대1에서 승리합니다. 그렇다고 그 말이 다른 말들보다 5배, 10배 더 빠르다고 생각합니까? 물론 아니지요. 그 말은 몸의 한 부분의 차이 즉 코 하나의 차이일 뿐입니다. 그러나 보상은 5배, 10배가 되지 않습니까?

공정한 걸까요? 무슨 상관입니까? 그것은 중요하지 않습니다. 그것이 게임의 규칙입니다. 그렇게 게임을 하는 것입니다. 우리 삶에서도 같은 원리가 적용됩니다. 성공하는 사람은 실패하는 사람보다 10배 더 영리하지 않습니다. 그들은 약간의 차이로 앞설 뿐이며 보상은 10배가 더 큽니다.

우리는 어느 한 분야에서 1,000% 향상될 필요가 없습니다. 우리는 1,000개 각기 다른 분야에서 1%만 향상될 필요가 있습니다. 이것은 훨씬 쉬운 일이지요. 그것이 승리하는 차이입니다!

"승리를 위해서 한 분야에서의 1,000% 향상은 필요없다. 1,000개의 각 분야에서 1%의 향상이 필요한 것이다"

투쟁

인생의 시련은 우리가 어떻게 다루느냐에 따라 비극이나 승리일 수 있습니다. 승리는 노력 없이 오지 않습니다.

한 생물 선생이 한 유충이 나비가 되느냐 하는 것에 대해 학생들에게 가르치고 있었습니다. 그는 학생들에게 몇 시간 동안 그 나비는 고치에서 나오기 위해 투쟁할 것이라고 말했습니다. 그리고 그 자리를 떠났습니다.

학생들은 기다렸고 그 일이 일어났습니다. 그 나비는 고치에서 나오기 위해 투쟁하였는데, 학생 중 한 사람이 그것을 측은하게 여겨 그의 선생님의 충고를 거스르고 나비가 고치에서 나오도록 도와주었습니다. 그는 고치를 부수어 나비가 나오도록 했고 그래서 나비는 더 이상 노력할 필요가 없었습니다. 그러나 곧 그후에 나비는 죽었습니다.

선생님이 돌아와서 일어난 일에 대해 들었습니다. 그는 학생들에게 "그 나비를 도와주는 것은 실제는 나비를 죽이는 것이다. 왜냐하면 고치에서 나오려 하는 투쟁이 실제는 나비의 날개를 발달시키고 강하게 하는 것이다. 그것이 자연의 법칙이기 때문이란다"라고 설명해 주었습니다. 그 소년은 나비에게 그 투쟁을 빼앗았고 그리고 나비는 죽었습니다.

같은 원리를 우리 삶에 적용해 보십시오. 인생에서 가치 있는 어떤 것도 투쟁 없이 오는 것은 없습니다. 부모로서 우리는 우리가 가장 사랑하는 아이들을 다치게 하기 쉬운데 왜냐하면 우리가 그들이 강해지기 위해 투쟁하도록 허용하지 않았기 때문이지요.

장애물을 극복하기

장애를 극복해 본 사람은 장애를 직면해 보지 않은 사람보다 훨씬 안정적입니다. 우리 모두는 문제를 가지고 있고 낙심하기도 합니다. 대부분의 사람들은 실망합니다. 그러나 승리자는 낙담하지 않습니다. 정답은 인내력입니다.

영국 속담은 "잠잠한 바다는 능숙한 선원을 만들지 않는다"라고 말합니다. 모든 것이 쉽게 되기 전에는 어렵습니다. 우리는 우리의 문제로부터 도망칠 수 없습니다. 오직 패배자만이 중도에 그만두고 포기합니다.

> 자살은 일시적인 문제에 대한 영구적인 해결책이다.
> ─아비갈 반 부렌

어떻게 성공을 측정하나

진정한 성공은 당신이 어떤 일을 잘 했고 당신의 목적을 달성했다는 것을 아는 느낌에 의해 측정될 수 있습니다.

성공은 인생에서 우리의 지위에 의해서가 아니라, 우리가 거기까지 가기 위해 극복했던 장애물들에 의해 측정됩니다.

인생에서 성공은 다른 사람들과 비교해서 우리는 어떻게 하고 있나에 의해서가 아니라, 우리가 할 수 있는 것에 비해서 우리가 어떻게 하고 있나에 의해서 결정됩니다. 성공하는 사람은 자기 자신과 경쟁합니다. 그들은 자신의 기록을 향상하고 끊임없이 진보합니다.

성공은 우리가 인생에서 얼마나 높이 오르느냐가 아니라 우리가 넘어졌을 때 몇 번이나 다시 벌떡 일어섰느냐에 의해 측정됩니다. 성공을 결정하는 것은 바로 이 다시 일어서는 능력입니다.

모든 성공 스토리는 또한 큰 실패 스토리이기도 하다

실패는 성공으로 가는 고속도로입니다. 톰 왓슨 경(卿)은 "성공하고 싶으면 실패율을 두배로 올려라"라고 말했습니다.

역사를 공부하면 성공 스토리가 또한 큰 실패 스토리이기도 하다는 것을 알 것입니다. 그러나 사람들은 실패를 보지 않습니다. 그들은 오직 그림의 한 측면만을 보고 그 사람은 운이 좋다라고 말합니다. "그는 단지 때와 장소를 잘 만났던 것이다"라고 말합니다.

이제 나는 누군가의 인생사를 말하려 합니다.

이 사람은 21세에 사업에 실패한 사람이며 22세에 의회 선거에서 졌고 24세에 다시 사업에 실패했고 26세에 연인의 죽음을 극복했고 27세에 신경쇠약증을 겪었으며 34세에 국회의원 선거에서 졌고 45세에 상원 의원 선거에서 졌고 47세에 부통령이 되려 했지만 실패하였고 49세에 상원 의원 선거에서 졌고 52세에 미합중국 대통령에 선출된 사람입니다.

이 사람은 아브라함 링컨입니다.

당신은 그를 실패자라고 부를 것입니까? 그는 중도에 포기했을 수도 있었습니다. 그러나 링컨에게는 패배는 우회(迂廻)이지 막다른 길이 아니었습니다.

1913년 3극 진공관의 발명자인 리 드 포레스트는 그가 사람의 목소리를 대서양을 가로질러 보낼 수 있다고 주장하면서 자기 회사의 주식을 일반 대중에게 파는 사기극을 벌였다는 죄로 지방 검사에 의해 고소되었습니다. 그는 공

"모든 성공 뒤에는 실패가 있다"

개적으로 창피를 당했습니다. 그러나 우리는 오늘날 그의 발명품 없이 지낼 수 있을지 상상할 수 있습니까?

1903년 12월 10일자 뉴욕 타임스 사설은 공기보다 무거우면서 날 수 있는 기계를 발명하려는 중이었던 라이트 형제의 지혜를 의심했습니다. 일 주일 후, 키티 호크에서 라이트 형제는 그 유명한 비행을 하였습니다.

샌더스 대령은 65세에 낡아빠진 차와 사회보장제도에서 받은 100불 짜리 수표로 뭔가를 해야겠다고 생각했습니다. 그는 그의 어머니 조리법을 기억했고 팔기 위해 거리로 나섰습니다. 그가 첫 번째 주문을 받아 내기까지 몇 번이나 가가호호 문을 두드려야 했을까요? 그가 첫 번째 주문을 받을 때까지 천 번 이상 문을 두드린 것으로 추정됩니다. 우리 중 몇 사람이나 3번, 10번, 100번 시도한 후에 중단하고 우리가 가능한 한 열심히 시도하였다고 말합니까?

"성공하는 사람들은 위대한 일을 하지 않는다. 그들은 단지 작은 일을 위대한 방식으로 할 뿐이다"

월트 디즈니는 젊었을 때 만화가로서 그가 재능이 없다고 신문 편집인들에게 얼마나 많이 거절되었는지 아십니까? 어느 날 한 교회의 목사가 그를 몇 개의 만화를 그리도록 고용하였습니다. 디즈니는 교회 근처의 쥐가 극성을 부리는 작은 오두막에서 작업을 하였습니다. 작은 쥐을 보고 난 뒤에 그는 영감을 받았습니다. 그것이 미키 마우스의 시작이었습니다.

성공하는 사람들은 위대한 일을 하지 않습니다. 그들은 단지 작은 일을 위대한 방식으로 합니다.

어느 날 약간 귀가 먼 4살 짜리 아이가 선생님이 준 메모를 호주머니에 넣고 집으로 왔습니다. 그 메모는 "당신 아들은 배우기엔 너무 멍청합니다. 학교에 보내지 마세요"라고 써 있었습니다. 그리고 그 멍청한 소년이 자라서 위대

한 토마스 에디슨이 되었습니다. 토마스 에디슨은 겨우 3
개월의 공식 교육을 받았으며 귀가 조금 멀었을 뿐입니다.

헨리 포드는 그가 만든 최초의 차에 후진 기어를 설치하
는 것을 잊었습니다.

이러한 사람들이 실패자라고 생각합니까? 그들은 문제
가 없어서가 아니고 문제에도 불구하고 성공하였습니다.
그러나 외부 세계에게는 그들이 단지 운이 좋은 것처럼 보
였습니다.

모든 성공 이야기는 큰 실패 이야기입니다. 유일한 차이
는 그들은 실패할 때마다 다시 일어선다는 것입니다. 이것
을 우리는 '실패하며 나아간다'라고 불립니다. 당신은 배
우고 전진합니다. 실패로부터 배우고 계속하십시오.

1914년에 토마스 에디슨은 67세에 화재로 그의 공장을
잃었는데, 이것은 몇백만 달러 가치가 있었습니다. 그 공
장은 보험에 들지 않았습니다. 이제 더 이상 젊은이가
아닌 에디슨은 그의 평생 노력이 연기로 날아가는 것을 보
았지만, "재난에는 큰 가치가 있다. 우리의 모든 실수가 태
워졌다. 우리가 새롭게 시작할 수 있어서 하느님께 감사한
다"라고 말했습니다. 재난에도 불구하고 3주 후에 그는 축
음기를 발명했습니다. 얼마나 놀라운 태도입니까!

다음은 성공하는 사람의 더 많은 실패 사례입니다.

- 토마스 에디슨은 전구를 발명할 때까지 대략 10,000번
  을 실패하였다.
- 헨리 포드는 40세의 나이에 파산하였다.
- 리 아이아코카는 54세에 헨리 포드 2세에게 해고당했다.
- 젊은 베토벤은 그가 음악에 재능이 없다고 들었다. 그

러나 그는 이 세상에 가장 좋은 음악 중에 일부를 선물
하였다.

인생에 있어 실패는 불가피합니다. 실패란 추진력으로
작용할 수 있고 우리에게 겸손을 가르칩니다. 슬픔 속에서
당신은 용기와 실패를 극복하는 믿음을 찾습니다. 우리는
희생자가 아니라 승리자가 되는것을 배울 필요가 있습니
다. 두려움과 의심은 마음을 단절하게 합니다.

모든 실패 후에 당신 자신에게 물으십시오. 내가 이 경
험으로부터 무엇을 배웠는지? 오직 그때만이 당신은 걸림
돌을 디딤돌로 만들 것입니다.

당신이 그렇게 생각한다면
◆

당신이 졌다고 생각하면 당신은 그렇습니다.
당신이 그렇지 않다고 생각하면 그렇지 않습니다.
이기고는 싶지만 할 수 없다고 생각하면,
그것은 당신이 먹지 않은 식은 죽입니다.

당신이 잃었다고 생각하면 당신은 잃은 것입니다.
왜냐하면 저 바깥 세상에서 우리는
성공이 한 사람의 의지로 시작한다는 것을 알기 때문입니다.
모든 것은 마음의 상태에 달렸습니다.

당신이 보다 뛰어나다고 생각하면 당신은 그렇습니다.
당신은 상을 탈 수 있기 전에
당신은 일어서기 위해 높이 생각해야 하고

당신은 당신 자신에 대해 확신을 가져야 합니다.

삶의 전투는
항상 가장 강하고 가장 빠른 사람에게 가지 않습니다..
그러나 조만간에 승리할 사람은
그가 할 수 있다고 생각하는 사람입니다.

가장 큰 선물

모든 생물 중에 사람은 신체적으로 가장 엉성하게 갖추어졌습니다. 사람은 새와 같이 날지도 못하고 작은 곤충에 의해 죽을 수도 있으며 표범처럼 빠르게 달리지도 못하고 악어처럼 수영할 수 없고 원숭이같이 나무를 탈 수 없고 독수리의 눈을 가지지도 않았고 들고양이의 발과 이빨을 갖지도 않았습니다. 신체적으로 사람은 무력하고 무방비 상태입니다.

그러나 자연은 합리적이고 친절합니다. 자연이 사람에게 주는 가장 큰 선물은 생각하는 능력입니다. 동물들은 그들의 환경에 적응하는 반면에 사람은 자기 자신만의 환경을 창조합니다.

슬프게도 매우 적은 수의 사람만이 이 가장 위대한 선물인 '생각하는 능력'을 충분한 잠재력까지 이용합니다.

실패하는 사람들은 두 가지 부류가 있습니다. 실패를 하고 결코 생각하지 않는 사람들과 생각을 하고 결코 실행하지 않는 사람들입니다. 생각하는 능력을 사용하지 않고 인생을 사는 사람들은 조준하지 않고 사격하는 사람과 같습니다.

실패하는 사람들의
두 가지 부류
· 실패를 하고 결코 생각하지 않는 사람들
· 생각을 하고 결코 실행하지 않는 사람들

인생은 셀프 서비스하는 간이 식당과 같습니다. 쟁반을 들고 음식을 선택하고 끝 부분에서 계산합니다. 당신이 가격을 지불하는 한 당신은 어떤 것이든 얻을 수 있습니다. 셀프 간이 식당에서 서빙하는 것을 기다린다면 아마도 당신은 영원히 식사를 못할 것입니다. 인생은 그와 같은 것입니다. 당신이 선택을 하고 가격을 지불합니다.

인생은 선택과 타협이다

여기에는 모순이 있습니다. 인생이 선택으로 가득 찼다면 타협의 문제는 어디 있을까? 기억하시오. 타협조차도 선택입니다. 이 점을 평가합시다.

어떻게 인생이 선택으로 충만한가

"선택은 결과를 가진다"

우리가 너무 많이 먹을 때 우리는 비만을 선택합니다. 우리가 술을 너무 마실 때 우린 다음날 두통이 있음을 선택합니다. 당신이 음주운전을 한다면 사고로 목숨을 잃거나 또는 누군가를 숨지게 할 위험을 선택합니다. 우리가 사람을 학대할 때 우리는 반대로 사람들에게 학대받을 것을 선택합니다. 우리가 다른 사람을 돌보지 않을 때 우리는 다른 사람이 우리를 돌보지 않을 것을 선택합니다.

선택은 결과를 가집니다. 우리는 선택하는 데 자유롭습니다. 그러나 우리가 선택한 다음엔 그 선택이 우리를 지배합니다. 우리는 동등한 기회를 가집니다. 선택은 우리의 것입니다. 인생은 어떤 형태든 그가 원하는 모양으로 흙을 빚는 도공(陶工)에 비유됩니다. 마찬가지로 우리는 우리가 원하는 어떠한 형태든지 우리의 삶을 빚어낼 수 있습니다.

인생이 어떻게 타협으로 충만한가

인생이란 단지 파티나 쾌락 같은 것은 아닙니다. 고통과 절망일 수도 있습니다. 생각지도 못한 일이 일어납니다. 가끔 모든 것이 뒤집히기도 합니다. 좋지 않은 일들이 선량한 사람들에게 일어나기도 합니다. 신체적 장애나 선천적 장애와 같이 통제할 수 없는 것들도 있습니다. 우리는 부모나 출생 환경을 선택할 수 없습니다. 그래서 만약 공이 그런 쪽으로 튀면 유감일 뿐입니다. 그러나 우리가 여기서 할 수 있는 일이 무엇입니까? 울거나 공을 집어들고 도망칩니까? 그것이 우리가 해야 할 선택입니다.

어느 맑은 날 호수 안에는 수백 개의 보트가 모두 다른 방향으로 움직입니다. 어째서일까요? 바람이 한 방향으로 불고 있다 할지라도 보트들이 서로 다른 방향으로 움직입니다. 차이가 무엇일까요? 돛이 세워진 방법에 달려 있는 것입니다. 그리고 그 돛은 항해하는 사람에 의해 결정됩니다. 같은 이치가 우리의 삶에 적용됩니다. 우리는 방향을 선택할 수는 없지만 우리가 돛을 세우는 방법은 선택할 수 있습니다.

우리가 환경을 항상 선택할 수 없음에도 불구하고 우리는 우리의 마음가짐을 선택할 수 있습니다. 우리의 운명을 결정짓는 것은 우리의 처지가 아니라 우리의 성향입니다.

무지개를 만들기 위해서는 비와 햇빛 모두가 필요합니다. 우리의 삶도 다르지 않습니다. 거기에는 행복과 슬픔이 있습니다. 거기에는 선과 악이 있고 어두움과 밝음이 있습니다. 우리가 역경을 극복할 수 있다면 그것은 단지 우리를 강하게 해주는 것입니다. 우리가 우리 삶에서 일어

"우리의 운명을 결정 짓는 것은 우리의 처지가 아니라 우리의 성향이다"

나는 모든 사건들을 통제할 수는 없지만, 우리는 그것들을 다루는 방법을 조정할 수는 있습니다.

리챠드 블레크니덴은 1904년 세인트 루이스 세계 박람회에서 인도산 차(茶)의 판매를 촉진하고 싶었습니다. 날씨가 매우 더워서 아무도 그의 차를 시음하려 들지 않았습니다. 블레크니덴은 모든 얼음 음료들이 성업중이라는 것을 알았습니다. 그는 차를 얼음 음료로 만들어 설탕을 섞어 팔면 되겠다고 하는 생각이 떠올랐습니다. 그는 그렇게 했고 사람들이 무척 좋아했습니다. 그것이 바로 아이스 티의 출발이었습니다.

일이 잘못되면 가끔 그렇듯이 우리는 책임 있게 반응하든지 화를 내며 반응하든지 할 것입니다.

사람은 선택의 여지가 없는 도토리와 같은 것이 아닙니다. 도토리는 큰 나무가 될 것인지 다람쥐의 밥이 될 것인지를 결정할 수 없습니다. 사람은 선택할 수 있습니다. 자연이 우리에게 레몬을 주면 우리는 울 것인지 레모네이드를 만들 것인지를 선택할 수 있습니다.

사람을 성공하게 만드는 자질

1. 욕망

성공에 대한 동기부여는 목표를 달성하겠다는 불타는 욕망에서 나옵니다. 나폴레옹 힐은 "사람의 마음이 품고 믿는 것을 그 마음이 성취할 수 있다"라고 썼습니다.

한 청년이 소크라테스에게 성공의 비결을 물었습니다. 소크라테스는 다음날 아침 강가에서 만나자고 했습니다.

그들은 만났고 소크라테스는 그 청년에게 강 쪽으로 걷자고 했습니다. 강물이 그들의 목 부위에 차게 되었을 때 소크라테스는 그 청년을 물 속에 집어넣었습니다. 그는 물에서 나오려고 애를 썼으나 소크라테스는 그 청년의 얼굴이 파래질 때까지 그를 잡아 두었습니다. 마침내 소크라테스는 그의 머리를 물에서 끌어냈고 그 청년이 첫 번째 한 일은 숨을 헐떡기리고 큰 숨을 쉬는 것이었습니다. 소크라테스는 "네가 물 속에 있었을 때 가장 원했던 일은 무엇이었냐?"라고 물었고, 그 청년은 "공기"라고 답했습니다. 소크라테스는 "그것이 성공의 비결이다. 네가 공기를 원했던 것만큼 간절하게 성공을 원한다면 그러면 성공을 얻을 수 있을 것이다"라고 말했습니다. 다른 비결은 없습니다.

불타는 욕망은 성공의 시발점입니다. 작은 불이 큰 열을 내지 않는 것과 마찬가지로 약한 욕망은 큰 결과를 만들지 않습니다.

> "불타는 욕망은 성공의 시발점이다"

2. 전념(專念)

성실과 지혜는 전념하기 위한 두 가지 기둥입니다. 이 요점은 자기 직원들에게 다음과 같이 말하는 한 관리자에 의해 가장 잘 설명됩니다. "성실은 당신들이 돈을 잃는다 할지라도 전념할 수 있는 마음을 유지하게 합니다. 그리고 지혜는 그러한 어리석은 전념을 하지 않게 합니다."

번영과 성공은 우리 생각과 결정의 결과입니다. 어떤 생각이 우리의 삶을 지배할 것인가는 우리들의 결정입니다. 성공은 우연이 아닙니다. 성공은 우리의 마음가짐의 결과입니다.

> 사람을 성공하게 만드는 자질 — 2. 전념

> 일에 전념하기 위한 두 가지 기둥 — 성실과 지혜

이기기 위해 경기하는 것은 전념을 필요로 한다 ■ 이기기 위해 경기를 하는 것과 지지 않기 위해 경기를 하는 것에는 큰 차이가 있습니다. 이기기 위해 경기를 할 때 우리는 열성과 전념을 가지고 경기에 임합니다. 반면에 지지 않기 위해 경기를 할 때는 우리는 약한 상태에서 경기를 시작합니다. 우리는 지지 않기 위해 실패를 피하면서 경기합니다. 우리 모두는 이기기를 원합니다. 그러나 이기기 위해 대가를 지불할 준비를 하는 사람은 드뭅니다. 승리자는 승리를 위해 자기 자신을 조절하고 전념합니다. 이기기 위해 경기하는 것은 영감에서 나오고 지지 않기 위해 경기하는 것은 절망에서 나옵니다.

이상적인 상황이란 없습니다. 미래에도 없을 것입니다. 어디에든지 이르기 위해서는 우리는 표류할 수도 없고 닻을 내릴 수도 없습니다. 우리는 바람을 안고 항해해야 하고 어떤 때는 바람을 거슬러 항해할 필요가 있습니다. 그러나 우리는 나아가야 합니다.

어떤 감독이나 운동선수에게 최고의 팀과 최악의 팀과의 차이가 무엇인지 물어 보십시오. 그들의 신체, 재능 그리고 능력에 있어서는 거의 차이가 없습니다. 당신이 발견하게 될 가장 큰 차이는 감정적 차이입니다. 이기는 팀은 헌신을 하며 여분의 노력까지 합니다.

승리자는 경쟁이 치열할수록

- 의욕이 더욱 커지게 되며
- 더 많은 동기가 유발되며
- 능력이 더 나아지며
- 승리가 더욱 달콤해진다.

나는 피로하고 쉬고 싶을 때 나의 다음 적이 무엇을 하고 있나 알고 싶어 한다. 나는 그가 아직도 연습을 하는 것을 볼 때 내 자신을 재촉하기 시작한다. 그리고 그가 샤워를 하는 것을 볼 때 내 자신을 더욱 세차게 내몬다.
—댄 게이블, 레슬링 올림픽 금메달 리스트

새로운 도전거리는 새로운 잠재력을 개발합니다. 대부분의 운동선수들의 가장 좋은 실력은 질 가망성이 약간 더 높을 때입니다. 그때가 그들이 축적한 실력을 더욱 더 깊게 팔 때입니다.

성공은 성취 안에 있는 것이 아니라 성취하는 과정에 있습니다. 어떤 사람들은 실패할까 두려워 시도를 하지 않습니다. 동시에 그들은 뒤처질까 두려워 그들이 있는 곳에 머무르려 하지 않습니다. 그 둘 모두 위험성이 있습니다. 큰 물로 나가는 배는 폭풍의 위험을 직면합니다. 그러나 배가 항구에 정박하면 배는 녹슬게 되고 배가 지어진 목적에도 맞지 않습니다. 그것이 이기기 위해 경기를 하는 것과 지지 않기 위해 경기를 하는 것의 차이입니다. 사람은 전념하지 않고 위험을 무릅쓰지도 않습니다. 이기기 위해 경기하는 사람은 압박감으로 인해 성공하고, 지지 않기 위해 경기하는 사람은 어떻게 성공할 것인지를 알지 못합니다.

압박감은 이기기 위해 경기하는 사람에게 더욱 더 준비성을 갖게 만듭니다. 지지 않기 위해 경기하는 사람에게는 압박감은 에너지를 갉아먹습니다. 그들은 이기고 싶지만 지는 것이 너무 두려워 자신들의 충분한 잠재력에 이르지 못합니다. 이기는 데에 자신들의 노력을 집중하는 대신에 지는 것을 염려하며 에너지를 소모합니다.

패배자는 안전성을 원하고 승리자는 기회를 찾습니다. 패배자는 죽음보다 삶이 더욱 두렵습니다. 실패는 죄가 아닙니다. 그러나 노력 부족은 죄가 되는 것입니다.

확신은 전념하도록 인도한다 ■ 선호와 확신(conviction) 사이에는 차이가 있습니다. 선호는 바뀔 수도 있지만 확신

> 한 사람의 인생의 능력은 그들이 선택한 분야를 불문하고 뛰어남에 대한 전념에 정비례한다.
> — 빈스 롬바르디

은 그렇지 않습니다. 선호는 압박감 하에서 사라질 수 있습니다. 확신은 더욱 강해집니다. 그것은 우리의 확신을 가치 있게 하기 위해서 좋은 가치체계를 갖는 것이 중요함을 말해줍니다. 왜냐하면 우리의 확신이 전념을 이끌기 때문입니다.

사람을 성공하게 만드는 자질 ― 3. 책임감

3. 책임감

인격을 가진 사람은 책임감을 받아들입니다. 그들은 의사 결정을 하고 인생에서 자신의 운명을 결정합니다. 책임감을 인정하는 것은 위험을 무릅쓰고 가끔 불편하게 느끼는 의무를 인정하는 것입니다.

욕망이 되어버린 의무는 결국 기쁨이 될 것이다. ― 조지 그리터

대부분의 사람들은 그들의 안락 지대에 머무르고 책임을 인정하지 않고 수동적인 삶을 살려고 합니다. 그들은 일생 동안 일이 일어나게 하기보다는 일이 일어나기를 기다리며 표류합니다. 책임을 받아들이는 것은 계산적으로 어리석지 않은 위험을 받아들이는 것을 포함합니다. 그것은 모든 찬성과 반대를 평가하고 가장 적절한 결정이나 행동을 취하는 것을 의미합니다. 책임 있는 사람들은 세상이 자신의 생계를 책임져야 한다고 생각하지 않습니다.

남의 번영을 방해함으로써
자신의 번영을 가져올 수 없습니다.
당신이 강자를 약하게 한다고 해서
다른 약자가 강해지지는 않습니다.
당신이 부자를 가난하게 한다고 해서
가난한 자가 부자가 되지는 않습니다.

당신은 빌려 온 돈으로
건전한 안정을 이룰 수 없습니다.
당신이 고용자 수를 끌어내린다고 해서
남은 노동자를 도와줄 수는 없습니다.
사람의 독창성과 독립심을 빼앗으면
당신의 인격과 용기는 쌓아질 수 없습니다.
계급 갈등을 선동하는 것으로
사람의 동포심을 촉진할 수는 없습니다.
당신이 번 것보다 더 많이 쓴다면
문제로부터 벗어날 수 없습니다.
사람들이 스스로 할 수 있고 해야 하는 것을
그들을 위한다고 해주려 한다면
당신은 그들을 영원히 도와줄 수 없습니다.
— 아브라함 링컨

한 회사의 퇴임하는 사장이 공식 송별회 후에 후임 사장에게 'No.1'과 'No.2'라고 표기된 두 개의 봉투를 주고, "당신 혼자서 감당할 수 없는 경영 위기에 직면할 때 No. 1 봉투를 개봉하시오. 다음 위기때 두 번째 봉투를 개봉하고"라고 말했습니다.

몇 년 후 중요한 위기가 왔습니다. 사장은 금고를 열어 첫 번째 봉투를 꺼냈습니다. 거기에는 "당신의 전임자에게 책임을 미루시오"라고 써 있었습니다. 몇 년이 지난 후 두 번째 위기가 왔을 때 두 번째 봉투를 개봉하니 "후임자를 위해 두 개의 봉투를 준비하시오"라고 써 있었습니다.

책임 있는 사람은 그들의 잘못을 받아들이고 배웁니다. 어떤 사람은 결코 배우지 않습니다.

우리는 잘못에 대해 세 가지 것을 할 수 있습니다.

- 무시하기
- 부인하기
- 인정하고 교훈 삼기

세 번째 선택은 용기를 필요로 합니다. 그것은 위험성이 있으나 보답이 있습니다. 만약에 우리가 우리의 약점을 옹호한다면, 우리는 실제로 약점을 극복하기보다는 약점 위에 우리의 삶을 짓고 중심점으로 만들기 시작하게 되는 것입니다.

4. 근면

사람을 성공하게 만드는 자질 — 4. 근면

성공은 우연히 마주치는 것이 아닙니다. 많은 준비와 인격이 필요합니다. 모든 사람이 승리하고 싶어하나 승리를 준비하기 위해서 얼마나 많은 사람이 노력과 시간을 쏟을 각오가 되어있습니까? 성공은 희생과 수양이 필요합니다. 근면을 대신할 것은 없습니다. 헨리 포드는 "더 열심히 일할수록 더 운이 좋아집니다"라고 말했습니다.

세상은 사양하지 않는 일꾼으로 충만합니다. 어떤 이는 일을 사양하지 않고 어떤 이는 다른 사람이 일하도록 내버려두는 것을 사양하지 않습니다.

나는 하루의 절반동안 일하고 싶다. 그것이 첫 12시간이든 나중 12시간이든 상관없다. — 캐먼스 윌슨, 홀리데이 인 지배인

마치 한 사람이 사전 위에 앉음으로 철자법을 배울 수 없는 것과 마찬가지로 사람은 근면하게 일하지 않고 어떤 것을 할 수 있는 능력을 개발할 수 없습니다. 전문가들은 그들이 하는 어떤 것이든지 그것의 기본을 숙달했기 때문에 일들을 쉬워 보이게 합니다.

어느 회사의 중역이 한 회사에 전화를 걸어 어떤 입사 지원자에 대한 정보를 얻으려 하였습니다. 그는 입사 지원자의 전(前) 직장 상사에게 "그와는 얼마나 같이 일을 하셨습니까?"라고 물었습니다. 그 사람은 "3일입니다"라고 답했고, 이 중역은 "그러나 그는 당신 회사에 3년 동안 있었다고 하던데요"라고 말했습니다. 그때 그 사람은 "맞습니다. 그러나 그는 3일간만 일했습니다"라고 하는 것이었습니다.

성공은 '얼마나 일이 없느냐'가 아니라 '얼마나 일이 많으냐'라고 물어 보는 태도의 결과입니다. 즉 얼마나 적은 시간이 아니라 얼마나 많은 시간을 일하느냐고 물어 보는 태도의 결과입니다. 최고의 음악가는 매일 연습합니다. 승리자는 열심히 일하고 오래 일하기 때문에 승리에 대해 사과할 필요가 없습니다. 그것은 쉽게 오지 않았습니다.

우리가 즐기는 모든 것은 누군가의 근면의 결과입니다. 어떤 일은 보이고 또 어떤 일은 보이지 않습니다. 그러나 둘 다 똑같이 중요합니다. 어떤 사람들은 일자리를 얻자마자 일을 중단합니다. 실업률의 통계에도 불구하고 일할 만한 좋은 사람들을 찾아내는 것은 어렵습니다. 많은 사람들은 게으른 시간과 여가 시간의 차이를 이해하지 못합니다. 게으른 시간은 시간 낭비나 시간 도둑질에 이르게 됩니다. 여가 시간은 번 것입니다. 일의 지연은 일하지 않은 것과 마찬가지입니다.

우수함은 행운이 아닙니다. 그것은 굉장한 근면과 연습의 결과입니다. 근면과 연습은 그가 하고 있는 어떤 것을 더 잘 할 수 있게 만듭니다.

근면은 그 자체가 시작이자 끝입니다. 사람은 열심히 일

만약 사람들이 내가 숙달된 실력을 얻기 위해 얼마나 열심히 일을 해야 했는지를 안다면 전혀 굉장하게 보이지 않을 것이다.
　　　　　—미켈란젤로

평균적인 사람은 그의 에너지와 능력의 오직 25%만을 자신의 일에 쏟는다. 세상은 자기 능력의 50% 이상을 쏟는 사람에게 모자를 벗어 경의를 표하고, 100%를 쏟아붓는 사람에게 물구나무 서서 경탄한다.
　　　　　—앤드류 카네기

할수록 자신이 먼저 더 좋게 느낍니다. 더 좋게 느끼면 더 열심히 일을 합니다. 최선의 생각은 그 생각을 실현하지 않는다면 작용하지 않을 것입니다. 의지력과 근면이 없는 위대한 재능은 낭비입니다.

우리는 자연으로부터 배울 필요가 있습니다. 오리는 쉬지 않고 물밑에서 물장구를 칩니다. 그러나 물위로는 부드럽고 고요하게 보입니다.

전에 위대한 바이올린 연주자인 프리츠 크라이슬러가 콘서트를 마쳤을 때, 누군가가 무대 위로 올라와서 "당신이 연주하는 대로 연주하기 위해서라면 내 목숨을 바치겠어요"라고 말했습니다. 크라이슬러는 "나도 연주할 때마다 목숨을 바쳐요"라고 말하는 것이었습니다.

성공을 위한 요술 지팡이는 없습니다. 실제 세상에서는 성공은 관찰자에게 오는 것이 아니라 행동가에게 옵니다. 마차를 끄는 말은 발차기를 할 수 없습니다. 발차기를 하는 말은 끌 수 없습니다. 마차를 끌고 발차기를 중단합시다.

근면 없이는 성공도 없습니다.

자연은 새들에게 먹이를 줍니다. 그러나 자연이 그들의 둥지에 먹이를 넣어 주지는 않습니다. 새들은 먹이를 위해 열심히 일해야 합니다. 쉽게 오는 것은 없습니다. 밀턴은 매일 새벽 4시에 실낙원을 쓰기 위해 일어났습니다. 노아 웹스터가 웹스터 사전을 편집하는 데 36년이 걸렸습니다.

작은 업적조차 근면을 필요로 하며 그리고 허풍보다는 더 낫습니다.

일들은 기다리는 사람들에게 온다.
그러나 오직 일들은 재촉하는 사람들에게 남겨진다.
— 아브라함 링컨

5. 인격

인격은 한 사람의 가치관과 믿음 그리고 성격의 합체입
니다. 그것은 우리의 행동거지와 활동에 반영되어 나타납
니다. 그것은 세상에서 가장 값비싼 보석보다 더 보호될
필요가 있습니다. 조지 워싱턴은 "나는 내가 모든 덕목 중
에 가장 가치 있다고 여기는 '정직한 사람의 인격'을 유지
하기 위해 굳은 결의와 미덕을 항상 지닐 것이다"라고 말
했습니다.

역사의 과정을 결정하는 것은 투표나 여론 조사가 아니
라 지도자의 인격입니다. 성실에는 황혼기가 없습니다. 성
공으로 가는 길에는 많은 함정이 도사리고 있습니다. 그곳
으로 떨어지지 않기 위해 좋은 품성과 노력이 필요합니다.
또한 비평가들 때문에 낙심하지 않는 기질이 필요합니다.

어째서 대부분 사람들은 성공은 사랑하지만 성공한 사
람은 미워하는 것일까요? 한 사람이 평균 이상으로 두각을
나타내면 누군가는 항상 그를 험하게 공격하려고 합니다.
어떤 직업에서든지 성공하는 사람은 그렇지 않은 사람에
게 시기를 받는 것입니다. 당신이 목표에 이르는 데 주위
의 비판이 방해가 되지 않도록 해야 합니다. 평균적인 사
람은 비판을 원활하게 피해가는데, 아무 말도 하지 않고
아무런 행동도 하지 않고 아무것도 되지 않음으로써 그렇
게 합니다. 당신이 더 많이 성취할수록 당신이 비판받을
위험이 더 커집니다. 성공과 비판은 어떤 관계가 있습니
다. 성공이 클수록 비판도 많아집니다.

비평가들은 항상 방관자로서 앉아 있습니다. 그들은 사
람들에게 올바른 방식을 말해 주지만 실제 그보다 더 못한

행동을 하는 사람들입니다. 그러나 비평가들은 행동하는 사람들의 지도자가 아니므로 실제 행동이 이뤄지는 곳까지 낮추어 내려오도록 요구해야 합니다.

다른 사람들이 스스로 설 수 있을 때까지 기꺼이 그들을 도와주는 부류의 사람이 있습니다. 그러나 그들이 자립하게 되면 이런 부류의 사람들의 삶은 아주 비참하고 불편하게 됩니다. 이것이 인생의 한 단면입니다. 우리가 성공해야 한다면 우리를 도와주는 사람이 있음에도 불구하고 그렇게 해야 합니다. 이런 종류의 행동은 질투심의 결과입니다.

인격은 결합체이다 ■ 인격은 성실, 비이기주의, 이해, 확신, 용기, 충실과 존경의 결합체입니다.

인격을 갖춘 유쾌한 성격은 무엇입니까?

그 스스로 품위가 있다.

침착함이다.

균형감각이다.

거만함이 없는 확고함과 자신감이다.

사려깊음이다.

변명을 하지 않는 것이다.

예의와 좋은 예절이란 많은 작은 희생을 하는 것임을 아는 것이다.

과거의 잘못에서 배우는 것이다.

돈 또는 가문의 혈통과는 아무런 관계가 없다.

다른 사람을 파괴시킴으로써 스스로를 쌓아올리는 것이 결코 아니다.

형식이 아니고 내용이다.

상류 인사와 같이 걸으면서 서민성(庶民性)을 유지하는
것이다.

부드러운 말이고 친절한 표정이며 마음씨 고운 미소이다.

독재에 대항해서 일어서는 은밀한 자존심이다.

자신과 다른 사람에게 편안한 것이다.

승리하는 차이를 만들어 주는 고전적 특색이다.

경이가 일어나게 한다.

기적을 달성하게 한다.

인식하기는 쉽고 정의하기는 어렵다.

책임감을 받아들이는 것이다.

겸손이다.

승패를 떠나 정중하다.

명성이나 운이 아니다.

장식판이 아니다.

영원하다.

손으로 만질 수 없다.

비굴하지 않고 예의바르고 공손하다.

들뜨지 않고 품격을 지킨다.

극기와 지식이다.

자제심이다.

품위 있는 승리자이며 이해심 있는 패배자이다.

성공 그 자체보다 더욱 어려운 것은 우리가 어떻게 성공
을 다루느냐 하는 것입니다. 많은 사람들은 어떻게 하면 성
공하는지를 압니다. 그러나 그들이 성공한 후에 그것을 어
떻게 다뤄야 하는지를 모릅니다. 그것이 어째서 능력과 인
격이 나란히 같이 가야 하는가 하는 이유입니다. 능력은 성

공을 가져다주고, 인격은 당신의 성공을 유지하게 합니다.

우리는 자신에 대해 새로운 것을 발견하지 않습니다. 우리 자신을 우리가 되고 싶은 종류의 사람으로 만들고 쌓아 갑니다.

인격을 쌓는 것은 유아기 때부터 시작하고 죽을 때까지 계속합니다. 인격은 성공을 필요로 하지 않습니다. 인격이 성공입니다. 정원사는 잡초가 정원의 식물을 죽이는 것을 막기 위하여 잡초 뽑기를 계속해야 하듯이, 우리는 우리 자신의 잘못을 뽑아 냄으로써 우리 자신을 쌓고 발전시킬 필요가 있습니다.

"역경은 인격을 쌓게 하고 드러나게 한다"

역경은 인격을 쌓고 그리고 또는 인격을 드러낸다 ■ 불리한 상황하에서 어떤 이는 기록을 경신하고 또 어떤 이는 실패합니다. 보석은 마찰 없이 윤이 나지 않으며 질 좋은 강철은 불에 달궈지지 않고 얻을 수 없습니다. 마찬가지로 역경은 한 사람의 인격을 드러내고 그것을 스스로에게 가르칩니다.

러시아의 속담이 있습니다. "망치는 유리를 부수지만 쇠도 다듬는다." 그 속담 안에는 많은 진실이 있습니다. 우리는 유리로 만들어졌습니까, 쇠로 만들어졌습니까? 망치에게는 마찬가지입니다. 탄소가 철의 품질을 결정하듯이 인격은 사람의 자질을 결정합니다.

사랑을 성공하게 만드는 자질 ― 6. 긍정적인 믿음

6. 긍정적인 믿음

긍정적인 생각과 긍정적인 믿음 사이에 차이가 무엇입니까? 당신이 실제로 당신 생각을 듣는다면 어떻겠습니까?

긍정적일까요, 부정적일까요? 성공 또는 패배를 위해 당신은 당신의 마음을 어떻게 계획하시겠습니까? 당신의 생각하는 방식이 실행에 심오한 영향을 줍니다.

긍정적인 마음가짐을 갖고 동기가 유발되는 것이 우리가 매일 아침 할 수 있는 선택입니다.

긍정적인 인생을 사는 것은 쉽지 않습니다. 그러나 부정적인 인생도 마찬가지입니다. 선택이 주어지면 나는 긍정적인 삶을 추구하겠습니다.

긍정적인 사고는 부정적인 사고보다 더 낫고 우리의 능력을 최고로 이용하도록 도와줍니다.

긍정적인 믿음은 긍정적인 사고보다 훨씬 더 낫습니다. 다음 이야기는 긍정적인 믿음을 설명하고 있습니다.

록히드 조직은 우리가 긍정적으로 믿을 만한 이유를 가지고 있습니까? 그렇습니다. 몇 년 전에 록히드는 L-1011 트라이스타 비행기를 소개하였습니다. 안전을 확인하고 제트 여객기의 장점을 시험하기 위하여 록히드는 15억불을 쓰며 18개월 동안 가장 극단의 방법으로 시험을 하였습니다. 수압 잭과 전자 감지기와 컴퓨터에 대해 36,000번 이상의 모의 비행을 시행하였으며, 이것은 100년간의 정기 항로를 비행한 것에 해당했으며 한 번의 기능 불량도 발생하지 않았습니다. 마침내 수백 번의 시험 끝에 그 비행기는 합격 도장이 주어졌습니다.

준비에 들여진 모든 노력 덕분에 이 비행기는 비행하기에 안전할 것이라 믿을 만한 충분한 이유를 가지게 된 것입니다.

사람을 성공하게 만드는 자질 — 7. 얻은 것보다 더 많이 줄 것

7. 얻은 것보다 더 많이 줄 것

오늘날 성공하는 것은 쉽습니다. 우리는 어떠한 경쟁도 없습니다. 당신이 만약 인생에서 앞서가기 원한다면 몇 마일 더 정진하십시오. 몇 마일을 더 가면 경쟁 상대가 없습니다. 당신은 당신이 받는 급여보다 기꺼이 일을 더 하겠습니까? 당신이 아는 사람 중 얼마나 많은 사람들이 자기가 받는 급여보다 더 일하려 합니까? 거의 없습니다. 대부분의 사람들은 대가가 지불된 일조차 하고 싶어하지 않습니다. 그리고 그들이 그럭저럭 할 수 있는 일만을 하기 원하는 두 번째 부류가 있습니다. 그들은 단지 그들의 일을 유지하기 위해서 할당된 일만을 이행합니다. 자기가 받은 급여보다 기꺼이 일을 더 하려는 적은 수의 사람이 있습니다. 왜 그들은 더 일을 하는가? 당신이 만약 이 마지막 범주에 속한다면 당신의 경쟁 상대는 어디에 있습니까?

받은 급여보다 더 많이 일하는 것의 장점은 다음과 같습니다.

만약 당신이 한 사람을 위해 일한다면 아무쪼록 그를 위해 일하라.
— 킴 허바드

- 당신이 하는 일과 일하는 장소를 불문하고 당신 자신을 더욱 가치 있게 만듭니다.
- 당신에게 더 많은 확신을 줍니다.
- 사람들은 당신을 리더로 바라보기 시작합니다.
- 다른 사람들이 당신을 신뢰하기 시작합니다.
- 상사들이 당신을 존경하기 시작합니다.
- 부하 직원과 상사 모두로부터 충성심이 생깁니다.
- 협조를 창출해 냅니다.

다음과 같은 사람들은 나이, 경험, 학문적 자격을 불문하

고 항상 어디서든지 환영받습니다. 감독 없이도 열심히 일하는 사람, 시간을 잘 지키고 사려깊은 사람, 주의 깊게 듣고 정확하게 지시를 수행하는 사람, 진실을 말하는 사람, 비상시에 열심히 해달라고 부탁 받았을 때 샐쭉하지 않는 사람, 과업 지향적이기보다는 결과 지향적인 사람, 쾌활하고 예의바른 사람.

고객에게, 친구들에게, 배우자에게, 부모나 자녀에게 부가가치를 준다는 관점에서 항상 생각하십시오. 당신이 무엇인가를 할 때마다 "내가 하고 있는 것에 어떻게 내가 가치를 부가할 수 있을까?"라고 스스로 질문하시오.

성공하기 위한 열쇠는 다음의 네 단어로 요약될 수 있습니다. "And then some more"(그리고 약간만 더 일하자.) 승리자들은 그들이 하기로 되어 있는 것을 합니다. 그리고 약간 더 일합니다. 승리자들은 그들의 의무를 이행합니다. 그리도 조금 더 충실합니다. 승리자들은 예의바르고 관대합니다. 그리고 약간 더 그렇습니다. 승리자들은 의지할 수 있습니다. 그리고 약간 더 그렇게 합니다. 승리자들은 100%를 쏟아 붓습니다. 그리고 약간 더 노력합니다.

신뢰성, 책임감, 유연성이 없는 능력은 부채(負債)입니다.

어째서 일부 매우 지적이며 상당한 학문적 자질을 가진 사람들이 실패를 겪거나 또는 잘 해봐야 평범한 성과를 거두게 되는 것일까? 왜냐하면 그들은 일이 잘 될 때를 연구하는 전문가들이며 부정적인 에너지의 저장고를 짓기 때문입니다. 그들은 대가받은 일조차 하고 싶지 않아 합니다. 그리고 그들이 그럭저럭 할 수 있는 일만을 하기 원합니다. 그들이 실패를 겪는 것은 놀랄 일이 아닙니다. 우리가 대가를 받은 만큼의 일보다 더 많이 일하는 것은 우리

"And the Some More" :
그리고 약간만 더 일하자

의 경쟁 상대를 제거하는 일입니다. 사실상 우리는 경쟁 상대가 되었습니다. 이러한 마음가짐이 지식이나 신분보다 더 중요합니다.

8. 끈기의 힘

최선으로 가는 여정은 쉽지 않습니다. 많은 장애들이 있습니다. 승리자는 극복할 수 있는 능력을 가졌고 훨씬 더 큰 결의로 다시 일어섭니다.

포기하지 말라

◆

일이 잘못되어 갈 때
가끔씩 그러하듯이
당신이 터벅터벅 걷는 도로가 모두 오르막일 때
자금은 적고 빚은 많을 때
그리고 웃고 싶지 않고 한숨 쉬어야 할 때
근심이 당신을 짓누를 때
쉬어야 한다면 쉬거라. 그러나 포기하지 말라.

삶은 기묘한 굴곡이 있다.
우리 모두가 가끔씩 알게 되듯이
그리고 많은 실패가 돌아오듯이
그가 끝까지 참고 견디었더라면 승리했을지도 모를 때
걸음걸이가 느리다 할지라도 포기하지 말라.
당신은 또 한 번의 시도로 성공했을지도 모른다

성공은 뒤집어진 실패이다.
의심의 구름은 은색 색채
그리고 당신은 성공에 얼마나 가까이 있는지
결코 알지 못한다
성공이 멀리 있는 것처럼 보일 때
오히려 가까이에 있는지도 모른다.
그래서 가상 세계 맞았을 때 그 싸움에 매달려라.
당신이 포기해서는 안될 때는
일이 최악으로 보일 때이다.

위대한 바이올리니스트인 프리츠 크라이슬러는 "어떻게 당신은 그렇게 연주를 잘하십니까? 당신은 운이 좋습니까?"라는 질문을 받았습니다. 그는 "그것은 연습입니다. 내가 한달 동안 연습하지 않는다면 청중들은 그 차이를 알 수 있습니다. 내가 한 주 동안 연습하지 않는다면 내 아내가 그 차이를 말할 수 있습니다. 내가 하루 동안 연습하지 않는다면 내가 그 차이를 알 수 있습니다"라고 말합니다.

끈기는 전념과 결심을 의미합니다. 인내에는 기쁨이 있습니다. 전념과 끈기는 하나의 결정입니다. 운동선수들은 단지 몇 초의 또는 몇 분의 동작을 위해 수년간의 연습을 쏟아 넣습니다.

끈기는 하나의 결정입니다. 그것은 당신이 시작한 것을 끝마치기 위한 헌신입니다. 우리가 기진맥진했을 때 포기는 당연한 것처럼 보입니다. 그러나 승리자만이 인내합니다. 승리하는 운동선수에게 물어 보십시오. 그는 고통을 견디고 그가 시작했던 것을 끝마칩니다. 많은 실패들이 어떤 일을 잘 시작했지만 결말을 맺지 못해서 오는 것입니

세상에는 재능을 가지고도 성공하지 못한 사람들이 흔하다. 천부적인 재능을 가진 사람들도 마찬가지이다. 천부적인 재능을 가졌다고 해서 반드시 그에 따른 대가를 받는 것은 아니다. 교육 또한 마찬가지이다. 이 세상에는 교육을 받고서도 사회적으로 낙오된 사람들이 부지수이다. 결국 인내심과 결단력을 가진 사람만이 무슨 일이든 할 수 있다.
— 캘빈 쿨리지

다. 끈기는 목적의식에서 옵니다. 목적이 없는 삶은 표류합니다. 아무런 목적이 없는 사람은 인내하지 못하며 끝까지 완료할 수 없습니다.

9. 일 수행의 자부심

오늘날 일 수행의 자부심은 노력과 근면이 요구되기 때문에 중도에 단념됩니다. 그러나 어떠한 일도 발생하게 만들지 않으면 일어나지 않습니다. 사람이 낙심하면 편법을 찾기 쉽습니다. 그러나 유혹이 아무리 크다 할지라도 피해야 합니다. 자부심은 승리하게 하는 차이를 만드는 것에서부터 나옵니다.

일 수행의 긍지가 자아를 대변하지는 않습니다. 하지만 겸손한 즐거움을 대표합니다. 일의 질과 일꾼의 자질은 분리할 수 없습니다. 마음 내키지 않는 노력이 절반 정도의 결과를 가져올 것이라는 생각은 오산입니다. 그것은 아무런 결과를 가져오지 않습니다.

세 사람이 벽돌을 쌓고 있었고 지나가는 사람이 그들에게 무엇을 하는지 물었습니다. 첫 번째 사람은 "내가 생계를 꾸리는 것을 보지 못합니까?"라고 답했고, 두 번째 사람은 "내가 벽돌을 쌓는 것을 보지 못합니까?"라고 답했으며, 세 번째 사람은 "나는 아름다운 기념비를 쌓는 중이라오"라고 답했습니다. 같은 일을 하는 세 사람은 전혀 다른 대답을 하였습니다. 그들이 서로 다른 마음가짐을 가진 것일까요? 그리고 그들의 마음가짐이 그들의 일 수행에 영향을 미칠까요? 대답은 명백한 '예'입니다.

어떤 일을 수행하는 사람이 최선을 다하는 것에 긍지를

느낄 때 뛰어남이 생겨납니다. 모든 일은 일의 종류를 불문하고 세차를 하는 일이든지 마루를 쓰는 일이라든지 집에 페인트칠을 하는 것이든지 그 일을 하는 사람의 자화상입니다.

일을 처음은 물론 매번 올바르게 하십시오. 내일에 대한 최선의 보장은 오늘 일을 잘하는 것입니다.

미켈란젤로는 며칠동안 조상(彫像)작업을 하였습니다. 그리고 그는 구경꾼에게는 다소 중요하지 않게 보이는 모든 아주 미세한 부분들을 손질하는 데 오랜 시간을 소비했습니다. 왜 그렇게 하는지 질문을 받은 미켈란젤로는 "사소한 것이 완벽을 만들고 완벽은 하찮은 것이 아니지요" 라고 답했습니다.

대부분의 사람들은 일을 얼마나 빠르게 했는지는 쉽게 잊어버리지만 얼마나 그 일이 잘 되었는지는 기억합니다.

품질이나 서비스에 대해 타협해서는 안 됩니다. 맥도날드의 설립자인 레이 크록이 한 가맹점을 방문하는 동안에 파리 한 마리를 발견하였습니다. 2주 후에 그곳은 가맹점 자격을 박탈당했습니다. 레이 크록은 "긍지와 성취감을 위해 일해야 한다. 나는 보답이 나중에 올 것이라는 것을 이해하도록 길러졌다." 라고 말했습니다.

일을 잘 했다는 느낌은 그 자체가 보답입니다. 많은 일들을 어설프게 하는 것보다 작은 일들을 잘 하는 것이 더 낫습니다.

10. 자발적으로 배우기 — 좋은 선생 얻기

만약에 하느님과 구루(힌두교의 성자)가 같이 서 있다면

한 사람이 거리 청소부라고 불린다면, 미켈란젤로가 그림을 그리듯이 베토벤이 음악을 작곡하듯이 또는 셰익스피어가 시를 쓰듯이 거리를 쓸어야 한다. 그가 거리를 깨끗이 잘 쓸면 모든 하늘과 땅의 주인들이 멈추고 '여기 자기 일에 충실했던 위대한 거리 청소부가 살았었다' 라고 말할 것이다.
— 마틴 루터 킹 2세

사람을 성공하게 만드는 자질 — 10. 자발적으로 배우기

누구에게 학생들이 먼저 인사할까요? 인도 문화에 따르면 정답은 구루입니다. 왜냐하면 구루의 지시나 도움이 없이는 학생들은 하느님을 만날 수 없기 때문입니다.

조언자나 선생은 그 사람의 지혜가 당신의 선견이 될 수 있는 사람입니다. 당신을 학생으로 받아 줄 수 있는 사람을 찾으십시오. 당신의 선생을 신중하게 선택하십시오. 좋은 선생은 당신을 잘 안내하고 지시를 할 것입니다. 나쁜 선생은 당신을 잘못 인도할 것입니다. 존경심을 보여야 합니다. 흥미를 가진 학생이 되도록 해야 합니다. 선생님들은 흥미를 가진 학생을 좋아합니다.

가장 좋은 선생은 당신에게 마실 것을 주지 않습니다. 당신을 목마르게 할 것입니다. 그들은 답을 찾기 위한 길 위에 당신을 놓을 것입니다.

사회에 가장 큰 기여를 했던 사람에게 영예를 주기 원했던 고대 한 왕에 대한 이야기입니다. 의사나 기업가를 포함하여 모든 종류의 사람들이 찾아 왔고, 그들 모두는 그 영예를 차지하기 위해 그들의 행적을 설명하였습니다. 왕은 감명받지 않았습니다. 마침내 얼굴에 홍조를 띤 한 노인이 걸어와서 자신은 선생이라고 말했습니다. 그 왕은 왕좌에서 내려와 그 선생에게 존경을 보이기 위해 절을 하였습니다. 사회의 미래 모양을 형성하는 데 가장 큰 공헌을 한 사람은 바로 선생이었던 것입니다.

성공하기 위해 필요한 것을 가지고 있나

성공하기 위한 자질을 갖추었나요? 어떤 이는 그렇지 않다고 느낄 것입니다. 그들은 평범하게 머무르고 실패합니다. 우리 모두는 성공의 자질을 갖추었습니다. 우리가 원하는 수준까지 개발된 것은 아니지만 있기는 있는 것입니다. 우리는 지금 그것이 있는지는 모르지만 우리가 찾아낼 때 우리의 일 수행력은 달라질 것입니다.

이것은 마치 당신이 뒷뜰에 묻혀 있는 백만 불을 갖고도 그 사실을 알지 못하는 것과 같습니다. 당신은 그것을 사용할 수 없습니다. 그러나 당신이 그것을 찾아낸 순간 당신의 생각과 행동은 바뀝니다.

사람들에게도 같은 원리가 작용됩니다. 우리 모두는 보물을 감추고 있습니다. 우리가 해야 할 일은 그것들을 표면으로 끌어내고 사용하는 일입니다.

무엇이 우리를 제지하는가?

우리가 브레이크를 밟고 차를 운전할 때 무슨 일이 일어나겠습니까? 현명한 일이 아니지요, 그렇지 않습니까? 우리 차에 무슨 일이 생기겠습니까? 브레이크가 제동하기 때문에 차가 전속력으로 가지 않을 것입니다. 차는 과열되고 고장납니다. 만약 고장나지 않는다면 저항은 엔진을 무리하게 할 것입니다. 당신은 차가 손상되는 것을 무릅쓰고라도 액셀러레이터를 더 세게 밟거나 차를 더 빨리 가게 하기 위해 브레이크를 풀거나 할 수 있습니다. 이것은 삶에 비추어 비교할 수 있습니다. 왜냐하면 우리는 우리의 감정의 브레이크를 밟고 삶을 살기 때문입니다. 그 브레이크는 무엇입니까? 그것은 우리가 성공을 성취하지 못하도록 막는 요인입니다. 우리의 감정의 브레이크를 풀어 주는 방법은 긍정적인 마음가짐과 높은 자부심을 쌓고 책임감을 받아들이는 것입니다.

실패하는 이유들
— 왜 우리는 뛰어난 수준에 이를 수 없나

1. 위험을 감수하려 하지 않는다

성공은 위험을 무릅쓰려는 계산을 포함합니다. 위험을 무릅쓴다는 것은 어리석게 도박을 하고 무책임하게 행동하는 것을 의미하지는 않습니다. 사람들은 가끔 무책임하고 성급한 행동을 '위험을 무릅쓴다'고 잘못 생각합니다. 그들은 부정적인 결과로 결말짓고 좋지 않은 운에 책임을 돌립니다.

'위험 무릅쓰기'(Risk-taking)는 상대적입니다. 위험의 개념은 사람마다 다르고 훈련의 결과일 수 있습니다. 훈련된 산악 등반가와 초보자 모두에게 산악 등반은 위험성이 있습니다. 그러나 훈련된 사람에게는 위험을 감수한다는 것이 무책임한 것은 아닙니다. 책임 있게 위험을 감수하는 것은 두려움에 직면했을 때 사람에게 용기를 주는 지식, 훈련, 신중한 조사, 확신 그리고 유능함 등에 토대를 두고 있습니다.

아무것도 하지 않는 사람은 실수를 하지 않습니다. 그러나 아무것도 하지 않는 것은 그의 가장 큰 실수라는 것을 깨닫지 못합니다.

우유부단 때문에 많은 기회를 잃습니다. 그것은 습관성이며 전염성이 있습니다. 위험을 무릅쓴 도박은 하지 마십시오. 위험을 무릅쓰는 사람은 자신의 눈을 크게 뜨고 갑니다. 도박꾼은 자신을 어둠 속으로 내던집니다.

언젠가 누군가가 한 농부에게 그 계절에 밀을 심었는지를 물었습니다. 그 농부는 "아니오. 나는 비가 오지 않을까 걱정이었거든요"라고 대답하였고, 그 사람은 다시 "옥수수는 심었나요?"라고 물으니, "아니오. 나는 벌레가 옥수수를 먹는 것이 걱정이었거든요"라고 대답했으며, 그 사람이 "그러면 무엇을 심었나요?"라고 물으니 농부는 "아무것도 심지 않았습니다. 안전하게 놀렸지요"라고 답했습니다.

위험성

◆

웃는 것은 바보같이 보이는 위험을 감수하는 것이다.
우는 것은 감상적으로 보이는 위험을 감수하는 것이다.
다른 사람에게 손을 뻗는 것은
말려들게 되는 위험을 감수하는 것이다.
감정을 노출하는 것은
당신의 진실된 자아를 노출하는 위험을 감수하는 것이다.
다수보다 당신의 생각과 꿈을 우선시하는 것은
그것들을 잃을 위험을 감수하는 것이다.
사랑하는 것은
그 보답으로 사랑받지 않을 위험을 감수하는 것이다.
사는 것은 죽을 위험을 감수하는 것이다.
희망하는 것은 절망할 위험을 감수하는 것이다.
시도하는 것은 실패할 위험을 감수하는 것이다.
그러나 위험들은 감수되어야 한다.
왜냐하면 인생에서 가장 큰 위험은
아무런 위험을 감수하지 않는 것이다.

인생은 10단 기어의 자전거다. 우리 대부분은 우리가 결코 사용하지 않는 기어를 가지고 있다.
— 찰스 슐츠

아무런 위험도 감수하지 않는 사람은
아무것도 하지 않으며 아무것도 갖지 않으며
그리고 아무것도 아니다.
그들은 고생과 슬픔을 피할지는 모른다.
그러나 그들은 배울 수 없고 느낄 수 없고 바꿀 수 없고
자랄 수 없고 사랑할 수 없고 살 수 없다.
그들은 자신들의 마음가짐에 묶인 노예들이고
그들은 자신들의 자유를 상실하였다.
오직 위험을 감수하는 사람만이 자유롭다.

2. 끈기 부족

실패하는 이유들
"끈기 부족"

문제들을 이겨낼 수 없을 때는 포기하는 것이 가장 쉬운
방법인 것처럼 보입니다. 모든 결혼, 직업 그리고 모든 관
계에 있어 그러합니다. 승리자들은 타격을 받을 수는 있지
만 무너지지 않습니다. 우리 모두는 인생에서 함정에 빠질
수 있습니다. 실패는 우리가 실패자라는 것을 의미하지는
않습니다.

사람은 그가 다른 누구
보다 더 용감해서가 아
니라 그가 10분 더 용감
하였기 때문에 영웅이
되는 것이다.
— 랄프 왈도 에머슨

많은 사람들이 그들이 지식이나 재능이 부족해서가 아
니라 스스로 포기하기 때문에 실패합니다. 성공의 전적인
비결은 두 단어에 있습니다. 끈기와 저항입니다. 해야 할
것을 고집하고 해서는 안 될 것을 저항하십시오.

3. 순간적인 만족

실패하는 이유들
"순간적인 만족"

우리는 대개 짧게 생각합니다. 그것은 제한된 시야입니
다. 우리는 순간적인 만족 시대에 살고 있습니다. 당신을
깨우는 것부터 잠들게 하는 것까지 모든 상황에 대한 약이

있습니다. 사람들은 그들의 문제를 제거하기 위한 약을 원합니다. 사람들이 순간적인 백만장자가 되고 싶을 때, 그들은 지름길을 택하고 자신의 성실을 타협합니다.

하룻밤에 백만 불을 벌겠다는 욕망은 복권 사업을 번창하는 사업으로 만들었습니다.

순간적인 만족은 결과를 생각하지 않고 오직 금전적인 기쁨을 생각합니다.

오늘날의 세대는 이상적인 다이어트란 좋은 의도에서 5파운드를 빼는 식단으로 정의합니다.

4. 우선 순위에 대한 간과

실패하는 이유들
"우선순위에 대한 간과"

사람들은 만들어서는 안 될 대체물을 만듭니다. 예를 들면 어떤 관계에 있어 그들은 애정과 시간을 돈과 선물로 대체합니다. 어떤 사람들은 그들이 같이 있지 않음을 보상하기 위해 자신의 자녀와 배우자에게 물건을 사주는 것이 더 쉽다는 것을 알게 됩니다.

우리가 우선 해야 할 일들이 무엇인지 올바로 알지 못하면 우리는 인생에서 많은 시간을 낭비하게 됩니다. 우선 순위를 매기는 것은 우리들의 기분과 기호에 따라가는 것이 아니라 해야 할 필요가 있는 것을 해야 하기 때문입니다. 최선을 다하는 것보다 성공과 실패에 너무 많은 강조가 주어집니다.

패배와 문제거리들을 어떻게 대처하십니까?

이 질문에 대한 당신의 응답은 당신의 인격에 대해 많은 것을 말해 줍니다. 이러한 성공에 대한 미스터리를 해결하는 열쇠 중에 하나는 이해입니다. 어떤 사람들은 그들의 마음을 돈, 권력 또는 소유물에 고정시킵니다. 우리는 우선적으로 해야 할 것들을 이해해야 합니다.

성공은 성공으로 이끄는 원리들을 읽거나 외우는 것에 의해서가 아니라, 그 원리들을 이해하고 적용하는 것에 의해 오는 것입니다.

5. 지름길 찾기

공짜 점심은 없다 ■ 옛날에 한 왕에 대한 이야기로 이 왕은 자기 자문가들을 소집하여 다음 세대에게 전해 줄 수 있도록 노인들의 지혜를 적어 오도록 요구했습니다. 많은 작업 끝에 자문가들은 몇 권 분량의 지혜를 가지고 왔고 왕에게 바쳤습니다. 그 왕은 자문가들을 불러 너무 길어서 사람들이 읽지 않겠다고 말했습니다. 그들은 압축해야만 했습니다. 자문가들은 되돌아가서 한 권 분량을 가지고 왔습니다. 왕은 전과 똑같이 말했습니다. 그들은 돌아가서 한 장(章) 그리고 나서 한 페이지로 요약해서 가져왔습니다. 그러나 왕은 계속 같은 말을 반복하였고 마침내 왕을 만족시키는 한 문장으로 요약했습니다. 왕은 그가 후세에 전해 주고 싶은 지혜의 한 마디가 있다면, 그것은 이 한 문장이라고 말했습니다. "공짜 점심은 없다."

모든 조직에서나 사회에서 음식을 공짜로 얻어먹는 사람들이 있습니다. 그들은 대가를 지불하지 않고 이익을 얻으려 하는 사람들입니다. 그들은 공짜 물건을 찾습니다. 대개 우리는 전에 공짜로 얻어먹는 사람을 본 적이 있습니다. 이것은 전형적으로 협회나 단체에서 볼 수 있습니다. 대부분의 회원은 움직이지 않습니다. 그들은 활동적인 회원들이 노력한 결과인 이익을 최대한 얻기 원합니다.

쉬운 길이 실제는 더 어려운 길일 수 있다 ■ 전에 한 종
달새가 숲 속에서 노래하고 있었습니다. 한 사람이 벌레로
가득찬 상자를 들고 다가왔습니다. 종달새는 그를 멈추게
하고 "상자 안에 무엇이 들어 있고 당신은 어디로 가는 거
요?"라고 물었습니다. 농부는 상자 안에는 벌레가 있고 장
터로 가서 깃털로 바꾸려 한다고 말했습니다. 종달새는
"나는 깃털이 많다오. 내가 내 깃털을 하나 뽑아 줄 테니
그 벌레를 나에게 주시오"라고 말했습니다. 그 농부는 그 ┃ 쉬운 길이 실제는 더 어
벌레를 종달새에게 주었고 종달새는 그 대가로 깃털 하나 ┃ 려운 길일 수도 있다.
를 뽑아 주었습니다. 다음날에도 같은 일이 일어났고 그
다음날 그리고 계속해서 같은 일이 일어났으며 마침내 어
느 날 종달새는 뽑아 줄 깃털이 더 이상 없게 되었습니다.
이제 종달새는 날지 못하고 벌레를 잡을 수도 없었습니다.
종달새의 모습은 흉해지기 시작하였고 노래하기를 중단
하였으며 곧 죽게 되었습니다.

이 이야기의 교훈은 무엇입니까?

교훈은 매우 명료합니다. 종달새가 생각한 것은 쉽게 음
식을 얻는 방법이었지만 결국 가장 힘든 방법이었음이 판
명되었습니다.

우리의 삶에서도 같은 것이 적용되지 않겠습니까? 수도
없이 우리는 좀더 쉬운 방법을 생각하지만 그것이 더욱 어
려운 방법이었다는 것으로 끝납니다.

패배자는 빠른 해결책을 찾는다 ■ 당신의 뜰에서 잡초
를 제거하는 방법은 두 가지가 있습니다. 쉬운 방법과 그

렇게 쉽지 않은 방법입니다. 쉬운 방법은 잔디 깎는 기계를 돌리는 것이고 그러면 뜰은 당분간 멋있게 보일 것입니다. 그러나 그것은 임시적인 대답입니다. 곧 잡초는 다시 번성합니다. 그러나 쉽지 않은 방법은 손과 무릎을 대고 뿌리까지 잡초를 뽑는 것입니다. 그 일은 시간이 걸리고 고통스럽지만 잡초는 보다 오랜 시간 동안 얼씬거리지 않을 것입니다. 첫 번째 해결책은 쉬워 보이나 문제는 남아 있습니다. 두 번째 해결책은 쉽지 않으나 근원적으로 그 문제를 해결하였습니다. 요점은 그 문제의 근본에 이르는 것입니다.

인생에 있어서도 같은 이치가 적용될 수 있습니다. 어떤 사람은 쓰라림과 분개하는 태도를 보입니다. 그리고 이런 태도는 그의 인생의 다른 부분에서 계속해서 일어납니다. 오늘날 사람들의 문제는 그들이 순간적인 해결을 원한다는 것입니다. 그들은 모든 것의 1분 짜리 해결책을 찾고 있습니다. 인스턴트 커피와 같이 그들은 인스턴트 행복을 원합니다. 빠른 해결책은 없습니다. 이러한 태도는 결국 실망하게 됩니다.

6. 이기심과 탐욕

서로에게 그리고 고객들에게 향한 이기적인 태도를 가진 개인이나 조직은 성장을 기대할 권한이 없습니다. 이러한 태도는 다른 사람에 대한 배려 없이 계속해서 책임을 전가하는 것입니다. 탐욕은 항상 더 많은 것을 원합니다. 필요는 충족되어질 수 있지만 탐욕은 충족되어지지 않습니다. 그것은 마음의 암(癌)입니다. 탐욕은 인간관계를 파괴합니다. 어떻게 우리는 탐욕 지수를 측정할 수 있을까요? 우리 자신에게 다음 세 가지 질문을 해보시오.

- 내가 그것을 할 여유가 있나?
- 내가 진정으로 그것이 필요한가?
- 내가 그것을 가진다면 그것은 나에게 마음의 평화를 주겠는가?

탐욕은 자존심의 부족에서 오며 잘못된 자존심, 가식 또는 이웃에게 지지 않으려고 허세를 부리는 것으로 나타납니다. 탐욕에서 벗어나는 방법은 자기 수입 이내에서 사는 것과 만족함을 배우는 것입니다. 만족한다는 것이 야망이 부족하다는 것을 의미하지는 않습니다.

만족한다는 것이 야망이 부족하다는 것을 의미하지는 않는다.

어디에서 끝낼 것인가? ■ 한 부유한 농부에 관한 이야기가 있습니다. 그는 그가 출발했던 그 지점에 해가 질 때까지 돌아온다는 조건에서, 그가 하루에 걸어서 갈 수 있는 모든 땅을 주겠다는 제의를 받았습니다. 유리한 출발을 하기 위해서 다음 날 아침 일찍 출발한 그 농부는 가능한 한 많은 땅을 얻기 위해 빠르게 걷기 시작하였습니다. 비록 그는 피곤했지만 더 많은 부를 얻기 위한 일생 일대의 기회를 놓치고 싶지 않았기 때문에 오후 내내 계속해서 걸었습니다.

오후 늦게서야 그는 땅을 얻는 조건이 해질 무렵까지 출발점에 돌아와야 한다는 것임을 깨달았습니다. 그의 탐욕이 그를 매우 멀리까지 가게 하였습니다. 그는 일몰까지 얼마나 남았나 염려하면서 돌아가기 시작하였습니다. 일몰에 가까워질수록 그는 더 빠르게 달렸습니다. 그는 숨이

차서 기진맥진하였고 견딜 수 있는 한계점을 넘겨 자신을
재촉하였습니다. 그는 출발점에 도착해서 쓰러졌고 곧 사
망하였습니다. 그는 일몰 전까지 돌아 온 것입니다. 그러나
그는 땅에 묻혔고 그가 필요한 땅은 작은 구덩이였습니다.

이 이야기에는 배워야 할 많은 진실과 교훈이 있습니다.
그 농부가 부자였든 그렇지 않았든 어떠한 탐욕스런 사람
도 그런 식으로 종말을 맞을지도 모릅니다.

7. 확신 부족

실패하는 이유들
"확신 부족"

확신이 부족한 사람은 도로의 한 가운데를 차지합니다.
그러면 도로 한 가운데에서 무슨 일이 일어날지 추측해 보
세요. 그는 차에 치일 것입니다.

확신이 없는 사람들은 자신의 입장을 드러내지 않습니
다. 그들은 확신과 용기가 부족하기 때문에 어울리기 위해
서 따라갑니다. 그들이 하고 있는 일이 잘못되었다는 것을
그들이 알았을 때조차도 받아들여지기 위해서 그들은 순
응합니다. 그들은 마치 가축 떼와 같이 행동합니다.

어떤 사람들은 잘못된 것을 지지하지 않기 때문에 자기
자신이 더 낫다고 여깁니다. 그러나 그들은 반대할 확신이
부족합니다. 반대하지 않음으로써 실제로는 지지하고 있
다는 것을 그들은 깨닫지 못합니다.

성공하는 중요한 비결 중에 하나는 무언가에 반대하는
것 대신에 무언가를 찬성하는 것입니다. 그런 식으로 당신
은 문제의 일부분이 아니라 해결책의 일부분이 되는 것입
니다. 태도를 취하기 위해서는 확신이 필요합니다.

확신은 신념이 필요하다 ■ 행동 없는 신념은 잘못된 생각입니다. 신념은 기적을 기다리지 않습니다. 그러나 기적을 만들어 냅니다.

우리 모두는 침울한 순간을 가지고 있으며, 우리 모두는 넘어지며 다칩니다. 우리 모두는 스스로를 의심하고 자기 연민에 빠지는 순간이 있습니다. 요점은 이러한 느낌들을 극복하고 당신의 신념을 회복하는 것입니다.

이 세상에는 3가지 종류의 사람이 있습니다.

1. 일을 일어나게 하는 사람
2. 일이 일어나는 것을 바라보는 사람
3. 무엇이 일어났는지 궁금해 하는 사람

당신은 어떤 범주에 속하십니까?

8. 자연법칙에 대한 이해 부족

성공은 법칙에 관한 문제이며 이 법칙은 자연의 법칙입니다. 변화도 자연의 법칙입니다. 당신은 앞으로 움직이거나 뒤로 후퇴합니다. 우리는 만들어 내거나 붕괴시킵니다. 그대로의 상태는 없습니다.

한 씨앗이 땅 속에 심어지지 않았다면 풍화되어 버립니다. 변화는 불가피합니다. 모든 진보는 변화이지만 모든 변화가 진보는 아닙니다. 우리는 오직 이치에 맞을 때만 변화를 평가하고 그것을 수용해야 합니다. 평가 없는 수용은 순응하는 태도에 이르게 되는데, 이것은 확신 부족과 약한 자존심의 표시입니다.

전통에 대해서는 얘기할 것이 많습니다. 성장을 위한 성장은 암 세포의 철학입니다. 그것은 사방으로 퍼지는 부정성(否定性)입니다. 그것은 성장이 아니고 파괴입니다. 의미 있게 되기 위해서는 성장은 긍정적이어야 합니다.

성공은 운의 문제가 아니라 법칙의 문제입니다.

인과(因果)의 법칙 ■ 성공하기 위해서는 인과의 법칙과 행동과 결과 사이의 관계를 이해할 필요가 있습니다.

모든 결과에는 원인이 있습니다. 씨를 뿌리고 수확하는 법칙으로 다음 다섯 가지를 알 수 있습니다.

1. 우리는 씨를 뿌릴 욕망을 가져야 한다. 욕망이 출발점이다.
2. 우리는 뿌린 대로 거둘 것이다. 만약 우리가 감자씨를 뿌린다면 우리는 토마토가 아니라 감자를 수확할 것이다.
3. 거두기 위해서는 씨를 뿌려야 한다. 무엇을 얻기 위해서는 주어야 한다. 난로에 연료를 넣기 전에 난로가 따스함을 줄 것을 기대할 수 없다.

   어떤 이는 주기 전에 먼저 얻으려 하지만 그런 식으로는 아무것도 얻을 수 없다.
4. 우리가 하나의 씨앗을 뿌릴 때 우리는 하나의 과일을 수확하는 것이 아니다. 우리의 수확은 여러 가지다. 우리가 하나의 긍정적인 씨앗을 뿌리면 우리의 수확은 긍정 안에서 여러 가지일 것이다. 그리고 하나의 부정적인 씨앗을 뿌리면 부정 안에서 여러 가지를 수확할 것이다. 사람들이 자연의 법칙에 거슬러 행동하는 것을 보는 것은 매우 흔한 일이다.

5. 농부는 같은 날 파종과 수확을 할 수 없다는 것을 안다.
항상 곡식이 영그는 회임(懷姙)기간이 필요합니다.

그것은 물리학의 법칙과 같습니다. 모든 행동에는 같거나 반대의 반응이 있습니다. 사람들은 원인이 남아 있는 동안에 결과를 바꾸려 합니다. 우리는 마음을 끊임없이 긍정으로 채워야 합니다. 그렇지 않으면 부정성이 자동적으로 그 공백을 채웁니다.

많은 고대 현자들이 제임스 앨런이 그의 책《As a Man Thinketh》에서 말했던 것을 얘기해 오고 있습니다. 사람의 마음은 정원과 같습니다. 우리가 좋은 종자를 심으면, 우리는 좋은 정원을 가질 것입니다. 그러나 우리가 아무것도 심지 않으면 잡초들이 자랄 것입니다. 그것이 자연의 법칙입니다.

우리 생활에서도 같은 이치입니다. 나는 한 단계 멀리 가고 싶습니다. 우리가 좋은 씨를 심었다 할지라도 잡초는 여전히 자랄 것입니다. 마음의 잡초는 영원히 제거해야 할 대상입니다.

만약 당신이 유리 컵 안에 물을 붓고 영하의 온도에 놓는다면 그것은 얼 것입니다. 놀랄 일이 아니지요. 자연의 법칙이니까요. 사실 그것이 그 상황에서 발생하게 될 유일한 일입니다.

우리들의 생각은 원인입니다.
당신은 생각을 뿌리고 행동을 거둡니다.
당신은 행동을 뿌리고 습관을 거둡니다.
당신은 습관을 뿌리고 인격을 거둡니다.

당신은 인격을 뿌리고 운명을 거둡니다.
이 모든 것은 하나의 생각에서 시작합니다.

끌어당김의 법칙 ▪ 우리는 우리가 원하는 것이 아닌 우리와 같은 것을 우리 쪽으로 끌어당깁니다. 유유상종이란 속담이 아직도 들어맞습니다.

부정적으로 생각하는 사람은 위험합니다. 그들은 다른 부정적인 사람들을 끌어 모으고 부정적으로 반응하며 실망하지 않기 위해 최악을 상상합니다.

어떤 사회적 경우에서든지 성공한 사람이 다른 성공한 사람들을 어떻게 끌어당기는지 보셨나요? 실패는 다른 실패를 모으고 같이 모여 불평하고 또 불평합니다.

우리의 친구들은 우리가 원하는 종류의 사람이 아니라 우리와 같은 종류의 사람들입니다.

9. 계획과 준비를 하지 않으려 한다

대부분의 사람들은 인생을 설계하는 것보다 파티나 휴가를 계획하는 데 더 많은 시간을 보냅니다.

준비 ▪ 확신은 준비에서 나오며 이것은 단지 계획과 연습입니다. 승리자는 그들 자신에게 압력을 가합니다. 그 압력이란 승리를 준비하고 승리에 대하여 걱정하지 않는 것입니다.

우리가 연습을 형편없이 한다면 우리는 형편없이 실행합니다. 왜냐하면 우리는 연습한 대로 실행하기 때문입니다. 성공과 실패의 차이는 정확히 올바른 일을 하느냐 아니면 거의 올바른 일을 하느냐에 있습니다.

완벽한 정신적 신체적 준비는 희생과 수양의 결과입니다. 평균적인 사람이 되는 것은 쉬우나 최고가 되는 것은 힘듭니다. 평균적인 사람이 쉬운 길을 선택하는 것은 놀랄 일이 아닙니다.

준비는 어느 분야에서나 성공하기에 필요한 최소한의 차이입니다.

목적의식＋원칙＋계획＋연습＋끈기＋인내＋자부심 ＝준비

준비는 확신을 이끕니다. 준비는 실패를 관대하게 다루되 절대 수용하지 않는 것을 의미합니다. 그것은 패배했다는 느낌 없이 패배를 직면할 용기를 가지는 것과 낙심하지 않고 기대에 어긋났음을 아는 것을 의미합니다.

준비는 우리들의 잘못에서 배우는 것을 의미합니다. 실수하는 것이 잘못된 것은 아닙니다. 우리 모두가 실수합니다. 같은 실수들 두 번 반복하는 사람은 바보입니다. 한가지 실수를 하고 바로 잡지 않는 사람은 더 큰 실수를 저지릅니다.

실수를 다루는 가장 좋은 방법은

- 실수를 빨리 인정하는 것
- 실수를 보고 우물쭈물하지 않는 것
- 실수로 배우는 것
- 실수를 반복하지 않는 것
- 책임을 돌리지 않는 것 또는 변명하지 않는 것

압박감은 준비가 되지 않은데서 나옵니다. 준비, 연습 그

> 모든 사람은 이기고 싶은 의지는 있으나 이기기 위해 준비하는 의지를 가진 사람은 거의 없다.
> —빈스 롬바르디

"준비는 확신을 이끈다"

리고 노력을 대신할 것은 없습니다. 욕망과 소망에 찬 생각만으로는 할 수 없습니다. 오직 준비만이 경쟁력 있는 실력 차이를 가져다 줄 것입니다.

압박감은 준비가 되지 않은 사람을 마비시킬 수 있습니다. 마치 물이 중력에 따라 높은 곳에서 낮은 곳으로 길을 따라 가듯이, 성공도 준비가 된 사람에게 흘러갑니다. 어설픈 노력은 어설픈 결과를 가져옵니다.

끈기는 우리가 다음 것들에 부치는 이름입니다.

목적의식 · 계획 · 준비 · 희생 · 인내
연습 · 원칙 · 자부심 · 긍정적인 태도

당신 자신에게 묻기

- 나는 분명히 정의된 목적이 있나?
- 나는 행동 계획을 가지고 있나?
- 준비를 위해 내가 어떤 노력을 하고 있나?
- 어떤 대가를 기꺼이 지불하려 하나?
- 어느 정도까지 기꺼이 하겠는가?
- 회임(懷妊) 기간을 참아낼 인내가 있는가?
- 탁월하게 되도록 기꺼이 연습할 것인가?
- 굳게 지킬 확고한 원칙들이 있는가?
- 나의 일 수행에 자부심이 있는가?
- 나는 '할 수 있다' 라는 마음가짐을 가졌나?

10. 합리화(合理化)

승리자는 분석할 수는 있지만 결코 합리화하지 않습니다. 그것은 패배자의 놀이입니다. 패배자는 항상 그들이 할 수 없었던 것에 대해 책 한 권 분량의 변명을 가지고 있습니다.

우리는 다음과 같은 변명을 듣습니다.

- 나는 운이 없다.
- 태어난 별자리가 나쁘다.
- 나는 너무 어리다.
- 나는 너무 늙었다.
- 나는 조건이 불리하다.
- 나는 똑똑하지 못하다.
- 나는 교육받지 못했다.
- 나는 외모가 별로다.
- 나는 연줄이 없다.
- 나는 돈이 충분치 않다.
- 나는 시간이 충분치 않다.
- 경기가 좋지 않다.
- 내가 그 기회를 가졌더라면 좋을 텐데.
- 내게 가족이 없었더라면 ….
- 내가 결혼을 잘 했더라면 ….

이러한 변명은 계속 나올 수 있습니다.

인도에서는 어떻게 원숭이를 잡나 ■ 원숭이 사냥꾼은 위쪽으로 구멍이 나 있는 상자를 이용합니다. 그 구멍은 원숭이가 손을 집어넣기에 충분한 크기입니다. 상자 안에는 밤이 들어 있습니다. 원숭이가 밤을 한 줌 가득 집어들면 그 손은 큰 주먹이 됩니다. 원숭이가 손을 빼려 하면 그 구멍은 빈손을 넣기에는 충분히 크나 큰 주먹을 빼기에는 너무 작아서 빠지지 않습니다. 원숭이는 이제 선택을 해야 합니다. 밤을 놓고 손을 빼 자유롭게 되든지 아니면 그 밤들을 붙잡고 매달려서 사냥꾼들에게 잡히든지 해야 합니다. 원숭이는 이때 어떻게 하는지 아십니까? 그렇습니다. 원숭이는 그 밤들을 붙들고 매달리다가 잡힙니다.

우리도 원숭이와 다르지 않습니다. 우리 모두는 인생에서 우리가 전진하지 못하게 막는 그 밤들에게 매달립니다. 우리는 계속해서 이렇게 말하면서 합리화합니다. "나는 이것을 할 수 없어. 왜냐하면 …" 그리고 '왜냐하면' 다음에 무엇이 오던지 우리가 매달리는 밤은 우리를 나아가지 못하게 제지합니다.

성공하는 사람은 합리화하지 않습니다. 한 사람이 성공할지 그렇지 않을지는 두 가지로 결정합니다. 이유와 결과입니다. 결과는 중요한 반면에 이유는 중요하지 않습니다. 다음과 같은 충고는 실패를 가져옵니다. 생각하지 말고, 묻지도 말고, 듣지도 마라. 단지 합리화하라.

11. 과거의 잘못을 거울삼지 않는다

실패하는 이유들
"과거의 잘못을 거울삼지 않는다"

역사에서 교훈을 얻지 않는 사람은 좋지 않게 운명짓습니다. 우리가 올바른 태도를 가졌다면 실패는 스승임을 받아들여야 합니다. 실패는 막다른 길이 아니라 우회 도로입니다. 실패는 패배가 아니고 승리를 잠시 미루는 것일 뿐입니다. 경험이란 우리의 실수에 붙이는 이름입니다.

어떤 사람은 살면서 배웁니다. 어떤 이는 오직 살기만 할 뿐입니다. 현명한 사람은 실수를 거울삼아 배웁니다. 더 현명한 사람은 다른 사람의 실수로부터 배웁니다. 우리

의 인생은 오직 우리 자신의 실수만 거울삼아 배우기에는
너무 짧습니다.

어떤 사람은 자신의 잘못에서 배우지도 않을 뿐더러 실
수가 숙달될 때까지 똑같은 실수를 반복해서 연습합니다.
결국 그들은 실수하는 데 전문가가 됩니다.

12. 기회를 알아채지 못하는 무능력

기회는 장애물로 위장하고 찾아옵니다. 그래서 많은 사
람이 기회를 인식하지 못합니다. 장애물이 크면 클수록 기
회도 더 커집니다.

13. 두려움

두려움은 실제이거나 상상일 수 있습니다. 두려움은 사
람들이 이상한 일을 하게 만듭니다. 그리고 우선적으로 이
해의 부족 때문에 옵니다. 두려움 속에 사는 것은 감정의
지옥에 있는 것과 같습니다.

두려움은 불안정, 확신 부족, 일의 지연이라는 결과를 만
듭니다. 두려움은 우리의 잠재력과 능력을 파괴합니다. 우
리는 똑바로 생각할 수 없습니다. 두려움은 인간관계와 건
강을 해칩니다.

보편적인 두려움에는

- 실패에 대한 두려움
- 미지(未知)에 대한 두려움
- 준비되지 않음에 대한 두려움
- 잘못된 결정에 대한 두려움
- 거부에 대한 두려움

실패하는 이유들
"기회를 알아채지 못하
는 무능력"

실패하는 이유들
"두려움"

어떤 두려움은 묘사할 수 있고 느껴질 수도 있습니다. 두려움은 염려를 이끄는데, 이 염려는 차례로 비합리적인 사고로 이끌고, 이것은 실제로 문제에 대한 우리의 해결책을 방해합니다. 두려움에 대한 우리의 정상적인 반응은 도피입니다. 도피는 원인이 계속 유지되고 있는 가운데 우리를 피난처로 들어가게 하고 일시적으로 충격을 감소시켜 줍니다. 두려움에 대한 상상은 문제를 확대시킵니다. 두려움은 과도해져서 행복과 인간 관계를 파괴합니다.

실패에 대한 두려움은 가끔 실패 그 자체보다 더 나쁠 수 있습니다. 실패는 어떤 사람에게 발생할 수 있는 가장 나쁜 일이 아닙니다. 시도하지 않는 사람은 시도하기 전에 실패한 것입니다. 유아들은 걸음걸이를 배울 때 계속 넘어집니다. 그러나 그들에게는 그것이 실패가 아닙니다. 그래서 그들은 일어섭니다. 그들이 낙심하게 된다면 그들은 결코 걸을 수 없는 것입니다. 무릎으로 걸으며 두렵게 사는 것보다 두 발로 서서 죽는 것이 더 낫습니다.

14. 재능을 이용할 줄 모르는 무능력

실패하는 이유들
"재능을 이용못하는 무능력"

알버트 아인쉬타인은 "내 평생 동안 나는 나의 지적 능력의 대략 25%를 사용했다고 생각합니다"라고 말했습니다.

윌리암 제임스에 따르면, 사람은 잠재력의 10~12%만을 사용한다고 합니다. *

* William James, 《MDRT Timeless Treasure, The Whole Person》

대부분의 사람들의 삶에서 가장 슬픈 부분은 그들이 죽기 전까지 재미있게 인생을 즐기며 살지 못했다는 것입니다. 그들은 써서 없애기보다는 묵혀 없앴습니다. 인생에서 가장 슬픈 말은 "내가 했었어야 했는데"라는 말입니다.

묵혀 없애는 것을 인내와 혼동하여서는 안됩니다. 묵혀 없애는 것은 게으름과 수동성(受動性)입니다. 인내는 의식적인 결정이고 활동적이며 불굴과 끈기를 포함합니다.

누군가가 한 노인에게 "인생에서 가장 무거운 짐이 무엇입니까?"라고 물었습니다. 그 노인은 슬프게 "질 짐이 없는 것"이라고 대답했습니다.

15. 훈련 부족

당신은 어째서 어떤 사람은 결코 그들의 목적을 이루지 못하는지 궁금해 본 적이 있습니까? 어째서 그들이 항상 연습과 위기에서 좌절합니까? 어떤 사람은 성공을 계속하는데 다른 사람은 끝없는 실패를 거듭하는 이유를 아십니까? 스포츠에서든 학계에서든 그리고 사업에서든 가치 있는 어떤 것을 성취한 사람은 훈련 없이는 절대 그렇게 될 수 없습니다.

훈련하지 않는 사람은 모든 것을 하려 합니다. 그러나 아무일도 맡지 않습니다. 일부 소위 자유주의자들은 훈련 부족을 자유라고 해석하였습니다. 내가 만약 비행기를 조종한다면 정식으로 훈련받고, 하고 싶은 일이 아니라 해야 할 일을 하는 조종사가 되고 싶습니다. 나는 조종사가 "나는 자유다. 나는 관제탑에 있는 사람이 나에게 지시하는 것을 원치 않는다"라는 철학을 가지는 것을 원하지 않습니다.

일관성 결핍은 수양 부족입니다. 수양에는 자기 통제, 희생 그리고 주의산만과 유혹 피하기 등이 포함됩니다. 그리고 집중해야 함을 의미합니다. 증기는 가두어지지 않으면 엔진을 움직일 수 없습니다. 나이아가라 폭포는 동력화하기 전에는 전기를 발전할 수 없습니다.

우리 모두는 토끼와 거북이의 이야기를 압니다. 토끼는 자기 속도를 자랑하며 거북이에게 경주를 하자고 도전했습니다. 거북이는 그 도전을 받아들였습니다. 그들은 여우를 심판으로 정해서 출발점과 결승점을 결정하게 하였습니다. 경주는 시작되었고 거북이는 꾸준하게 계속 갔습니다. 토끼는 빠르게 달렸고 거북이를 뒤에 남겨 두고 낮잠을 자기로 하였습니다. 그는 매우 자신이 있었고 경주에서 이길 것이라고 믿었기 때문입니다. 그가 잠에서 깨어났을 때 경주가 기억이 났고 달리기 시작하였습니다. 그는 거북이가 이미 결승선에 이르렀고 승리한 것을 보았습니다.

일관성은 수양을 필요로 합니다. 그것은 변덕스런 노력보다 더 중요합니다. 수양과 후회는 모두 고통스럽습니다. 대부분 사람들은 이 두 가지 사이에서 선택을 합니다. 어느 쪽이 더 고통스러운지 추측해 보십시오.

일반적으로 과도한 자유 속에서 수양 부족으로 자라난 아이들은 그들 자신, 부모 또는 사회를 존경하지 않고 책임감을 받아들이는 것을 어려워 합니다.

실패하는 이유들
"빈약한 자부심"

16. 빈약한 자부심

빈약한 자부심은 자존심과 자기 가치의 결핍입니다. 그것은 자신과 타인을 남용하도록 이끕니다. 자아는 운전석이 필요합니다. 가치 있는 어떤 일을 성취하기보다는 자아를 만족시키기 위해서 결정을 내립니다. 자부심이 약한 사람은 끊임없이 정체성을 찾습니다. 그들은 자기 자신을 찾으려 노력합니다. 사람의 자아는 찾는 것이 아니라 만드는 것입니다.

게으름과 태만은 빈약한 자부심의 결과입니다. 그리고 변명을 하는 것도 그렇습니다. 게으름은 눈부신 금속을 갉아먹는 녹과 같습니다.

17. 지식의 부족

실패하는 이유들
"지식의 부족"

지식을 향한 첫 번째 단계는 모르는 부분을 인식하는 것입니다. 사람은 더 많은 지식을 얻을수록 자신이 모르는 부분이 무엇인지 더 깨닫게 됩니다. 모든 것을 안다고 생각하는 사람은 배워야 할 것이 가장 많습니다.

무지한 사람은 그들이 무지한지를 모릅니다. 그들은 자신이 알지 못한다는 것을 알지 못합니다. 사실 무지보다도 더 큰 문제는 지식의 착각인데, 이것은 사람을 오도(誤導)합니다.

18. 숙명론적인 태도

실패하는 이유들
"숙명론적인 태도"

숙명론적인 태도는 사람들이 인생에서 자기들의 처한 위치에 대한 책임감을 수용하지 못하도록 막습니다. 그들은 성공과 실패를 운으로 돌립니다. 그들의 운명에 자신을 맡깁니다. 그들은 노력에도 불구하고 일어나기로 되어 있는 것은 일어난다는 점성술이나 역술에 미리 정해진 미래를 믿고 받아들입니다. 따라서 그들은 어떠한 노력도 하지 않고 자족(自足)이 삶의 방식이 됩니다. 그들은 일이 일어나게 하기보다는 일이 일어나기를 기다립니다.

마음이 약한 사람은 점쟁이, 점성술, 스스로 하느님의 사람이라고 칭하는 사기꾼의 쉬운 먹이가 됩니다. 마음 약한 사람은 미신적이고 의식주의(儀式主義)적 입니다.

얕은 사람들은 운을 믿습니다. 힘과 결단력이 있는 사람은 인과관계를 믿습니다. 어떤 사람은 토끼의 발이 행운이라고 믿는데, 토끼에게는 행운이 아니잖습니까?

어떤 사람은 자기들은 단지 불운하다고 생각합니다. 이 것은 숙명론적인 태도를 기릅니다. 마음이 내키지 않지만 관련되어버린 사람은 이렇게 말합니다. "한 번 해보겠습니다", "그 일이 잘 되어가나 보겠습니다", "잃을 것이 없습니다", "어쨌든 많은 것을 쏟아 넣지 않았는데요."

이러한 사람들은 실패를 보장합니다. 왜냐하면 아무런 전념도 결심도 없이 사업에 뛰어들었기 때문입니다. 그들은 용기, 전념 그리고 확신이 부족합니다. 그들은 자족하기 시작하고 자신을 불운하다고 합니다.

한 사람이 경주마를 한 마리 사서 "세상에서 가장 빠른 말"이라는 큰 표지판을 걸고 마굿간에 매어 놓았습니다. 말 주인은 말을 연습시키지도 않고 좋은 몸매를 유지하도록 훈련시키지도 않았습니다. 그는 그 말을 경주에 참가시켰고 그 말은 꼴지를 하였습니다. 말 주인은 재빨리 큰 표지판을 "말에게 가장 빠른 세상"이라고 바꿔 놓았습니다. 활동하지 않음으로써 또는 해야 할 것을 하지 않음으로써 사람들은 실패하고 그들은 운을 비난합니다.

노력이 해낼 수 있다 ■ 비전, 용기, 깊이가 없는 삶은 쉽게 말해 장님의 경험입니다. 작고 게으르고 약한 마음은 항상 가장 쉬운 방식, 가장 적은 반대의 길을 택합니다.

육상선수들은 15초를 위해 15년을 훈련합니다. 그들에게 운이 좋은지 물어 보십시오. 한 육상선수에게 좋은 연습 후에 어떻게 느끼는지 물어 보십시오. 그는 지쳐 버렸다고 말할 것입니다. 그가 그런 식으로 느끼지 않는다면, 그가 최대한의 능력으로 연습한 것이 아니라는 것을 의미합니다.

실패자는 인생이 불공평하다고 생각합니다. 그들은 실패만을 생각합니다. 그리고 그들은 준비가 되어 있고 잘하는 사람도 같은 실패를 하지만 그것을 극복한다라고 여기지 않습니다. 그것이 차이점입니다. 준비가 되어 있는 사람들은 고통을 참아 내는 인내점이 더 높아집니다. 왜냐하면 결국 그는 그 시합을 위해서가 아니라 그의 인격을 위해 그렇게 많이 훈련하기 때문입니다.

행운은 스스로를 돕는 자에게 호의를 보낸다 ▪ 홍수가 한 마을을 위협하고 있었습니다. 모든 사람들은 안전을 위해 떠났지만 한 사람만이 "하느님이 나를 구해 줄 것이다. 나는 믿음이 있다"라고 하며 떠나지 않았습니다. 수위가 높아짐에 따라 한 지프차가 그를 구하러 왔습니다. 그는 "하느님은 나를 구해 주실 것이다. 나는 믿음이 있다"라고 하면서 거절했습니다. 수위가 더 높아짐에 따라 그는 2 층으로 올라갔습니다. 그때 보트 하나가 그를 도우러 왔습니다. 다시 한번 그는 거절했고 "하느님은 나를 구해 주실 것이다. 나는 믿음이 있다"라고 했습니다. 물이 계속 차 올라 그는 지붕으로 올라갔습니다. 헬리콥터 한 대가 그를 구조하러 왔습니다. 그러나 그는 같은 말을 반복했습니다. 그리고 마침내 그는 익사하였습니다. 그가 하느님에게 이르렀을 때, 그는 화를 내며 "나는 당신께 완전한 믿음을 가지

숙명론적인 태도를 극복하는 방법은 책임감을 수용하고 운보다는 인과관계의 법칙을 믿는 것이다.

고 있습니다. 어째서 저의 기도를 외면하시고 저를 익사하게 하셨나요?"라고 물었습니다. 하느님은 대답하였습니다. "누가 네게 지프, 보트, 헬리콥터를 보냈다고 생각하느냐?"

그 숙명론적인 태도를 극복하는 유일한 방법은 책임감을 수용하고 운보다는 인과관계의 법칙을 믿는 것입니다. 그것은 인생에서 어느 것을 성취하기 위해 기다림, 알고 싶어함, 소망함보다는 행동, 준비, 계획 등을 필요로 합니다.

행운은 받을 만한 가치가 있는 사람 위에 빛난다 ■ 알렉산더 그라함 벨은 그의 귀가 약간 먼 아내를 위해 보청기를 발명하려고 몹시 노력하였습니다. 그는 보청기를 발명하는 데는 실패하였지만 그 과정에서 전화의 원리를 발견하였습니다. 당신은 그와 같은 사람을 운이 좋았다고 말하지 않겠지요?

행운이란 기회가 준비를 만날 때입니다. 노력과 준비 없이 운수 좋은 우연의 일치란 발생하지 않습니다.

행운

◆

그는 낮에 일하고
그리고 밤에 고생했다.
그는 노는 것과
얼마간의 기쁨을 포기했다.
새로운 것을 배우기 위해
무미건조한 책들을 읽고
그리고 서서히 두각을 나타내고
성공을 얻었다.

믿음과 용기를 가지고
그는 터벅터벅 나아갔다.
그리고 그가 승리했을 때
사람들은 그것을 운이라 불렀다.
— 작자 미상

19. 목적의식 결여

심각한 장애를 극복했던 사람들의 이야기를 읽으면 그들의 불타는 성공에 대한 욕망은 그들의 추진력이었다는 것이 명백하게 드러납니다. 그들은 삶에 목적의식이 있었습니다. 모든 차이에도 불구하고 그들은 할 수 있다라는 것을 스스로 증명해 보이고 싶었습니다. 그리고 그들은 해냈습니다.

욕망은 장애자인 윌마 루돌프에게 3개의 금메달을 따게 만들었으며 1960년 올림픽 트랙경기에서 세계에서 가장 빠른 여자로 만들었습니다.

글렌 커닝험은 "욕망은 1마일 달리기에서 다리에 화상을 입은 한 소년에게 세계 기록을 작성하게 만들었습니다"라고 말했습니다.

다섯살 때 소아마비를 앓았던 한 사람이 근력을 되찾기 위해 수영을 시작하였습니다. 그녀는 성공하겠다는 욕망 때문에 세 차례 대회에 출전하여 세계 기록 보유자가 되었고 1956년 멜버른 올림픽에서 금메달을 차지하였습니다. 그녀의 이름은 셸리 만입니다.

사람들은 목적의식과 방향감각이 결여될 때 기회를 보지 못합니다. 만약 어떤 사람이 무언가를 이루려 하는 욕망, 목적을 아는 방향감각, 집중력을 유지하는 전념 그리고 열심히 일을 하기 위해 요구되는 수양을 갖추었다면 다른 것들은 쉽게 옵니다. 그러나 당신이 그러한 것을 갖추지 못했다면 다른 무엇을 가졌다 해도 그것은 중요하지 않습니다.

인격은 그 위에 모든 다른 것들이 세워지는 토대입니다.

실패하는 이유들
"용기 결여"

20. 용기 결여

성공하는 사람은 기적이나 쉬운 일를 찾지 않습니다. 그들은 장애물들을 극복하는 용기와 힘을 찾습니다. 그들은 잃은 것보다는 남아 있는 것을 보려 합니다.

소망은 실현되지 않습니다. 확신에 찬 믿음과 기대는 실현됩니다. 기도는 용기 있는 행동이 동반되었을 때에만 응답이 있습니다. 성공을 위한 매우 효과적인 조합이 용기와 인격입니다. 이것이 보통 사람과 비범한 사람과의 차이점입니다.

우리의 마음이 용기로 가득찰 때, 우리는 두려움을 잊고 장애물을 극복합니다. 용기는 두려움이 없는 것이 아니라 두려움을 극복하는 것입니다. 용기 없는 인격(정의와 성실)은 비효율적입니다. 반면에 인격 없는 용기는 압박감입니다.

성공을 위한 비결

성공은 케이크를 굽는 것과 같습니다. 조리법을 정확하게 알지 못하면 잘 되지 않습니다. 재료들은 가장 좋은 품질과 올바른 비율을 갖추어야 합니다. 당신은 너무 굽거나 덜 구울 수도 있습니다. 일단 올바른 조리법을 가지고 여러번 연습하고 이따금씩의 실수를 겪고 나면 훨씬 더 쉬워집니다.

끈기와 완고의 차이는 무엇입니까? 그 차이란 끈기는 강한 의지를 대변하고, 완고는 강한 반대 의지를 나타냅니다.

당신은 비결을 갖게 되었습니다. 그것을 사용하는 것은 당신의 선택입니다.

성공을 위한 집중 훈련

- 지지 않기 위해서가 아니라 이기기 위해서 경기에 임하라
- 다른 사람의 잘못을 통해 배워라.
- 높은 도덕성을 가진 사람과 교제하라.
- 얻는 것보다 더 주라.
- 공짜로 무언가를 얻으려 하지 말라.
- 항상 긴 기간을 생각하라.
- 장점을 평가하고 토대로 삼아라.
- 항상 결정을 내릴 때는 큰 그림을 명심하라
- 성실과 타협하지 말라.

행동 계획

1. 당신의 일을 보다 잘, 빠르게, 효율적으로 할 수 있는 제안을 3가지만 제출하십시오.

(a) _____

(b) _____

(c) _____

2. 성공 원리를 삶의 각 분야에서 적용할 수 있는 3가지
   방법을 적으시오.
   (a) 일 _____

   _____

   (b) 가정 _____

   _____

   (c) 사회적으로 _____

   _____

3. 당신의 생활 중 수양 부족 때문에 당신에게 손실을 입
   히는 분야를 열거하시오. 그것의 대가를 어림잡아 보
   시오.

4. 다음에 역경을 만나면 멈춰 서서 스스로 두 가지 질문
   을 하시오. 내가 이 도전거리에서 무엇을 배울 수 있
   나? 어떻게 하면 내가 이 교훈을 인생에서 이익이 되
   도록 할 수 있나?

5. 성공에 대한 당신의 정의를 적으시오.

   _____

   _____

   _____

6. 인생에서의 당신의 목표를 정의하시오.

   _____

_____

_____

어째서 그 목표가 중요한가?

_____

_____

_____

7. 돌이켜 생각하기 : 지난 10년 동안 당신의 목표가 바뀌
   었나요? 만약에 그렇다면 왜입니까?

_____

_____

_____

_____

_____

_____

_____

3. 동기부여

나는 두 가지 전제를 믿습니다.

(i) 대부분의 사람들은 좋은 사람들이다. 그리고 그들은 더 잘할 수 있다.

(ii) 대부분의 사람들은 이미 무엇을 해야 할지 안다.

그런데 어째서 그들은 그것을 하지 않는 것일까요?

그들에게 없는 것이 불꽃 즉 동기부여(motivation)입니다. 대개의 자기개발서들은 우리가 무엇을 할 것인가를 가르칩니다. 반면에 우리는 다른 접근 방법을 택합니다. 우리는 "어째서 그것을 하지 않는가?"라고 묻습니다. 당신이 거리에서 사람들에게 '무엇을 해야 하느냐'고 물으면 그들은 당신에게 자신이 아는 정답을 말할 것입니다. 그러면 그들에게 '그렇게 하고 있느냐'라고 물어 보면, 그들은 "아니오"라고 말할 것입니다.

즉 그들에게 결핍된 것은 동기부여입니다. 어떤 일을 하는 데에 있어 가장 큰 동기부여는 사람의 신념 체계에서 옵니다. 그것은 자신이 하는 일을 믿을 필요가 있고 스스로 책임감을 가진다는 것을 의미합니다. 사람들이 자신의 행동과 행위에 대해 책임감을 인정할 때 인생에 대한 그들

의 태도는 긍정적이 됩니다. 그리고 더욱 생산적이고 개인
적이며 전문적으로 됩니다. 그들의 인간관계는 가정과 일
터 모두에서 개선됩니다. 인생은 더욱 의미 있고 충만합니
다.

한 사람에게 있어 기본적인 신체적 요구가 채워지면 정
서적 요구가 그에게 큰 동기를 부여합니다. 모든 행위는
"고통 또는 이익"의 원리에서 나옵니다. 만약에 이익이 고
통보다 크면 그것이 동기부여입니다. 만약에 고통이 이익
보다 크면 그것은 억제하는 그 무엇이 됩니다.

이익은 만져질 수 있습니다. 예를 들면 금전적 보상, 휴
가, 그리고 선물 같은 것들이 그런 것입니다. 반대로 만져
지지 않을 수도 있습니다. 그러한 것들은 인정, 칭찬, 성취
감, 승진, 성장, 책임감, 완수감, 자기 가치, 달성 그리고 신
념 등입니다.

영감과 동기부여의 차이는 무엇인가

나는 국제적으로 세미나를 열기도 하는데, 사람들은 가
끔 나에게 다른 사람에게 동기를 부여할 수 있느냐고 묻습
니다. 그러면 나는 "아니오, 할 수 없습니다"라고 대답합니
다. 사람들은 자기 스스로 동기를 부여합니다. 그러나 내
가 할 수 있는 것은 그들이 스스로 동기부여할 수 있도록
영감을 주는 것입니다.

우리는 동기를 유발하는 환경을 만들 수 있습니다. 사람
들이 스스로 동기부여하도록 고무하기 위해서 우리는 그
들의 요구와 필요를 이해해야 합니다. 동기부여와 생산성
에는 직접적인 상호관계가 있습니다. 해고되지 않을 정도

만 일하는 사람은 어느 조직에나 결코 귀중하지 않을 것입니다.

영감은 사고를 바꾸는 것입니다. 동기부여는 행동을 바꿉니다.

동기부여는 불과 같습니다. 당신이 연료를 계속해서 넣어 주지 않는다면 불은 꺼집니다. 운동을 할 때 지속적으로 영향을 공급해야 하는 것처럼 동기부여도 마찬가지입니다. 그러나 동기부여의 근원이 내적 가치에 대한 믿음이라면 그것은 오래 지속됩니다.

무엇이 사람에게 가장 큰 동기를 부여할까요? 돈일까요? 인정? 생활의 질의 향상? 사랑하는 이로부터 사랑을 받는 것? 이 모든 것이 동기를 부여하는 힘이 될 수 있습니다.

사람들은 돈을 위해서 많은 일을 하고, 좋은 지도자를 위해서는 더 많이 일하고, 하나의 신념을 위해서 가장 많이 일한다는 것은 경험을 통해 알 수 있습니다. 우리는 이것이 매일 전 세계적으로 일어나는 것을 볼 수 있습니다. 사람은 하나의 신념을 위해 죽을 수도 있습니다. 우리가 우리의 삶과 행동에 책임이 있다는 것을 믿게 될 때, 생에 대한 우리의 견해도 좋은 쪽으로 변화한다는 사실을 함께 나누는 것이 나의 목적입니다.

동기부여를 다시 정의하기

무엇이 동기부여인가? 이것이 다음의 질문입니다. 동기부여는 행동이나 감정을 격려하는 것입니다. 동기를 부여한다는 것은 격려하고 고무하는 것입니다. 동기부여는 그 감정이나 행동이 나오게 하거나 불을 붙이는 것을 의미하

> 영감은 사고를 바꾸고 동기부여는 행동을 바꾼다.

기도 합니다. 말하자면 동기부여는 행동을 위한 동기라고 정의할 수 있습니다. 그것은 당신의 삶을 완전히 바꿀 수 있는 힘입니다.

동기부여는 삶의 추진력이며 성공의 욕망에서 나온다.

왜 우리는 동기를 부여받을 필요가 있습니까?

동기부여는 우리의 삶의 추진력입니다. 그것은 성공하겠다는 욕망에서 나옵니다. 성공이 없다면 인생에는 자랑거리가 거의 없습니다. 집에서나 직장에서 어떤 흥분거리나 오락거리가 없습니다. 인생은 가끔 울퉁불퉁한 승차감을 주는 한 쪽으로 기울어진 바퀴 같습니다.

동기부여의 가장 큰 적은 자기만족입니다. 자기만족은 좌절로 이끌며 사람들이 좌절했을 때 무엇이 중요한 것인지 확인할 수 없기 때문에 그들은 포기합니다.

동기부여 — 어떻게 작용하나

일단 당신이 동기를 자극하는 원리를 이해한다면 당신은 목표를 달성하기 위해 나아갈 수 있고 다른 사람들에게 동기를 부여할 수 있습니다.

당신의 내적인 동기부여가 당신의 추진력이며 마음가짐입니다. 다른 사람에게서 얻기 원하는 반응을 얻어내는 열쇠가 마음가짐입니다. 어떻게 동기가 주어지고 집중할 수 있습니까? 오랫동안 육상 선수들에 의해 사용되어진 하나의 중요한 방법은 자기암시입니다. 자기암시는 현재형으로 만들어진 긍정적인 진술이며 규칙적으로 반복됩니다. 말하자면 그것은 긍정적인 자기 대화입니다.

동기부여는 외적 그리고 내적인 두 가지 유형으로 분류됩니다.

외적인 동기부여

외적인 동기부여는 돈, 사회적 인정, 명성 또는 두려움과 같이 외부에서 옵니다. 외적 동기부여의 예들은 부모에게 얻어 맞는 두려움과 직장에서 해고되는 두려움입니다.

한 회사가 연금계획을 세우기를 원했습니다. 그 계획이 세워지기 위해서는 100%의 참여가 필요했습니다. 존을 제외한 모든 사람이 서명을 했습니다. 그 계획은 의미가 있었고 모든 사람의 최선의 이익을 담아 내고 있었습니다. 존이 서명하지 않은 것이 유일한 장애물이었습니다. 존의 감독자와 다른 동료들이 그를 설득하려 했지만 실패했습니다.

사장은 존을 사무실로 불러 "여보게 존, 여기 연금계획에 등록하는 서명을 하기 위한 펜과 서류가 있네. 자네가 등록하지 않으면 지금 이 순간 해고라네"라고 말했습니다. 존은 당장 서명했습니다. 사장은 존에게 왜 좀더 일찍 서명하지 않았는지 물었습니다. 존은 "사장님만큼 명료하게 그 계획을 설명해준 사람이 없었거든요"라고 대답했습니다.

두려움으로 동기부여 하기

두려움으로 동기부여하는 것의 장점은 다음과 같다.

- 일을 빨리 하게 한다.
- 즉시 일어난다.
- 마감 시간을 맞춤으로 손실을 막는다.
- 단기적으로 사람의 수행력이 향상될 수 있다.

쫓는 맹수보다 쫓기는 먹이가 더 뛰어난 것을 보는 것은 특이한 일이 아닙니다. 왜냐하면 하나는 먹이를 잡기 위해

달리고 다른 하나는 목숨을 위해 달리기 때문입니다.

우리는 피라미드가 노예들에 의해 지어졌다는 것을 역사를 통해 배웁니다. 그들은 끊임없이 일을 하지 않고 감시하는 사람들에게 관찰되고 질책받아야만 했습니다.

두려움으로 동기부여하는 것의 단점은

- 그것이 외부에서 온다는 것이다. 그래서 동기를 유발하는 것이 있는 동안에만 동기부여가 된다. 그것이 없으면 동기부여 또한 사라진다.
- 그것이 스트레스를 유발한다.
- 순종해야만 수행이 이뤄진다.
- 결국 수행력이 떨어진다.
- 창의성을 파괴한다.
- 그들은 매에 익숙해지고 그리고 더 큰 매가 필요하다.

한 고객이 종업원에게 물었습니다. "언제부터 여기서 일하기 시작했습니까?" 종업원은 "사장이 해고하겠다고 협박한 이후부터지요"라고 답했습니다.

외적인 동기부여
· 두려움으로 동기부여
· 인센티브로 동기부여

인센티브로 동기부여하기

외적인 동기부여는 인센티브, 보너스, 수수료, 표창 등의 형태를 띨 수 있습니다.

인센티브라는 동기부여의 장점은 무엇입니까? 주된 장점은 강력한 인센티브가 있는 한 매우 일을 잘 한다는 것입니다.

당근이 앞에 달려 있고 수레가 뒤에 달려 있는 한 당나귀의 경우를 생각해 봅시다. 당나귀가 매우 배고프고 당근이 매우 맛있고 실어 나를 짐이 가볍다면 인센티브라는 동기부여는 잘 작용할 것입니다. 가끔씩 당신은 당나귀가 당근을 한 입씩 물도록 해야 합니다. 그렇지 않으면 당나귀는 낙심하게 됩니다. 당나귀가 당근을 한 입 먹고 배가 부르면, 다시 수레를 끌기 위해서는 당신은 당나귀가 다시 배가 고플 때까지 기다릴 필요가 있습니다.

진형적인 사업 환경에서 이러한 것을 볼 수 있습니다. 세일즈맨이 자기의 할당을 채우는 순간 그는 일을 중단합니다. 왜냐하면 그들의 동기부여는 할당을 채우는 것에 국한되어 있었기 때문입니다. 이 동기부여가 내적이 아니라 외부적인 것이기 때문입니다.

우리 모두는 동기 유발이 가능하다 — 그것이 긍정적이든지 부정적이든지 간에

나는 토론토에 있었을 때 두 형제에 대한 이야기를 들었습니다. 하나는 가족에게 자주 매질을 해대는 약물 중독자이자 알코올 중독자였고 또 하나는 사회에서 존경받고 훌륭한 가정을 가진 매우 성공적인 사업가였습니다. 사람들은 같은 부모에서 태어나고 같은 환경에서 자란 두 형제가 어떻게 그렇게 서로 다른지를 알아내고자 했습니다.

맏형은 "어떻게 해서 이렇게 되었나요? 당신은 약물 중독이며 주정뱅이이며 그리고 가족을 학대하는데, 무엇이 당신을 그렇게 하도록 유발했나요?"라는 질문을 받자, 그는 "우리 아버지 때문입니다. 그는 약물 중독이었으며 주정뱅이였으며 가족을 매질하였었지요. 내가 무엇이 되리라고 기대할 수 있겠습니까? 그것이 바로 접니다"라고 대

같은 원천에서 나온 동기일지라도 그것을 긍정적으로 사용하느냐 부정적으로 사용하느냐에 따라 그 결과는 완전히 다르게 나타난다.

답하였습니다.

사람들은 이번에는 모든 것을 잘하고 있는 동생에게 가서 같은 질문을 하였습니다. "어떻게 당신은 모든 일을 잘하나요? 당신을 이렇게 훌륭하게 만든 동기는 무엇입니까?" 그가 뭐라 대답했는지 아십니까? 그는 "우리 아버지 때문입니다. 나는 어렸을 때 나의 아버지가 술에 취해서 모든 것을 엉망으로 만드시는 것을 지켜보곤 했습니다. '이것은 내가 닮아서는 안 되는 것이구나' 라고 결심했습니다" 라고 대답하는 것이 아니겠습니까! 둘 모두 그들의 동기를 같은 원천에서 얻었던 것입니다. 그러나 한 사람은 그것을 긍정적으로 사용하였고 다른 한 사람은 부정적으로 사용하였습니다.

부정적 동기부여는 결국 더 어려운 방식이었음을 알게 되지만 당장은 더 쉬운 방식을 택하려는 욕망을 가져다줍니다.

각기 다른 일들이 각기 다른 사람들을 동기부여한다

내적인 동기부여는 자부심, 성취감, 책임감과 신념과 같이 안에서 나옵니다.

어떤 한 어린이가 있었습니다. 그 아이는 정기적으로 축구 연습에 나왔지만 항상 후보였기 때문에 베스트 11명에는 들어본 적이 없었습니다. 그가 연습을 하는 동안 그의 아버지는 먼발치에 앉아 그를 기다리곤 했었습니다.

대회가 시작되었지만 4일 동안 그는 연습 때나 준준결승 때나 준결승 때나 나타나지 않았습니다. 갑자기 그는 결승

전에 나타나 감독에게 가서 "감독님, 저는 항상 후보였고 결승전에도 뛰지 못하게 하시는군요. 그러나 오늘만은 제가 뛸 수 있도록 해주세요"라고 말했습니다. 그러나 감독은 "얘야, 미안하지만 그렇게 할 수 없단다. 너보다 잘 하는 선수들이 많고 오늘은 제일 중요한 결승전이잖니. 학교의 명예가 걸려 있어 모험을 할 수 없단다"라고 말했고 그 소년은 포기하지 않고 "감독님, 절대 실망시키지 않겠습니다. 제발 뛸 수 있도록 해주세요"라고 끈질기게 졸랐습니다. 감독은 마침내 "좋다. 가서 뛰거라. 나는 지금 실수하는지도 모른다. 절대 나를 실망시키지 말거라"라고 당부하였습니다.

게임은 시작되었고 그 소년은 집에 불이 난 것과 같이 열심히 뛰었습니다. 그가 볼을 잡을 때마다 슛을 성공시켰습니다. 말할 필요도 없이 그는 베스트 플레이어였고 그 게임의 스타였습니다. 그의 팀은 눈부신 승리를 하였습니다.

게임이 끝났을 때 감독이 그에게 가서 "얘야, 내가 이렇게 사람을 잘못 볼 수가 있니? 나는 네가 전에 이렇게 잘 하는 것을 본 적이 없단다"라고 말했습니다. 소년은 "감독님, 오늘은 아빠가 지켜보고 있어요"라고 대답하였습니다. 감독은 뒤를 돌아 그의 아버지가 항상 앉곤 했던 그 자리를 바라보았습니다. 거기에는 아무도 없었습니다. "얘야, 네 아빠는 네가 연습하러 올 때 저기에 앉아 있곤 하셨는데 오늘은 안보이시는구나"라고 말하자 소년은 "감독님, 아직 말씀드리지 않은 것이 있습니다. 아빠는 장님이십니다. 4일 전에 아빠가 돌아가셨어요. 오늘이 아빠가 하늘나라에서 처음으로 나를 지켜보는 날이에요"라고 말하는 것이었습니다.

내적인 동기부여

내적인 동기부여는 성공이나 승리를 위한 내적 만족감이 아니라 어떠한 일을 달성했다는 데서 오는 내적 만족감입니다. 그것은 단지 목표를 달성하는 것이라기보다는 성취감 같은 것입니다. 가치 없는 목표를 달성하는 것은 만족감을 주지 않습니다.

내적인 동기부여는 오래 지속되는데, 왜냐하면 그것은 내부에서 나오는 것이고, 자기 동기부여라고 해석할 수 있기 때문입니다.

동기부여는 확인할 필요가 있고 성공하기 위해 끊임없이 강화할 필요가 있습니다. 당신의 목표를 앞에 두고 아침과 저녁으로 읽어보십시오.

두 개의 가장 중요한 동기부여 요인은 인정과 책임감입니다. 인정은 높이 평가받고 존경과 위엄을 가지고 대하며 소속감을 느끼게 하는 것을 의미합니다. 책임감은 소속감과 주인 의식을 줍니다. 그것은 큰 그림의 한 부분입니다. 책임감 결여는 동기를 상실하게 합니다.

금전적인 보상은 일시적이며 오래 지속되지 않습니다. 그들은 결국 만족해하지 않습니다. 이와 대조적으로 어떤 생각이 실행되는 것을 보는 것은 정서적으로 만족하게 합니다.

사람들은 자기들이 물건처럼 다뤄지지 않는다고 느낄 것입니다. 훌륭한 팀의 멤버처럼 느낄 것입니다. 올바른 일을 하는 보상만이 동기를 부여합니다.

동기부여에서 동기상실까지 4단계

1. 동기가 부여가 되었으나 비효율적인 단계

한 종업원의 고용 주기 가운데서 가장 많이 동기부여가 될 때가 언제일까요? 그가 그 조직에 가입했던 맨처음입니다. 왜일까요? 왜냐하면 그는 자신을 고용함으로써 사용자가 올바른 결정을 하였다는 것을 증명하고 싶어하기 때문입니다. 그는 동기부여가 되었습니다. 그러나 처음 접하는 환경 때문에 그는 무엇을 해야 할지 모릅니다. 그래서 그는 비효율적입니다.

이 단계는 종업원의 마음이 가장 개방적이고 수용력이 풍부하며 그 조직 문화에 쉽게 동화되는 단계입니다. 훈련과 적응이 필수적입니다.

아마추어적인 조직은 오리엔테이션 프로그램이 없거나 매우 어설픕니다. 출근 첫 날 상사가 새 종업원에게 그가 일할 장소를 보여주고 해야 할 일을 말해 주고 가 버립니다. 상사는 잘하는 일과 더불어 잘못하고 있는 일도 가르치게 됩니다. 새 종업원은 상사가 하는 잘못을 빠르게 배웁니다. 왜냐하면 그는 그렇게 배웠기 때문입니다. 그 개인은 조직 문화에 적응하는 기회를 잃게 됩니다.

반면에 프로페셔널한 조직은 사람들을 조직에 잘 인도하기 위해서 특별한 관심을 쏟습니다. 무엇보다도 다음 사항을 잘 설명합니다.

- 계급 조직
- 서로에 대한 기대

- 해야 할 것과 해서는 안 될 것
- 한계와 지침
- 용인되는 것과 그렇지 않은 것
- 수단이 되는 것

바라는 기대가 명료하지 않다면 어떻게 일을 잘 수행하도록 기대할 수 있습니까? 조직으로의 안내와 조직으로의 적응이 잘 이뤄진다면 많은 잠재적인 문제점들이 전혀 부상하지 않을 것입니다.

2. 동기가 부여된 효율적인 단계

이 단계는 종업원이 해야 할 것을 잘 알고 추진력과 정력을 가지고 일하는 단계입니다. 그는 그 일을 배웠고 그것은 일 수행력에 잘 나타납니다. 그는 다음 단계로 나아갑니다.

3. 동기가 상실되었지만 효율적인 단계

시간이 지나면 동기부여의 수준이 내려가고 그 종업원은 일을 하는 데 요령을 터득하게 됩니다. 이 단계가 그 종업원이 동기가 유발되지 않는 단계입니다. 그는 사용자가 자신을 해고할 이유가 없을 정도로만 일을 합니다. 그러나 그는 동기가 유발되지 않습니다.

이 단계는 조직 성장에 불리합니다. 왜냐하면 조직의 대부분 사람들이 이 세 번째 단계에 속하기 때문입니다. 동기를 부여받은 프로는 요령은 사기꾼이나 협잡꾼에게 남겨 두고 자기 일에 충실합니다. 그러나 동기가 상실된 종업원은 회사를 파괴하기 시작합니다. 그의 일 수행은 최저이며 모범 종업원들을 놀립니다. 그는 새로운 생각을 거부하고 부정성(否定性)을 여기저기에 퍼뜨립니다.

우리 목적은 이러한 사람들을 훈련을 통해 두 번째 단계로 돌아오게 하는 것입니다. 종업원은 세 번째 단계에서 너무 오래 머물러서는 안됩니다. 왜냐하면 여기에서 동기부여되어 효율적인 2단계로 되돌아가든지 아니면 네 번째 단계로 계속 진행하든지 해야 하기 때문입니다.

4. 동기가 상실된 비효율적인 단계

이 단계에서는, 사용자는 종업원을 해고하는 것 말고는 다른 선택이 없습니다. 그리고 이것은 어쨌든 이 시점에서 가정 적절한 일입니다.

기억하십시오. 사용자들은 종업원들이 원하는 것과 같은 것을 원합니다. 그들도 성공하고 싶고 사업이 진전되기를 원합니다. 그리고 만약 종업원이 이러한 목적을 도와주지 않는다면 그들은 스스로 이익을 찾아서 성공하려 합니다.

동기가 상실되는 요인

동기가 상실되는 요인중 일부는 다음과 같습니다.

- 불공평한 비판
- 부정적인 비판
- 공개적인 모욕
- 일을 하지 않는 사람에게 포상하는 것
  이것은 일을 하는 사람들의 동기를 상실케 할 수 있다.
- 실패 또는 실패에 대한 두려움

동기부여에서 동기상실까지 4단계
1. 동기가 부여되었으나 비효율적인 단계
2. 동기가 부여된 효율적인 단계
3. 동기가 상실되었지만 효율적인 단계
4. 동기가 상실된 비효율적인 단계

- 자기만족으로 흐르는 성공
- 방향감각 결핍
- 측정 가능한 목표의 상실
- 낮은 자부심
- 일의 우선순위 결핍
- 부정적인 자기와의 대화
- 사무실 정책
- 불공평한 대우
- 위선
- 형편없는 기준
- 빈번한 변화
- 권위 없는 책임

만족하는 사람이 반드시 동기가 부여된 사람이라고는 할 수 없습니다. 어떤 사람들은 아주 적은 것에 만족합니다. 이런 경우 만족은 자족으로 이끌 수 있습니다. 동기부여는 흥분에서 오고 흥분은 완전히 전념하지 않으면 생기지 않습니다.

동기를 부여하는 새로운 방식은 동기를 상실하게 하는 요인이 제거될 때까지 일을 하지 않는 것입니다. 수없이 봐 왔지만 동기상실 요인을 제거하는 것만으로도 동기부여을 유발할 수 있습니다.

동기를 부여하는 것들

우리가 진정으로 달성하고자 하는 것은 스스로 동기부여하는 것입니다. 다시 말하면, 다른 사람 때문이 아니라 스스로의 이유 때문에 일을 하게 되는 것을 말합니다. 그러한 동기부여는 오랫동안 지속됩니다.

기억하십시오. 동기를 부여하는 데 있어 가장 큰 영향력을 미치는 것은 신념입니다. 우리는 스스로의 행동과 행위에 대하여 책임을 져야 한다는 신념을 자신에게 심어 놓아야 합니다. 사람들이 책임감을 수용할 때 모든 것이 향상됩니다. 즉 자질, 생산성, 대인관계와 팀워크 등등이 향상됩니다.

다른 사람을 동기부여하는 몇 가지 수단

- 인정한다
- 존경한다
- 일을 재미있게 만든다
- 얘기를 잘 들어준다
- 도전거리를 던져 준다
- 그들 스스로 해야 할 일들을 도와주되 대신해서 하지는 않는다

사람들은 다른 사람 때문에서가 아니라 스스로의 이유 때문에 일을 합니다. 이것은 랄프 왈도 에머슨의 이야기에 잘 설명되어 있습니다.

어느 날 그와 그의 아들은 송아지 한 마리를 헛간에 넣기 위해 몸부림을 쳤습니다. 이 부자는 모두 밀고 당기느라 기진맥진하였습니다. 이 때 작은 여자 아이가 지나가면서 귀엽게 자기의 손가락을 송아지의 입에 넣었습니다. 그러자 그 송아지는 그녀를 따라 다정하게 헛간으로 따라가는 것이 아니겠습니까.

> "동기를 부여하는 데 가장 큰 영향력을 미치는 것은 신념이다"

행동 계획

- 훈련을 통해 자부심을 고양하라.
- 이행한 일에 상을 주라.
- 잘 정의된 명료한 목표를 설정하라.
- 높은 기대치를 설정하라.
- 명료하고 측정 가능한 기준을 설정하라.
- 다른 사람의 요구를 평가하라.
- 다른 사람들을 당신이 그리는 큰 그림의 일부가 되게 하라.
- 긍정적인 역할 모델이 됨으로써 좋은 선례를 설정하라.
- 다른 사람의 자존심을 지켜라.

4. 자부심과 이미지 쌓기

한 거지가 연필로 가득찬 바구니를 들고 기차역에서 앉아 구걸을 하고 있었습니다. 어느 젊은 회사의 중역이 지나가면서 1달러를 바구니에 넣어 주었습니다. 그리고 기차에 올랐습니다. 기차 문이 닫히기 전에 어떤 생각이 떠올라 그는 그 거지에게 다시 가서 연필 한 다발을 움켜쥐고 "이제 옳게 값이 매겨졌네. 어쨌든 자네는 장사꾼 아닌가. 나도 그렇다네"라고 말하고 떠났습니다.

6개월 후 그 중역은 한 파티에 참석했습니다. 그 거지도 정장과 타이를 매고 거기에 있었습니다. 그 거지는 중역을 알아보고 그에게 다가가서 "당신은 저를 알아보지 못하겠지만 저는 당신을 기억합니다"라고 말했고, 그리고 나서 6개월 전에 있었던 사건을 이야기하였습니다. 그 중역은 "이제보니 그때 자네가 구걸하던 것이 기억나네. 이렇게 정장을 하고 여기서 무엇을 하는 건가?"라고 물었습니다. 그 거지는 대답하기를 "당신은 아마 그날 제게 했던 일을 기억하지 못할 것입니다. 당신은 내 인생에서 최초로 나에게 자존심을 되찾아 주신 분입니다. 당신은 연필을 한 줌 쥐고 '옳게 값이 매겨졌네. 어쨌든 자네는 장사꾼 아닌가. 나도 그렇다네' 라고 말씀하셨습니다. 당신이 떠나고 난 뒤에 나는 혼자 생각했지요. 내가 여기서 무엇을 하고 있나? 왜 내가 구걸을 하고 있는 걸까? 나는 내 인생에서 뭔가 건설적인 일을 하기로 결심했습니다. 나는 가방을 싸고 일을 하기 시작하였고 지금 여기까지 왔습니다. 당신이 제게 자존심을 되찾아 준 것을 단지 감사하고 싶었습니다. 그 사건이 나의 인생을 바꿔 놓았습니다."

그 거지의 삶에서 무엇이 변하였습니까?

변한 것은 그의 자존심이 올라갔고 그의 일 수행력도 향상되었다는 것입니다. 이것이 우리 삶 안에 있는 자존심의 마술입니다.

간단히 말하면 자존심은 자신에 대해 어떻게 느끼느냐 하는 것입니다. 직장에서의 일 수행력, 대인관계, 부모로서의 역할에서부터 인생에서의 업적에 이르기까지 우리의 자신에 대한 평가가 모든 것에 결정적으로 영향을 줍니다. 자존심은 성공이나 실패를 결정하는 주요한 구성 요소입니다. 높은 자존심은 행복하고 기분 좋은 그리고 의미 있는 삶으로 당신을 인도합니다. 당신이 자신을 가치 있다고 인식하지 않는다면, 당신은 높은 자부심을 가질 수 없습니다. 역사를 통해 모든 위대한 세계 지도자와 스승들은 '성공한 사람이 되기 위해서는 내적으로 성숙해야 한다'고 결론짓습니다.

우리는 자신도 모르는 사이 자기 평가를 다른 사람에게 전가하고 상대방은 다시 우리에게 그들 자신의 평가를 전가합니다.

높은 자존심을 가진 사람은 확신, 능력, 책임감을 기꺼이 받아들이는 가운데 성장합니다. 그들은 낙천적으로 삶을 대하고 더 나은 인간관계와 충실한 삶을 가집니다. 그들은 동기를 부여받고 야망을 가집니다. 그들은 좀더 민감합니다. 그들은 일 수행력과 위험 감수 능력을 향상시킵니다. 그들은 새로운 기회와 도전에 개방적입니다. 그들은 재치있고 쉽게 비판과 칭찬을 주고 받습니다.

자부심은 유익한 것을 인식하고 그것을 해냈다는 인식에서 오는 느낌입니다.

자부심은 우리의 자아상(自我像)이다

자기 땅에 호박을 심었던 한 농부에 대한 이야기가 있습니다. 아무런 이유 없이 그는 작은 호박을 유리 항아리 속에 넣고 줄기를 위로 매달았습니다.

수확 시기에, 그는 그 호박이 오직 유리 항아리 모양과 크기에 맞게 자란 것을 볼 수 있었습니다. 마치 호박이 자기를 둘러싸고 있는 항아리 이상으로 자랄 수가 없었듯이, 사람도 그것이 무엇이든지 자신의 자아상의 경계를 넘어 일을 수행할 수 없는 것입니다.

높은 자부심이 주는 장점

사람의 감정과 생산성 사이에는 직접적인 관계가 있습니다. 높은 자부심은 자기 자신, 다른 사람, 재산, 법률, 부모 그리고 조국에 대한 존중 속에 명백히 드러납니다.

자부심은

- 강한 확신을 심는다.
- 책임감을 흔쾌히 수용하는 마음을 만들어 낸다.
- 낙천적인 태도를 확립한다.

- 더 나은 인간관계와 충실한 삶으로 인도한다.
- 다른 사람의 요구에 더욱 민감하게 반응하고 염려하는 태도를 가지게 한다.
- 자신에게 무엇을 할 수 있다는 동기를 가지게 하고 야심을 갖게 만든다.
- 새로운 기회와 도전에 개방적이게 한다.
- 일 수행력을 향상시키고 위험 감수 능력을 증대시킨다.
- 재치 있고 쉽게 비판과 찬사를 주고 받게 한다.

어떻게 자부심 결핍을 인식할 수 있을까? 불충분한 자부심을 가진 사람의 행동 패턴은 무엇인가?

다음은 그 행동 패턴의 간략한 리스트입니다.

- 그들은 일반적으로 수다쟁이다.
- 그들은 비평가적인 속성이 있다. 비판대회에서 상을 타야 하는 것처럼 남을 비판한다.
- 그들은 높은 자아를 가지며 모든 것을 안다고 믿는다. 그들은 거만하다. 빈약한 자부심을 가진 사람은 일반적으로 같이 일하거나 상사로 두고 일하기가 어렵다. 그들은 우월감을 얻기 위해 다른 사람을 깎아 내린다.
- 그들은 폐쇄적이며 자기중심적이다.
- 그들은 계속적으로 변명을 해대며 항상 실패를 정당화한다.
- 그들은 결코 책임감을 수용하지 않고 항상 다른 사람을 비난한다.
- 그들은 항상 숙명론적인 태도를 가진다. 주도권을 갖지 않으며 항상 일이 일어나기를 기다린다.
- 그들은 본래 질투심이 강하다.

- 그들은 긍정적인 비판을 수용하기를 꺼린다. 그들은 방어적이다.
- 그들은 혼자 있을 때 지루해 하고 불편해 한다.
- 빈약한 자부심은 체면 손상으로 이끈다. 빈약한 자부심을 가진 사람들은 어디에 선을 그어야 할지 모른다. 즉 품위가 멈추고 천박함이 시작되는 선을 모른다. 사람들이 사교회에서 농담을 하는 것이 특이한 일은 아니다. 그러나 술을 마실수록 그들의 농담은 더욱 험해진다.
- 그들은 진실된 친구가 없다. 왜냐하면 그들 자신이 진실하지 않기 때문이다.
- 그들은 지키지도 못할 약속을 한다. 자아 존중이 부족한 사람은 달까지도 팔 수 있다고 허풍을 떤다. 약속을 지키지 못하면 신용을 잃게 된다. 자아 존중이 지나친 사람은 자신의 회사가 손실을 볼지언정 자신의 신용 상실에 대한 문제만큼은 절대 양보하지 않는다. 왜냐하면 자신의 신용이 타격받는 것을 견뎌내지 못하기 때문이다.
- 그들의 행위는 몰상식하고 엉뚱하다. 그들은 추의 이쪽 끝에서 저쪽 끝까지 흔들린다. 그들은 오늘은 달콤해 하다가 내일은 당장 당신의 목을 베겠다고 달려들지도 모른다. 그들은 균형 감각이 부족하다.
- 그들은 사람들을 멀리하고 고독해지는 경향이 있다.
- 그들은 본래 과민하다. 이것은 연약한 자아라고 불린다. 언제든지 무슨 말을 하면 연약한 자아를 가진 사람은 그 말을 개인적으로 받아들여 상처를 입는다. 그래서 낙담하게 된다.

- 과민한 것과 민감한 것 사이에 무슨 차이가 있는가? 과민함은 선인장과 같은 접근이다. '당신이 나를 건들면 나는 당신을 해친다.' 민감하다는 것은 긍정적인 면과 염려하는 면을 함께 말한다. 자주 이 둘은 서로 교환할 수 있게 사용된다. 사람들은 아무개한테 얘기할 때 "조심해. 그는 매우 민감해"라고 말한다. 그들이 진정으로 말하고자 하는 것은 그 사람이 과민하고 그래서 주의하라는 것이다.
- 그들은 자신과 다른 사람에 대해 부정적인 기대치를 가지고 있고 거의 실망하지 않는다.
- 그들은 확신이 부족하다. 그것은 다음의 일곱 가지 형태로 나타난다.
  1. 그들은 끊임없이 다른 사람에게 승인과 확인을 구한다. 승인을 구하는 것은 서로 상의하여 부차적인 견해를 구하는 것과 다르다.
  2. 자신을 자랑하는 것 또한 자신감 부족의 표시이다.
  3. 복종을 하거나 소심하게 행동한다. 그들은 자신의 존재에 대해 항상 사과하는 사람들이다. 그들은 자신을 항상 낮추는데 이것은 겸손과는 다르다. 겸손은 자신감에서 나오는 반면에 자신을 낮추는 것은 자신감 결핍에서 나온다. 자신감이 부족한 사람은 유능한 리더가 될 수 없다. 다른 사람들이 이러한 자신감 부족을 느끼게 되고 이것은 존경심 부족으로 이어진다.
  4. 단호함 부족. 자부심이 빈약한 사람은 그들의 신념을 지키기 위해 기꺼이 대항하려 하지 않는다. 반면에 과도하게 공격적인 것 또한 자부심 부족의 표시

이다. 측은히 여겨야 할 상황에서 공격적인 것은 단호함이라고 할 수 없다.

5. 자신감 부족은 순응주의적인 행위를 낳는다. 모든 사람이 그렇게 한다면 나도 그렇게 해야지 하는 식이다. 매일 우리는 사람들이 그들 또래가 하고 있는 것이 해로울 수 있다는 것을 잘 알면서 또래 집단의 압력에 굴복하는 것을 볼 수 있다. 그러나 그들은 또래안에 받아들여지기 위해 그 일을 한다. 자부심이 약한 사람은 어울리기 위해서 따라간다. 그들은 외부의 확인을 찾는다. 왜냐하면 그들은 자신감이 부족하기 때문이다.

6. 가식(假飾)적이다. 그런 사람들은 이웃 사람에게 지지 않으려 허세를 부린다. 이웃 사람에게 지지 않으려 허세를 부릴 때면 그들이 벌지도 않은 돈을 쓰고 필요하지도 않은 것을 사며 그들이 좋아하지도 않는 사람에게 깊은 인상을 주려 한다.

7. 순응하지 않거나 주의를 끄는 행위를 한다. 자부심이 빈약한 사람은 두드러지거나 눈에 띄기 위해서 몰상식한 일을 할지도 모른다. 그들은 타락으로부터 자극을 얻고 심각하게 보이려 한다. 어떤 사람은 단지 다르게 보이기 위해 그리고 주의를 끌기 위해 잘못된 일을 저지르고 어긋나려고 한다. 자기를 과도하게 자랑하는 사람이라든지 개구쟁이 등이 한 예이다.

• 그들은 우유부단하고 책임감을 수용하지 않는다. 용기 부족과 비판에 대한 두려움이 우유부단한 행동으로 인도한다.

- 그들은 권위에 대항하여 반항한다. 확신에 찬 용기에서 나오는 반항과 빈약한 자부심 때문에 생기는 반항 사이에는 차이가 있다. 마하트마 간디, 마르틴 루터 킹과 아브라함 링컨과 같은 세계적인 지도자들은 반항자였다. 그들은 확신에 찬 용기에서 권위에 반항하였다. 자부심이 빈약한 사람은 권위가 옳을 때조차 단지 그것이 권위이기 때문에 권위에 대항하여 반항한다.

- 그들은 반사회적이며 사회에서 물러날지도 모른다.

- 그들은 방향 의식이 부족하여 "나는 상관 안해"라는 태도를 가진다.

- 그들은 칭찬을 하거나 받는 데 어려움이 있다. 칭찬을 할 때는 '이 사람이 오해 할지도 몰라' 라고 생각하고, 칭찬을 받을 때는 '그들은 내가 칭찬받을 가치가 없다고 생각할지 몰라' 라고 상상한다. 가치 없다고 느끼는 것은 겸손이 아니다.

- 물질적인 것에 너무 많은 강조를 한다.
  자존심이 부족한 사람들은 사람을 평가할 때 그의 인물됨보다는 그의 재산에 의해 사람의 가치를 평가한다. 그들은 항상 당신이 어떤 차를 몰고 있나, 어떤 집에 살고 있나, 어떤 옷과 보석을 하고 있나를 주시한다. '사람이 물건을 만들지 물건이 사람을 만들지는 않는다'는 것을 잊는다. 자존심이 결핍된 사람은 자신의 가치보다 순 가치에 더 많은 강조를 한다. 그들의 삶은 광고와 일시적 유행 주위에서 맴돈다. 옷의 브랜드나 라벨이 그들의 지위를 상징한다. 그들에게서 물건을 빼앗으면 그들은 수치심에 죽을 것이다. 그들은 치열한 경쟁인 쥐 경주에 들어가게 된다. 쥐 경주의 문제는 그 경주에서 설사 이긴다 할지라도 여전히 쥐라는 것이다.
- 스스로에 대한 자존심이 결여되어 있다. 그들은 허름
  하게 옷을 입고 투박하다.
- 그들은 주는 사람이 아니라 받는 사람들이다.

약한 자부심은 극단적인 행동을 유발할 수 있습니다. 높은 자부심을 가진 사람은 다른 이유에서 동일한 행동을 선택할 수 있습니다. 자부심이 높은 사람은 고독을 선호하기 때문에 홀로 있을 수 있습니다. 반면에 자부심이 약한 사람은 사람들과 같이 있으면 불편하기 때문에 혼자 있는 것을 선호합니다.

사람들의 몇가지 특성들을 보면

■ 자부심이 높은 사람	■ 자부심이 약한 사람
생각을 말함	사람들에 대해 말함
봉사하는 마음가짐	비판적인 마음가짐
겸손	거만
권위를 존중	권위에 반항
확신의 용기	어울리기 위해 따라함
자신감	당황
인격을 염려함	명성을 염려함
단호함	공격적임
책임감 수용	세상 전체를 비난
자기 관심	이기적
낙천적	숙명론적
이해심 있음	탐욕스러움
기꺼이 배우려 함	아는 체 함
민감함	과민함

혼자 있음	외로움
토의	주장
자기 가치를 믿음	순 가치만 믿음
안내를 받음	잘못 안내됨
훈련	자유에 대한 왜곡된 의식
내적 지향적	외적 지향적
다른 사람 존중	다른 사람 경멸
품위를 즐김	천박함을 즐김
한계를 앎	무엇이든지 함
주는 이	받는 이

위의 리스트를 만든 목적은 죄책감을 유도하기보다는 자기 평가에 대한 근거를 제공하기 위한 것입니다. 이 모든 특징을 다 가질 필요는 없습니다. 어떤 특징은 더 많이 또는 더 적게 존재할지 모릅니다. 우리가 이러한 특징을 인식하는 한 우리는 자신을 바로 잡는 노력을 할 수 있습니다.

사람들은 가면을 쓴다

"사람들이 가면을 쓰는 이유는 불안정하고 약한 자부심 때문이다"

자부심이 약한 한 젊은 중역이 승진을 하였으나 그는 새로 얻은 사무실과 지위를 주체할 수 없었습니다. 이때 문에서 노크소리가 났습니다. 그가 얼마나 중요하고 바쁜지를 보여주기 위해 그는 전화를 들고 방문자에게 들어오라고 했습니다. 그 사람이 기다리고 있는 동안에 그 중역은 전화 통화를 계속했고 고개를 끄덕이며 "문제 없어, 내가 처리할 수 있어"라고 말했습니다. 몇 분이 지난 후 그는 전화를 끊고 방문객에게 용건을 물었습니다. 그 사람은 "전화를 연결해드리려고 왔는데요"라고 말하는 것이었습니다.

메시지가 무엇인가

왜 가장(假裝)하나? 우리는 무엇을 증명하려 하나? 우리는 무엇을 성취하고 싶어하나? 왜 우리는 거짓말을 할 필요가 있나? 왜 거드름을 피나? 이 모든 것은 불안정과 약한 자부심에서 옵니다.

왜 가장(假裝)하나

우리들의 인격은 우리가 하는 것 또는 하지 않는 것, 좋아하는 것 또는 좋아하지 않는 것에 의해 판정됩니다. 예를 들면

- 우리가 즐기는 영화의 종류
- 우리가 듣는 음악의 종류
- 우리가 사귀는 또는 피하는 친구의 종류
- 우리가 하는 또는 웃는 농담의 종류
- 우리가 읽는 책의 종류

우리가 하는 모든 행동은 우리를 모두 드러내는데, 우리는 왜 가장하는 것일까요? 한 사람이 확신, 감수성, 협조성을 가지고 살아간다면 그는 다른 사람을 그의 노력으로 감동시킬 수 있다고 믿습니다. 그 사람은 자기를 존중할 가치가 있게 되는 것입니다.

■ 긍정적인 자부심	■ 부정적인 자부심
자기 존중	자기 비하
자기 확신	자기 회의
자기 가치	자기 학대
자기 용인	자기 부정
자애(自愛)	자기 본위
자기 인식	자기 기만
자기 수양	자기 방종

"자부심은 우리가 자신에 대해 느끼는 방식이다"

자부심은 큰 자아를 가지는 것을 의미하지 않습니다. 사람이 자기 자신과 사이가 좋지 않다면, 그는 다른 사람과도 사이가 좋을 수가 없다는 것입니다. 마치 우리가 갖지 않은 것을 다른 사람에게 줄 수 없듯이 말입니다. 우리가 자부심의 구성 성분을 갖고 있지 않다면, 우리는 그것을 다른 사람과 함께 할 수 없습니다. 우리는 자신과 먼저 접촉할 필요가 있습니다. 그리고 자신을 정돈할 필요가 있습니다. 비행기 안에서조차 비상시 산소 마스크를 당신 자신에게 먼저 그리고 나서 당신 자녀에게 씌우라고 안전 수칙에 적혀 있습니다. 우리는 이기심에 대해 말하고 있는 것이 아닙니다.

'자부심은 우리가 자신에 대해 느끼는 방식이다' 라고 정의할 수 있습니다. 우리가 좋게 느끼면 우리의 생산성도 향상됩니다.

약한 자부심의 원인

우리는 태어난 날부터 긍정적이든 또는 부정적이든 자

부심을 형성하기 시작합니다. 우리는 다른 사람에 의해 강화된 자신에 대한 느낌을 발전시킵니다.

부정적인 자기대화 또는 자기암시

이것은 의식적으로 또는 무의식적으로 우리 자신에게 말하는 진술로서, 예를 들면 '나는 기억력이 나빠', '나는 수학은 잘 못해', '나는 운동선수가 아니잖아', '나는 피곤해'와 같은 것입니다.

이러한 말들은 오직 부정적인 면을 강화시키고 우리를 낮출 뿐입니다. 곧 우리의 마음은 이러한 말들을 믿기 시작하고 우리의 행동은 그에 따라 변하는 것입니다. 이러한 말들은 예언한 대로 성취되는 예언이 되는 것입니다.

환경

가정 ■ 한 부모가 자녀에게 줄 수 있는 가장 위대한 것은 뿌리입니다. 한 가족이라는 나무의 가장 좋은 부분은 뿌리입니다. 한 작은 소녀의 예의바르고 공손한 행동을 알아보고 선생님이 물었습니다. "누가 너에게 이렇게 예의바르고 공손하도록 가르쳤니?" 그 소녀는 이렇게 답했습니다. "아무도요. 단지 우리 가족 안에 그것이 흐르거든요."

양육

"시민 여러분, 어째서 당신들은 재산을 모으기 위해서는 그토록 애를 쓰면서 언젠가 그 재산 모두를 주고 갈 당신들의 자녀는 그토록 돌보지 않습니까?"라고 소크라테스는 일갈(一喝)했습니다.

자녀들이 잘 되기 위해서는 우리는 시간을 두 배로 돈은 반으로 쓸 필요가 있습니다. 성인이 되어 무지로 고통받는 것보다 어렸을 때 배우는 고통이 덜합니다.

높은 자부심이 있는 부모는 자녀에게 긍정적인 생각, 신념 그리고 가치관을 가르침으로써 자녀안에 있는 자신감과 높은 자부심을 길러줍니다. 그 역(逆)도 또한 참입니다.

정직한 부모를 갖는 것은 큰 재산입니다. 부정한 사업 거래에 참가하는 부모는 불행히도 그들의 미래 세대에게 좋지 않은 본을 보여주는 것입니다.

강력한 역할 모델 또는 선도자(善導者)는 부모나 친척이나 존경받는 선생일 수 있습니다. 인격 형성기의 아이들은 영향력 있는 지위의 성인을 존경합니다. 성인으로서조차 우리는 우리의 상사나 관리자를 역할 모델로 여깁니다.

"부모의 높은 자부심은 자녀에게 자신감과 높은 자부심을 길러준다"

당신을 보는 작은 눈

◆

당신을 밤낮으로 지켜보는
작은 눈이 있다.
당신이 한 모든 말을 즉시 담는
작은 귀가 있다
당신이 하는 어떤 일이든
몹시 하고 싶어 하는
작은 손이 있다.
그리고 당신과 같게 될 날을 꿈꾸는
작은 소년이 있다.

당신은 작은 아이의 우상이고,

당신은 현자 중에 가장 현명하다.
당신에 대한 그의 작은 마음속엔
아무런 의심도 일어나지 않는다.
그는 당신을 독실하게 믿고 있고
당신이 말하고 행한 모든 것을 품고 있다.
그가 당신처럼 컸을 때는
당신과 같이 말하고 행할 것이다.

당신이 항상 옳다고 믿는
순진한 작은 애가 있다.
그리고 그의 눈은 항상 열려 있고
그는 밤낮으로 지켜본다.
매일 당신이 하는 모든 것에서
당신은 본을 보이고 있다.
자라서 당신과 같이 되기를 기다리는
작은 소년에게.

자신감 쌓기

아이들의 인격 형성은 영향력 있는 지위의 성인 즉 부모나 친척, 선생 등 강력한 역할모델에 의해 좌우된다.

한 젊은 부부가 일하러 가기 전에 매일 어린 딸을 탁아소에 맡기곤 했습니다. 그들이 헤어질 때 부모와 아이는 서로의 손에 키스를 했고 그 키스를 자기들 주머니에 넣곤 했습니다. 하루 종일 그 작은 소녀는 외로워질 때 주머니에서 그 키스를 꺼내서 자기 뺨에 대보곤 했습니다. 이것은 그들이 신체적으로는 떨어져 있어도 그들이 함께 있다는 것을 느끼게 해줍니다. 얼마나 귀여운 생각입니까!

무엇이 아이들을 삐뚤어지게 만드나?

- 모든 것에 정가표를 붙이도록 가르치라. 그러면 그는 자기의 성실성도 팔려고 내놓을 것이다.
- 아이에게 자신의 태도를 취하지 않도록 가르치라. 그러면 그는 어떤 것이든 속아넘어갈 것이다.
- 이기는 것이 전부라고 믿도록 하라. 그러면 그것이 유일한 것이라 믿으며, 그는 무슨 짓을 해서라도 이기려고 모든 노력을 할 것이다.
- 유아기 때부터 아이가 원하는 모든 것을 즉시 주라. 그러면 그는 자라서 세상이 그에게 생계를 해결해 줄 것이라고 믿을 것이다.
- 아이가 나쁜 언어를 사용할 때 웃으라. 그러면 그는 자신이 귀엽다고 생각할 것이다.
- 그에게 어떤 도덕적 또는 윤리적인 가치를 가르치려고 하지 말라. 아이가 21세가 되기까지 기다려라. 그리고 "스스로 결정하도록" 하라.
- 설명하지 않고 선택하도록 하라. 모든 선택에는 그에 따른 결과가 있다고 결코 가르치지 마라.
- 아이에게 잘못이 있다고 결코 말하지 말라. 아이에게 콤플렉스가 생길지 모른다. 그가 무언가 잘못하여 체포당했을 때 사회가 그에게 적대적이라고 믿게 한다.
- 아이가 주위에 어질러 놓고 다니는 책들, 신발들, 옷들 등을 항상 정돈해 주어라. 그러면 그는 모든 책임을 다른 사람에게 전가시키는 것을 배울 것이다.
- 아이가 원하는 어떤 것이든 읽고, 보고, 듣도록 하라. 그가 먹는 것에 주의하라. 그러나 그의 마음은 쓰레기

를 먹고 살도록 하라.

- 아이는 자기 또래 사이에서 인기가 있기 위해 무리들을 따라다녀야 한다.
- 아이가 있을 때 자주 말다툼을 하라. 이렇게 하면 물건들이 집에서 산산조각이 나도 놀라지 않을 것이다.
- 아이가 원하는 만큼 돈을 주라. 그에게 결코 돈에 대한 존중이나 돈의 가치를 가르치지 말라. 아이가 당신만큼 어렵게 물건을 갖도록 하지 말라.
- 음식, 음료, 편안 등과 같은 모든 감각적 욕망을 즉각적으로 만족시켜 주라. 박탈감은 좌절감을 유발할 수 있다.
- 이웃이나 선생에게 아이의 편을 들어라. 왜냐하면 그들은 그에 대해 편견을 가지고 있다.
- 아이가 심각한 문제에 빠졌을 때 "나는 최선을 다했지만 너에게 어떤 일도 해 줄 수 없어"라고 자신을 변명하라.
- 확고하게 행동하지 말라. 고행은 자유를 뺏어 간다고 믿기 때문이다.
- 독립을 가르치기 위해서는 부모의 통제보다는 텔레비전을 선호하라.

아이들은 배운 것을 그대로 사회에 베풉니다.

아이들은 자라면서 배운다

◆

한 아이가 비판과 함께 자란다면,
그는 비난하기를 배운다.
한 아이가 칭찬과 함께 자란다면,

그는 칭찬하기를 배운다.
한 아이가 반감과 함께 자란다면,
그는 싸우는 것을 배운다.
한 아이가 관용과 함께 자란다면.
그는 참을성을 배운다.
한 아이가 조롱과 함께 자란다면,
그는 부끄럼을 배운다.
한 아이가 격려와 함께 자란다면,
그는 자신감을 배운다.
한 아이가 수치와 함께 자란다면,
그는 죄책감을 배운다.
한 아이가 인정과 함께 자란다면,
그는 자신을 좋아하는 것을 배운다.
한 아이가 공정함과 함께 자란다면,
그는 정의를 배운다.
한 아이가 안정성과 함께 자란다면,
그는 신뢰를 배운다.
한 아이가 용인과 우정과 함께 자란다면,
그는 이 세상에서 사랑을 발견하는 것을 배운다.

교육

무지하다는 것은 창피한 일이 아닙니다. 그러나 배우려
하지 않는 것은 부끄러운 일입니다.

역할 모델들은 실례(實例)를 통해 가르칠 수 있습니다.
인격 형성기에 성실의 중요성을 배운 아이들은 일반적으
로 성실을 잃지 않습니다. 그것은 인생의 한 부분이 되며 계약자, 변호사, 회계사, 정치인, 경찰 또는 판사 등등 어느 직업에 종사하든지 우리가 찾는 덕목이 되는 것입니다. 성실은 정직보다 훨씬 강합니다. 사실 그것은 정직의 토대입니다.

젊은이들은 쉽게 감동 받습니다. 그들의 선도자(善導者)가 — 예를 들면, 부모, 스승, 정치 지도자 — 부정한 일을 하거나 사소한 부정직(예를 들면 호텔에서 타월 훔치기, 레스토랑에서 포크를 훔치기)에 대해 자랑하는 것을 보면, 다음과 같은 일들이 생깁니다.

- 그들은 실망한다.
- 그들은 자기의 선도자에 대한 존경심을 잃는다.
- 그러한 부정한 일을 계속 보게 되면 서서히 받아들인다.

빈약한 역할 모델들

한 학교 선생님이 어린 소년에게 그의 아버지의 직업을 물었습니다. 그 애는 "확실치는 않아요. 그러나 아빠는 펜, 연필, 전구, 화장지 등등을 만드시는 것 같아요. 왜냐하면 바로 그러한 것을 매일 도시락에 담아 집으로 가져오시거든요"라고 대답했습니다.

불공정한 비교

공정한 비교는 괜찮지만 불공정한 비교는 사람을 열등하게 만듭니다. 높은 자부심을 가진 사람은 다른 사람들과 경쟁하지는 않습니다. 그대신 그들은 스스로 일의 수행력을 향상시킵니다. 그들은 자신과 경쟁합니다. 그들은 자신의 일 수행력과 자신의 실제 능력을 비교합니다.

실패와 실패자를 혼돈하기

'성공은 성공을 낳고, 실패는 실패를 낳는다' 라는 말에는 많은 진실이 있습니다.

스포츠에서는 챔피언의 사기가 낮을 때마다 감독은 절대 그를 강한 상대와 싸우지 않게 합니다. 왜냐하면 그가 한 번 더 패배하면 그의 자부심은 훨씬 더 낮아지기 때문입니다. 그가 자신감을 되찾기 위해 감독은 약한 상대와 대적하게 하고, 거기서 얻은 승리는 그의 자부심을 높입니다. 약간 더 강한 상대는 그 다음이고 그 승리는 자신의 수준을 더 올려 줍니다. 그리고 챔피언이 궁극적인 도전자를 상대할 준비가 될 때까지 계속합니다.

성공할 때마다 자신감은 올라가기 때문에 다음 번에 성공하기는 더 쉽습니다. 이러한 이유로 어떤 좋은 지도자도 그 사람이 부모이건 스승이건 상사이건 아이에게 쉬운 과제부터 시작하게 합니다. 매번 성공적으로 마칠 때마다 아이의 자신감 수준과 자부심은 상승합니다. 우리의 책임감은 실패의 사슬을 끊고 우리 자신과 자녀를 연쇄적인 성공으로 인도합니다.

사람들이 어느 특정한 일에 실패할 때 대부분은 매우 낙심해서 실패와 실패자는 같은 것이 아니라는 것을 깨닫지 못하고, 그들은 자신을 실패자로 여기기 시작합니다.

나는 실패했었을지 모르지만 그렇다고 내가 실패자는 아닙니다. 나는 놀림을 받았을 수 있어도 바보는 아닌 것과 같은 이치입니다.

부모, 선생, 상사에 의한 완벽에 대한 비현실적인 기대

한 아이가 A가 5개, B가 1개인 성적표를 들고 집에 온다
고 가정합시다. 보통 부모가 제일 먼저 하는 말은 "어째서
B를 맞았니?"입니다. 그 아이의 마음에 어떤 생각이 지나
갔을까요? 그가 B를 위해 노력했을까요? 또는 그의 부모가
B를 맞아 온 것을 축하하고 더 낮은 기준을 받아들여야 하
나요? 전혀 아닙니다.

그 아이가 진정으로 원하는 것은 5개의 A를 맞기 위해
노력했던 것에 대한 인정과 격려입니다. 부모라면 A를 맞
아 온 것을 인정하고 칭찬한 다음에 전과목 A를 바라는 그
들의 기대를 확실히 하고 필요하다면 도와주겠다고 제의
해야 합니다. 만약 우리의 기준을 낮춘다면 아마도 다음
번의 성적은 그러한 기준까지 떨어져 버릴 것입니다.

마찬가지로 직장에서 한 종업원이 100가지 일을 잘 하고
1가지 일을 잘 못합니다. 상사가 무슨 말을 할지 추측해 보
십시오. 긍정적인 면을 인정합시다. 그러나 기준을 낮춰서
는 안 됩니다.

수양 부족

수양이란 무엇인가 ■ 사람이 원하는 것을 하는 절대적인
자유가 수양입니까? 자유는 결과에 개의치 않는 것입니까?
수양은 문제가 발생하거나 실수가 생긴 후에 하는 교정 행
동을 의미합니까? 수양은 강제적인 것입니까? 학대입니까?
수양은 자유를 빼앗습니까?

정답은 위에 없습니다. 수양은 사람이 벨트로 아이를 때
리는 것을 의미하지 않습니다. 그것은 정신착란입니다. 수

양은 견고한 사랑입니다. 그것은 지도입니다. 문제가 생기기 전에 하는 예방입니다. 더 나은 실력을 쌓기 위한 에너지입니다. 당신이 아끼는 사람들에게 그리고 그들을 위해 행하는 어떤 것입니다.

수양은 사랑의 행동입니다. 가끔 당신은 친절하기 위해 일부러 불친절해야 합니다. 모든 약이 달콤한 것은 아닙니다. 모든 수술이 고통이 없는 것도 아닙니다. 그러나 우리는 그것을 받아들여야 합니다. 우리는 자연에서 배울 필요가 있습니다. 우리 모두는 기린과 친숙합니다. 어미 기린은 새끼 기린을 선 채로 낳습니다. 갑자기 새끼 기린은 어미 자궁의 쿠션에서 딱딱한 땅 위에 떨어집니다. 어미 기린이 하는 첫 번째 일은 새끼 뒤로 가서 새끼를 세게 차는 일입니다. 새끼는 일어납니다. 그러나 약한 다리는 흔들거립니다. 그리고 새끼는 넘어집니다. 어미는 다시 한 번 세게 찹니다. 새끼는 일어나지만 다시 주저앉습니다. 어미는 새끼가 네 발로 일어서서 움직이기 시작할 때까지 계속해서 새끼에게 발길질을 합니다. 왜일까요? 그 이유는 정글에서 새끼가 생존할 유일한 기회는 자기 발로 서는 것임을 어미는 알기 때문입니다. 그렇지 않다면 새끼는 살쾡이에게 먹혀서 죽은 고기가 될 테니까요.

이것이 사랑의 행동일까요?

나는 확실히 그렇다고 생각합니다.

애정 있고 수양이 된 환경에서 길러진 아이는 부모를 더 공경하고 법을 잘 지키는 시민이 됩니다. 그 역 또한 참입니다.

좋은 부모는 이 주제(수양)를 실행하기 위해 자녀로부터 받는 순간적인 반감을 두려워하지 않습니다.

모든 가정에서 수양이 실행된다면 청소년 범죄는 95% 감소할 것이다.
—에드가 후버

수양은 자유를 준다 ■ 아이에게 한 상자의 초콜릿을 먹도록 허용하는 것은 아이를 병나게 할 수 있습니다. 동시에 하루에 한 개 또는 두 개만 먹도록 자제시키는 것은 더 오랜 시간 동안 즐거운 경험이 되도록 하는 것입니다.

우리의 본능은 결과에 개의치 않고 우리가 원하는 것을 하도록 만듭니다.

자유는 '스스로의 일을 하는 것을 의미한다' 라는 잘못된 생각이 있습니다. 사람은 자기가 원하는 것을 항상 가질 수는 없습니다. 언제나 좋은 가치관과 수양의 이점을 기억하는 것은 쉽지 않습니다. 다르게 하는 것이 더 이익이 되고 즐거우며 편리할 수 있습니다. 수양 부족으로 사람들의 성공을 가로막는 셀 수 없는 예들을 보는 것이 필요합니다.

우리를 낮추는 것이라고 생각하는 것이 오히려 우리를 높이는 것입니다. 수양이라는 것은 그런 것입니다. 한 소년이 그의 아빠와 함께 연을 날리고 있었습니다. 그리고 아빠에게 연을 위로 올라가게 하는 것이 무엇이냐고 물었습니다. 아빠는 "줄이란다"라고 했고, 아이는 다시 "아빠, 연을 붙잡고 있는 것이 줄이에요"라고 대꾸했습니다. 아빠는 아들에게 그가 줄을 끊을 때 잘 보라고 말했습니다. 그 연이 어떻게 되었는지 아십니까? 연은 땅에 떨어졌습니다. 그것이 인생에서도 마찬가지가 아닐까요? 가끔 우리가 우리를 붙들고 있다고 생각하는 바로 그 줄이 우리가 날도록 도와주고 있는 것입니다. 수양이란 그런 것입니다.

나는 자유롭게 되고 싶다 ■ 우리는 이 구절을 항상 듣습니다. 만약 당신이 열차를 선로에서 벗어나게 한다면 열차

> 자유는 원하는 것을 맘껏 즐기는데서가 아니라 욕망을 자제하는데서 얻어진다.
> —에픽테투스

는 자유로워지겠지만, 그것이 어디로 가겠습니까? 모든 사람이 각각 교통 규칙을 만들고 도로의 어느 쪽으로나 주행한다면 당신은 그것을 자유라고 부르겠습니까? 혼란이라 부르겠습니까? 이때 필요한 것이 질서입니다. 규칙을 준수함으로써 우리는 실제로 자유를 얻을 수 있습니다. 그렇지 않습니까?

수양은 견고한 사랑이다 ▪ 나는 세미나에서 많은 참가자에게 이 질문을 해 왔습니다 "당신의 아이가 40도의 고열이 있으나 의사에게 가기를 원하지 않는다면 어떻게 하겠습니까?"

변함없이 그들은 아이가 저항한다 해도 의료적인 도움을 받겠다고 했습니다. 왜일까요? 왜냐하면 그렇게 하는 것이 아이에게 최고의 이익이 되기 때문이죠.

아이를 키우는 일은 인기 대회가 아니다 ▪ 한 판사가 한 죄인에게 강도죄를 선고하면서 그에게 할 말이 있는지 물었습니다. 그 사람은 "예, 재판장님. 내 부모도 감옥에 가도록 선고해 주십시오"라고 대답했습니다. 판사가 이유를 물으니 그는 "내가 어렸을 때 학교에서 연필을 훔쳤습니다. 부모님은 그것을 알았지만 한 마디도 하지 않았습니다. 그리고 나는 펜을 훔쳤습니다. 그들은 고의로 그것을 무시했습니다. 나는 그것이 강박관념이 될 때까지 학교와 이웃집에서 계속해서 많은 것들을 훔쳤습니다. 부모님은 그것을 아셨으나 결코 한 마디도 하지 않았습니다. 나와 함께 감옥을 가야 할 사람이 있다면 그것은 나의 부모님입니다"라고 말했습니다.

그가 옳습니다. 부모는 그들의 의무를 이행하지 않았기 때문에 비난을 받아 마땅합니다. 그럼에도 그들의 잘못은 아들의 죄를 방면시키지도 못했습니다.

아이들에게 선택을 하게 하는 것이 중요합니다. 그러나 지도하지 않는 선택은 재난을 초래합니다. 완벽한 정신적 그리고 신체적 준비는 희생과 자기 수양의 결과입니다.

당신 스스로에게 물으십시오.

- 훈련 없는 선장이 배를 효과적으로 항해하겠는가?
- 훈련 없는 운동선수가 시합에서 이기겠는가?
- 훈련 없는 바이올리니스트가 콘서트에서 잘 연주하겠는가?

훈련은 절대적으로 필요합니다. 오늘날의 철학은 "해서 기분이 좋으면 그렇게 하라"입니다. 나는 가끔 부모들로부터 순진하게 "나는 아이들이 좋다고 하는 한 무엇을 하는지 상관하지 않는다. 중요한 것은 그것뿐이다"라고 말하는 것을 듣습니다. 나는 그 부모들에게 "무엇이 아이들을 즐겁게 하는지 알고 싶지 않습니까?"라고 묻습니다. 만약 그 아이가 거리에서 사람을 때리고 다른 사람의 물건을 빼앗는 것을 즐거워한다면 그들에게 맞는 표현이 있습니다. 그것은 '타락'이라고 합니다.

어떻게, 어디서 우리의 행복이 유래되는가 하는 문제는 행복 그 자체만큼이나 중요합니다. 그것은 우리 가치관, 수양 그리고 책임감의 소산입니다.

우리는 계속해서 "좋아하는 것을 하라"는 말을 듣습니다. 그 반대의 경우도 참입니다. 당신이 좋아하는 것을 하십시

> 부모는 그들의 자녀와 일 주일에 평균 15분 정도 "의미 있는 대화"를 합니다. 자녀들의 가치관은 TV와 자신의 또래들을 통해 체득합니다.
> ─ 미국 가족 협회 회지

오. 우리는 좋든 싫든 해야 할 일을 할 필요가 있습니다.

한 어머니가 고된 하루 일과를 마치고 집으로 돌아옵니다. 가사 일을 하고 아이를 돌보며 기진맥진하여 잠자리에 듭니다. 한 밤중에 아이가 웁니다. 어머니는 일어나고 싶겠습니까? 아닙니다. 그러나 그녀는 어쨌든 일어납니다. 왜일까요? 다음 세 가지 이유입니다.

- 사랑　　　• 의무　　　• 책임감

우리는 감정만으로 삶을 살수 없습니다. 우리가 몇 살이든지, 우리는 수양을 더할 필요가 있습니다. 하고 싶은 것에 굴복하지 않고, 해야 할 일을 할 때, 인생에서 승리가 찾아옵니다. 그것은 수양을 필요로 합니다.

부모, 스승, 직장상사에게 찍힌 낙인과 천대

어떤 부모들이 장난스럽게 혹은 단지 애정의 표시로 자신의 아이들을 '바보' 혹은 '멍청이' 라고 부르는 것을 들어본 적이 있습니까? 이러한 꼬리표는 전 생애 동안 그들에게 붙어 다닙니다. 그 아이들이 성장했을 때 그들은 부모가 옳았다는 것을 증명하려고 할 것입니다. 이러한 꼬리표는 비단 한 사람의 인생에만 붙어다니는 것이 아니라 대대로 이어지기도 합니다. 인도의 카스트 제도는 꼬리표를 붙이는 것이 인간에게 얼마나 고통을 줄 수 있는가를 보여주는 대표적인 예라고 할 수 있습니다.

부모가 자녀에게 이야기하는 보편적인 천대는

- 넌 멍청해.
- 넌 한번도 일을 제대로 한 적이 없어.

- 넌 결국 아무것도 못할 거야.

올바른 가치 가르치기

우리는 흔히 가정이나 회사에서 무심코 잘못된 가치를 가르치고 맙니다. 예를 들어 우리는 자녀에게나 직원들에게 거짓말을 하도록 시키곤 합니다.

- 나 없다고 그래.
- 방금 대금을 우편으로 보냈습니다.

우리는 모두 부모나 스승 혹은 직장 상사가 우리에게 정직함을 가르치리라 기대합니다. 그리고 여러 번 실망합니다. 이러한 사소한 거짓말을 반복하다 보면 그 사람은 결국 심각한 거짓말쟁이가 됩니다. 다른 사람에게 나를 위해서 거짓말을 하도록 가르치면, 언젠가는 그들이 나에게 거짓말을 하는 날이 올 것입니다.

예를 들어 한 여비서가 하루는 너무나 쇼핑을 하고 싶어서 자신의 상사에게 전화를 걸어 몸이 아파서 결근을 하겠노라고 말합니다. 아마도 그녀는 자기 상사를 위해서 매번 거짓말을 해 왔기 때문에 이번에도 노련하게 거짓말을 할 수 있을 것입니다.

긍정적인 자기 존중 의식을 쌓아가는 단계

상처를 상장으로 바꾸라

부정적인 상황을 긍정적인 상황으로, 곤란한 상황을 유리한 상황으로 또는 무너질 듯한 벽돌 무더기를 잘 쌓여

있는 돌담으로 바꾼 사람들의 인생사를 읽어보십시오. 그
들은 실패와 좌절에 끌려내려가기를 거부합니다. 베토벤
은 가장 위대한 작곡가 중의 한 사람입니다. 하지만 그는
청각 장애인이었습니다. 밀턴은 자연에 대해 노래한 가장
대표적인 시인이었지만 정작 그는 시각 장애인이었습니
다. 미국의 대통령 프랭클린 D. 루즈벨트는 가장 위대한
세계 지도자 중의 한 사람이었습니다. 그러나 그는 휠체어
를 타고 일을 했습니다.

윌마 루돌프 이야기 *

* ≪Star Ledger≫,
1994년 11월 13일자에서
인용

윌마 루돌프는 테네시의 한 가난한 가정에서 태어났습
니다. 네 살이 되던 해 그녀는 고열을 동반한 폐렴과 소아
마비에 걸려 양 다리가 마비되었습니다. 그녀는 다리에 교
정기를 부착해야 했고 의사는 그녀가 다시는 걷지 못할 것
이라고 했습니다. 그러나 그녀의 어머니는 윌마에게 하느
님이 주신 능력과 끈기 그리고 믿음만 있으면 그녀가 원하
는 무엇이든지 할 수 있다고 이야기해 주곤 했습니다. 윌
마는 이렇게 말했습니다. "난 이 세상에서 가장 빨리 달리
는 여자가 되고 싶어요." 아홉 살이 되자 그녀는 의사의 만
류에도 불구하고 교정기를 떼고 그녀가 다시는 걸을 수 없
을 것이라고 얘기했던 바로 그 의사에게로 한 발자국 걸어
갔습니다. 열세 살 때 그녀는 처음 육상경기에 참가했고
결국 완주했습니다. 그 후 그녀는 두 번째, 세 번째, 네 번
째, 그리고 우승을 할 때까지 계속 경기를 했습니다.

열다섯 살 때 그녀는 테네시 주립대학에 입학했고 거기
에서 코치인 에드 템플을 만났습니다. 그녀는 템플 코치에

게 이야기했습니다. "저는 세계에서 가장 빠른 육상 선수가 되고 싶어요." 그러자 템플 코치는 이렇게 말했습니다. "정신력으로 이겨내면 넌 반드시 해낼 수 있을 게다. 내가 도와주마."

드디어 윌마는 최고 중의 최고들만 모이는 올림픽에 참가하게 되었습니다. 그리고 그녀는 한 번도 패배해 본 적이 없는 주타 헤인이라는 선수와 경합을 벌이게 되었습니다. 첫 번째 시합은 100m 경기였습니다. 윌마는 주타 헤인을 물리치고 첫 번째 금메달을 목에 걸었습니다. 두 번째 시합은 200m 경기였는데 이번에도 윌마는 주타 헤인을 물리치고 두 번째 금메달을 차지했습니다. 세 번째 시합인 400m 계주에서 그녀는 또 한번 주타와 맞서게 되었습니다. 계주 경기에서는 가장 빠른 선수가 항상 마지막 한 바퀴를 뛰는데, 윌마와 주타 모두 팀의 마지막 주자였습니다. 윌마의 차례가 왔을 때 그녀는 그만 바톤을 떨어뜨리고 말았습니다. 그 때 윌마는 다른쪽 트랙에서 주타가 출발하는 모습을 보았습니다. 그녀는 바톤을 집어 들고 기계처럼 달렸습니다. 그리고 마침내 주타를 세 번째로 물리치고 일등으로 들어왔습니다. 그것은 그녀의 세 번째 금메달이었습니다. 이것은 살아 있는 신화입니다. 한 때 다리가 마비된 채 살아가던 한 여자가 1960년 올림픽에서 가장 빠른 여자가 된 것입니다.

윌마로부터 배울 수 있는 교훈은 무엇일까요? 그것은 역경과 고난이 없이 성공한 사람이 위대한 게 아니라 그 모든 역경과 고난에도 불구하고 성공한 사람이 진정으로 위대하다는 사실입니다.

역경의 순간을 기회의 순간으로 바꾸어 놓은 사람들에

대한 이야기를 들으면 그 이야기가 우리에게 어떤 동기를
부여해주지 않습니까? 만약 정기적으로 이런 사람들의 전
기나 자서전을 읽는다면 계속해서 동기가 생겨나지 않을
까요?

지적인 무지를 배워라

우리는 교육을 통해서 우리가 할 수 있는 것과 할 수 없
는 것이 무엇인지를 배웁니다.

헨리 포드는 이 세상에 8기통 엔진을 있게 한 사람입니
다. 하지만 그는 정규 교육을 제대로 받지 못했습니다. 사
실 그는 14살 이후에는 학교에 다니지 않았습니다. 그는 8
기통 엔진이 있어야 한다는 것을 알 정도로 똑똑했지만,
정작 그는 그 방면에 대해 무지했고 어떻게 그 엔진을 만
들어야 할지를 알지 못했습니다. 그래서 그는 교육받은 전
문가들에게 그것을 만들도록 했습니다. 그러나 그들은 헨
리 포드에게 가능한 일과 불가능한 일을 이야기했습니다.
그들에 따르면 8기통 엔진은 존재 불가능한 것이었습니다.
그러나 헨리 포드는 자신의 주장을 굽히지 않았습니다. 몇
달 후 그가 직원들에게 8기통 엔진을 만들었는지 물었을
때 그들은 이렇게 대답했습니다. "우린 이루어질 수 있는
일이 무엇인지 또 이루어질 수 없는 일이 무엇인지 알고
있습니다. 8기통 엔진은 존재 불가능합니다." 이런 사태는
몇 달 동안 계속되었지만 헨리 포드는 끝까지 "난 8기통
엔진을 원하오!"라고 이야기할 따름이었습니다. 그리고 얼
마 지나지 않아서 바로 같은 사람들이 8기통 엔진을 만들
어 냈습니다.

'나는 이룰 수 없는 일
이 있다'는 사실을 모르
는 무한한 역량을 가진
사람을 찾고 있다.
— 헨리 포드

어떻게 그 일을 해낼 수 있었을까요? 그들은 그들의 학문적인 한계를 창의력으로 넘어선 것입니다. 교육은 우리에게 가능한 일이 무엇인지를 가르쳐 주지만 때로는 잘못된 한계까지도 가르쳐 줍니다.

땅벌

자연에서도 배울 것이 있습니다. 과학자들에 따르면 땅벌의 몸은 너무 무겁고 그에 비해 날개는 너무 작다고 합니다. 공기역학적으로 볼 때 땅벌은 날 수 없습니다. 하지만 땅벌들은 그 사실을 모르고 자꾸만 날아 오르려고 합니다. 자신의 한계를 모를 때 계속 전진할 수 있고 때로는 그 결과에 자신도 놀라게 됩니다. 그리고 뒤늦게서야 과연 한계가 있었던가 하고 자문하게 됩니다. 유일한 한계는 바로 당신 스스로 지운 한계입니다. 당신이 받은 교육이 당신을 한계에 옭아넣게 하지 마십시오.

당신에게 돈이나 친절로 보답하지 못하는 사람을 위해 무엇인가 행동하라

세계적으로 잘 알려진 정신과 의사 카알 메닝어 박사가 한 번은 이런 질문을 받은 적이 있습니다. "만약 어떤 사람이 신경쇠약에 걸릴 거라는 사실을 알게 된다면 그 사람에게 뭐라고 조언해 주겠습니까?" 청중들은 메닝어 박사가 전문적이고도 분석적인 조언을 해줄 것을 기대했습니다. 그러나 그들의 기대는 빗나갔습니다. 그는 "저는 그 사람에게 대문을 걸어 잠그고 밖으로 나가 도움을 필요로 하는 사람을 찾아 그들을 도와주라고 조언하겠습니다. 이렇게 함으로써 우리는 우리만의 틀에서 벗어날 수 있습니다."
우리는 너무나 자주 우리 스스로가 만들어 놓은 틀에 얽매여 살지 않습니까?

적극적으로 참여하십시오. 그러면 자아 가치를 형성하게 됩니다. 다른 사람들이 당신을 도우려고 할 때, 오히려 당신이 다른 사람들을 돕는다면 매우 커다란 만족감을 느끼게 됩니다. 이러한 만족감은 자아 존중에서 비롯됩니다. 아무런 기대도 대가도 없이 남을 돕는다면 자아 존중의 면모가 한층 더 성숙될 것입니다.

건전한 성격의 소유자는 도움을 받는 것에 그치지 않고 남에게 도움을 주고자 합니다.

칭찬을 주고 받는 습관을 길러라

진심으로 남을 칭찬할 기회가 생기면 그 기회를 놓치지 마십시오. 기억하십시오. 여기서 핵심적인 단어는 '진심'입니다. 다른 사람이 당신을 칭찬하면 기쁘고 감사하게 받아들이십시오. "감사합니다"라는 한 마디와 함께. 이 말은 바로 겸손의 표시입니다.

책임을 다하라

특권이 의무를 능가할
수는 없다.
의무를 이행할 때에만
이 우리의 권리도 보호
받을 수 있다.
— 존.F.케네디

우리는 우리의 태도와 행동에 책임을 지고 변명하지 말아야 합니다. 단지 선생님이나 그 과목이 싫어서 공부를 안 하는 학생이 되지는 마십시오. 그러한 행위는 바로 자기 자신에게 가장 큰 상처를 주게 됩니다. 우리는 책임을 질 줄 알아야 하고 다른 사람에게 책임을 전가해서는 안됩니다. 그런 다음에라야 삶의 질과 생산성이 향상되는 것입니다.

변명은 문제를 더욱 악화시킬 뿐입니다. 우리는 모두 자기 자신에 대하여, 가족에 대하여, 일에 대하여, 사회에 대하여, 환경에 대하여 책임이 있습니다.

나무를 심으면 푸르름을 더할 수 있을 뿐더러 땅의 침식도 막을 수 있고 자연의 아름다움도 보존할 수 있습니다. 우리는 마치 옮겨가서 살 수 있는 또 다른 지구가 있는 것처럼 그렇게 살 수는 없습니다. 우리는 이 세상을 좀더 살기 좋은 곳으로 만들기 위해서 날마다 뭔가를 해야 합니다.

우리는 미래 세대의 보호자입니다 만약 우리가 책임감 있게 행동하지 않는다면 우리의 후손이 어떻게 우리를 용서할 수 있겠습니까?

평균 수명이 75세이고 당신이 현재 40세라면, 당신에게는 365일×35년이라는 시간이 남아 있습니다. 한번 자문해 보십시오. 이 세월 동안 무엇을 하겠습니까? 우리가 책임감을 가지고 그 책임을 다할 때 삶이 좀더 가치 있어지지 않을까요?

자기 수양

자기 수양은 기쁨을 줄이는 것이 아니라 오히려 높여줍니다. 우리는 재능과 능력이 있으면서도 성공하지 못한 사람들을 종종 보게 됩니다. 그들은 좌절하면서도 똑같은 행동양식을 그들의 사업, 건강, 그리고 다른 사람과의 대인관계에 적용합니다. 그들은 항상 불만족스러워하고 많은 문제가 수양 부족에서 비롯되었다는 것을 깨닫지 못한 채 일을 그저 운에 맡겨 버립니다.

목표 설정

목표가 명확할 때 방향감도 명확해지며 목표에 도달했을 때 느끼는 성취감도 커집니다. 그리고 목표보다 더 중요한 것은 바로 목적의식과 통찰력입니다. 이것을 통해 삶에 의미가 부여되고 성숙되는 것입니다.

목표의 성취여부는 우리가 어떤 존재가 되느냐 하는 문제보다는 덜 중요합니다. 어떠한 '존재'가 되었을 때 우리는 비로소 보람을 느낍니다. 그것은 곧 자기존중을 의미합니다.

목표를 세울 때 우리는 현실적이어야 합니다. 현실적인 목표가 용기를 북돋아주고 자기존중 의식을 한층 높여주는 데 반하여 비현실적인 목표는 이룰 수도 없고 자기존중 의식도 상실하게 만듭니다.

도덕적 평판이 좋은 사람과 사귀어라

우정의 시험 ■ 친구들의 압력이 때로는 나쁜 영향을 끼치기도 합니다. 사람들은 흔히 말합니다. "자네, 내 친구 아닌가?" 그러나 기억하십시오. 진정한 친구는 절대로 친구의 마음을 떠보지 않습니다. 만약 친구가 술에 만취해 있다면 나는 무슨 수를 써서라도 그가 운전하지 못하도록 할 것입니다. 나는 친구를 잃어버리느니 차라리 우정을 잃어버리는 쪽을 택하겠습니다.

흔히 사람들은 인정받기 위해서 "그것 참 멋지군"이라고 하면서 그릇된 일을 합니다. 그들은 결국 '멋없게' 혼자 남겨질거라는 것을 깨닫지 못합니다.

당신이 평판을 중요하게 생각한다면 품위있는 사람과 사귀어라. 나쁜 친구를 두는 것보다는 차라리 혼자인 게 더 낫다.
—조지 워싱턴

동료집단의 압력 ■ 동료들에게서 따돌림당하지 않고자 하는 욕망이 정의를 위해 싸우고자 하는 욕망보다 강해질 때 부족해지는 것은 분명 용기와 인격입니다. 그러나 두 말할 필요도 없이 대부분의 사람들은 따돌림당하지 않는 쪽을 택합니다. 그것이 더 동료들을 기쁘게 해주고 조롱받을 위험도 없기 때문이지요. 여기서 자존심이 있는 사람과 그렇지 않은 사람이 나누어지게 됩니다. 이것은 자기존중의식이 높은 사람이 넘지 말아야 할 선입니다.

예를 들어서

- 초등학교 아이들은 조롱당하는 것을 원치 않기 때문에 규칙을 따른다.
- 다른 사람들이 놀릴 것을 알기 때문에 그들은 대답을 하지 않는다.
- 공장 노동자들은 동료들을 기쁘게 해주기 위해 직무를 덜 수행한다.

적당히 ■ 많은 사람들이 말합니다. "적당히, 그 정도면 괜찮아. 조금만 해보고 끊으면 돼." 그러나 문제는 "적당히

- 남을 속이는 것이
- 거짓말을 하는 것이
- 훔치는 것이
- 마약을 하는 것이
- 불법 행위를 하는 것이

정말 괜찮은가?" 하는 데 있습니다.

사람들은 흔히 이렇게 합리화를 합니다. "언제든지 원할 때 끊을 수 있어." 그러나 그들은 부정적 영향이 의지력보다 훨씬 강하다는 것을 깨닫지 못합니다.

당신이 허락하지 않으면 아무도 당신에게 열등감을 갖게 할 수 없다.
— 엘리노 루즈벨트

외적 요인이 아니라 내적 요인에 의해 움직이는 사람이 되라

어느날 누군가가 침대 한쪽 편에서 일어나 내 이름을 부르며 "당신은 이 세상에서 가장 멋진 사람이예요. 당신이 내 친구라는 사실이 정말 영광스럽습니다"라고 말한다면 어떤 기분일까요? 말할 수 없을만큼 멋진 기분이겠지요. 물론 그의 말은 진심입니다. 그러나 바로 그 다음날 그는 반대쪽 침대에서 일어나 전화수화기를 들고는 이렇게 말합니다. "이 악당, 날 속였어. 당신은 지독한 사기꾼이예요." 자, 이번엔 어떤 기분이 들까요? 최악의 기분이겠지요.

이처럼 누구나 "당신은 가장 훌륭한 사람이예요"라는 얘기를 들을 때는 너무나 기분이 좋았다가 그 다음날 "사기꾼"이라는 얘기를 들을 때는 기분이 나빠집니다. 그러면 당신의 기분을 조종하는 자는 누구입니까? 분명 당신이 아닌 다른 사람입니다. 이러한 삶이 과연 내가 원하던 삶일까요? 전혀 아닙니다. 그것은 외부적 요인에 의해 조종당하는 삶입니다.

나는 내부적 요인에 조종당하는 삶을 원합니다. 그가 내게 가장 멋진 사람이라고 말할 때 그 말은 단지 듣기에만 좋은 말입니다. 그러나 그가 이 말을 하지 않았다 하더라도 내 생각에는 내가 여전히 좋은 사람입니다. "당신은 날 화나게 해요"라는 얘기를 들었을 때 당신의 감정은 외부에 의해 지배당합니다. 그러나 "난 지금 너무 화가나" 혹은 "자꾸 그러면 화낼거야"라고 말한다면, 감정을 지배하는 핵심은 바로 내부에 있습니다.

옛날에 인도의 한 현자는 어떤 사람에게서 귀에 담지 못할 조롱을 들었습니다. 그 현자는 그 사내의 이야기가 다 끝날 때까지 전혀 동요하지 않고 그 이야기를 들었습니다. 그리고는 그 사내에게 물었습니다. "만약 팔리지 않는 물건이 있다면 그 물건은 결국 누가 가져가야 하겠소?" 그러자 그 사내가 대답했습니다. "물건을 팔려고 한 사람이 가져가야겠죠." "난 당신의 물건을 사지 않겠소." 그 현인은 이렇게 말한 후 멍하게 서 있는 사내를 남겨둔 채로 사라졌습니다. 그 현인은 내적 요인에 의해 행동한 것입니다.

우리가 삶의 책임을 외적 요인에 떠넘긴다면 우리의 불행은 계속될 것이고 무기력감을 느낄 것입니다. 우리의 감정과 행동에 대한 책임을 받아들이지 않으면 우리는 변화할 수가 없습니다. 그리고 그 첫단계는 자신에게 이렇게 질문하는 것입니다.

- 왜 마음이 동요했는가?
- 왜 화가나는가?
- 왜 우울한가?

그리고 나서 우리는 이 감정을 이기기 위한 실마리를 풀어나가면 됩니다. 행복은 긍정적인 자기존중의 결과를 얻을 수 있는 것입니다. 사람들에게 무엇이 당신을 행복하게 해주냐고 묻는다면 다양한 대답을 들을 수 있겠지요. 그런데 대부분의 사람들이 거기에 물질적인 것을 포함시킬 것입니다. 하지만 그것은 진실된 행복이 아닙니다. 행복은 소유함으로부터 얻을 수 있는 것이 아니라 존재함으로부터 얻을 수 있기 때문입니다.

인생에서 모든 것을 가졌음에도 불구하고 행복하지 못한 사람이 있습니다. 또 정반대의 경우도 있을 수 있지요.

행복은 우리 내부에 있습니다. 행복은 마치 나비와도 같아서 당신은 그것을 쫓고 그것은 날아가려고만 합니다. 하지만 만약 당신이 조용히 기다리면 어느새 살며시 다가와서 당신의 어깨위에 내려앉습니다.

행복을 가져오는 마음가짐을 형성하라 ▪ 쓰라림을 느낀다면 그것은 정신적인 실패를 의미합니다. 그것은 우리가 일을 해 나갈 수 있는 능력을 마비시킵니다. 자신에게 솔직해지십시오. 자기 자신과 경쟁하십시오. 그리고 다음에 제시한 일을 실천하십시오.

- 어떤 사람, 어떤 상황에서든지 긍정적인 면을 찾아라.
- 행복해지겠다고 결심하라.
- 자신만의 기준을 분별력 있게 세워라.
- 부정적 비판에 대한 면역성을 키워라.
- 항상 같은 상황이 계속될 수만은 없다는 것을 기억하라. 잘 풀릴 때나 안 풀릴 때 모두가 인생의 한 부분이다.
- 모든 상황을 최선의 상황으로 만들어라.
- 항상 건설적으로 살아라.
- 당신보다 못한 사람을 도와줘라.
- 포기할 때는 포기하라. 연연해하지 말라.
- 자신과 남을 용서하라. 죄책감이나 원한을 품지 말라.

긍정적인 자기암시를 걸어라

긍정적으로 자기 자신과 대화하는 습관을 기르십시오. 자기암시는 무의식적으로 정신에 영향을 미쳐서 우리의 신념체계를 변화시킵니다. 또한 신념체계는 행동에 반영

됩니다. 그러므로 자기암시는 우리의 신념체계에 영향을 미침으로써 우리 행동에 영향을 미치게 됩니다. 결국 자기 암시는 자기예언이 되는 것이지요.

- 난 이 일을 잘 처리할 수 있다.
- 난 할 수 있다.
- 난 수학에 소질이 있어.
- 난 기억력이 좋아.

가장 큰 장점은 가장 큰 단점이 될 수 있다

어떤 장점이건 너무 지나치면 단점이 될 수 있습니다. 예를 들어서 판매사원에게 능숙한 언변은 큰 장점이겠지요. 그러나 언변 좋은 판매원들이 정작 너무 말을 많이 해서 손님으로 하여금 다른 매장으로 발길을 돌리게 하는 경우도 간혹 볼 수 있습니다.

그들은 자신의 장점 때문에 그 일자리를 얻었습니다. 그러나 그 장점은 너무 지나쳐서 단점이 되었고 결국 그들은 물건파는 데 실패하고 말았습니다.

남의 얘기를 잘 들을 줄 아는 것도 장점입니다. 하지만 그것도 너무 지나치면 그 사람은 듣기만 하고 얘기해야 할 때 얘기할 줄 모르는 사람이 됩니다. 즉 장점이 단점으로 바뀌는 것입니다.

가장 큰 단점은 가장 큰 장점이 될 수 있다

화를 잘 내는 것은 단점입니다. 어떻게 하면 이것을 장점으로 만들 수 있을까요?

한 여인이 'MADD'라고 쓰인 피켓을 들고 시위를 하고

있었습니다. MADD는 음주운전에 반대하는 어머니들의
모임(Mothers Against Drunk Driving)의 약자였습니다. 이
여인은 음주운전자가 낸 교통사고로 자식을 잃었습니다.
그녀는 너무나 분노했고 이 사회에서 이러한 일이 다시 일
어나는 것을 그냥 보고만 있지 않겠다고 결심했습니다. 그
녀는 미국 전역에 걸쳐서 음주운전 방지를 위해 함께 싸울
사람들을 모집했습니다. 오늘날 그 모임은 수천 명에 달하
는 회원들을 가지고 국회의 법률제정에도 강력한 영향력
을 행사하는 등 성공적인 활동을 계속하고 있습니다.

　이것이 바로 분노와 같은 부정적 감정을 긍정적으로 다
스림으로써 장점으로 변화시킬 수 있다는 사실을 보여주
는 좋은 예입니다.

인내심을 가져라

　흔히 어떤 사람들은 긍정적인 요소나 부정적인 요소에
노출되는 것이 우리에게 아무런 충격효과가 없다고 이야
기합니다. 그러나 사실은 그렇지 않습니다. 눈으로 볼 수
는 없다고 하더라도 분명히 뭔가 영향을 미칩니다.

　중국의 어떤 사람이 대나무를 심었습니다. 심고 난 첫 4
년 동안은 물도 주고 비료도 주면서 정성껏 돌보았습니
다. 하지만 눈으로 보기엔 성장에 아무런 변화가 없었지
요. 그러나 5년째가 되면서 그 대나무는 6주 동안에 약 90
피트가 자라났습니다. 궁금한 것은 과연 그 대나무가 6주
동안만 자란 것이냐 아니면 눈에 보이진 않았더라도 땅에
뿌리를 내리고 자라나는 데 5년의 시간이 걸렸느냐 하는
것입니다.

눈으로 보이는 변화가 없다고 해서 누군가 물을 주고 비료를 주는 일을 그만두었다면 과연 그런 일이 일어났을까요? 분명히 아닙니다. 그 대나무는 아마 죽었을 것입니다. 우리는 자연의 섭리에서 많은 것을 배울 수 있는데, 그것은 매우 분명합니다. 인내심과 확신을 가지십시오. 그리고 옳은 일을 계속해 나가십시오. 결과가 직접 눈에 보이지 않는다고 하더라도 뭔가 이루어지고 있습니다.

목록을 만들어라 : 자신의 장점과 약점을 모두 기록하라

성공한 사람들은 그의 한계점을 잘 알고 그들의 장점을 발전시킵니다. 무엇이 장점이고 무엇이 약점인지를 모르면 어떻게 장점을 발전시킬 수 있겠습니까? 당신이 원하지 않는 일보다는 하고자 하는 일에 초점을 맞추십시오.

장점	약점

자기존중의 핵심은 아브라함 링컨이 쓴 다음의 구절에서 가장 잘 표현되어 있습니다.

온 세상이여, 오늘 나의 아들이 학교에 갑니다!

온 세상이여, 나의 아들을 도와주소서. 그가 오늘

학교에 입학합니다. 얼마 동안 그에겐 모든 것이 다 신기하고 새롭겠지요. 하지만 세상이 그를 점잖게 대해주었으면 합니다. 오늘까지 그는 작은 울타리 안에 있는 왕과 같았습니다. 그는 뒷마당에서 두목 이었습니다. 나는 항상 그의 곁에 있으면서 상처가 나면 돌보아주고 마음이 상하면 달래주었습니다.

그러나 이제 사정은 달라지겠지요. 그는 오늘 아침 대문을 나서서 손을 흔들고 아마도 전쟁과 비극 그리고 슬픔도 포함되어 있는 큰 모험에 나설 겁니다.

이 세상을 살아가기 위해서는 신념과 사랑 그리고 용기가 필요할 겁니다. 그러니까 이 세상이여, 나의 아들의 작은 손을 잡아주시어 그가 알아야 할 것들을 가르쳐 주소서. 하지만 가능하다면 점잖게 그 일을 해 주소서.

나도 알고 있습니다. 그는 모든 사람들이 다 올바르지 않다는 것을 배워야 하겠지요. 악당 가운데서도 영웅이 있다는 것을, 적 가운데서도 친구가 있다는 것을 그에게 가르쳐 주소서. 폭력배가 가장 이기기 쉬운 사람이라는 것을 일찍 배울 수 있게 해 주소서.

그에게 책에 대한 경외심을 갖게 하소서. 하늘을 나는 새와, 태양을 등진 벌들, 그리고 푸른 언덕에 피어난 꽃들에 대한 끝없는 신비에 대해 깊이 생각할 수 있는 묵상의 시간을 주소서. 속이는 것보다는 실패하는 것이 훨씬 더 명예로운 선택임을 가르쳐 주소서. 비록 모든 사람들이 반대하더라도 그 자신의 생각에 대해 확신을 갖도록 가르쳐 주소서.

　　나의 아들에게 비록 다른 모든 사람들이 악단의
마차에 올라탄다고 할 때 그들을 따르지 않을 수 있
는 강인함을 주소서.

　　타인의 말에 귀를 기울일 줄 알게 하시되, 그가
들은 모든 얘기 중 진실만을 걸러서 도움이 되게 하
소서. 그의 마음과 영혼에 절대로 가격표를 매기지
않도록 가르쳐 주소서.

　　터무니 없는 이야기에 귀를 기울이지 않게 하시
고, 옳다고 생각한다면 꿋꿋이 버티고 싸울 수 있
도록 가르쳐 주소서. 세상이여, 그에게 이 모든 것
을 점잖게 가르쳐 주소서. 하지만 응석을 받아 주지
는 마소서. 왜냐하면 뜨거운 불에 달구어져야만 더
욱 단단한 강철이 될 수 있기 때문입니다.

　　세상이여, 나의 요구가 너무 크다는 것을 압니다.
하지만 당신이 할 수 있다는 것 또한 알고 있습니
다. 그는 너무나 착한 아들입니다.

─ 아브라함 링컨

행동계획

1. 부정적인 상황을 긍정적인 상황으로 바꾼 사람들의
   이야기를 읽어라. 하루 일과 중에 좋은 책을 읽거나
   영감을 떠올리게 하는 오디오 테잎을 듣는 시간을 가
   지라.
2. 아무런 이익을 기대하지 말고 정기적이고도 조직적으
   로 자선활동을 위해 시간과 돈을 투자하라.
3. 부정적인 요소들을 멀리하라. 동료들의 무언의 압력

에 굴복하지 말라.

4. 진심어린 칭찬을 겸손하게 주고 받는 습관을 길으라.

5. 당신의 행동에 대해 책임을 지라.

6. 어려운 때라고 하더라도 자기 수양을 계속하라.

7. 높은 도덕적 품격을 지닌 사람과 사귀어라.

8. 창조적으로 살아라. 그리고 자신의 약점을 장점으로 바꿀 수 있는 방법을 찾으라.

9. 인내심을 길으라. 결과가 눈에 보이지 않더라도 꾸준히 계속하라.

5. 사람을 대하는 기술

우리는 대개 문제를 사업적인 면에서 찾지만 사실 그것은 인간관계에서 발생하는 경우가 많습니다. 인간관계에서 생겨나는 문제를 해결하면 사업에서 발생하는 문제도 상당 부분 해결됩니다. 사람에 대해 아는 것이 생산품에 대한 지식보다 더 중요합니다.

성공한 사람들은 뭔가 다른 사람들을 유쾌하게 하고 또 그들을 끌어당기는 성격을 가지고 있습니다. 이러한 그들의 카리스마적 성격은 다른 사람들이 기꺼이 그에게 협조하도록 만듭니다.

유쾌한 성격은 알아보기는 쉽지만 정의내리기는 힘듭니다. 그것은 그 사람의 걷거나 말하는 방법, 목소리의 톤 그리고 일을 함에 있어서의 정성이나 자신감 등에서 뚜렷하게 나타납니다.

어떤 사람들은 나이에 상관없이 결코 그들의 매력을 잃지 않습니다. 왜냐하면 마음은 얼굴에도 나타나기 때문입니다. 유쾌한 성격은 그 사람의 마음가짐, 행동, 그리고 표현이 결합된 것입니다. 얼굴에 나타난 우호적 표정이 당신의 옷보다 훨씬 중요합니다.

우호적 표정은 광나는 구두나 메니큐어보다도 훨씬 더

나는 이 세상의 존재하는 그 어떤 능력보다도 사람을 상대하는 능력에 더 많은 대가를 치를 것이다.
　　—존 록펠러

그 사람을 빛나게 합니다. 물론 단기적으로는 좋은 매너로 성격적인 결함을 감출 수도 있습니다. 그러나 곧 그들의 본모습은 드러나기 마련입니다.

인격없이 재능과 성격에만 기반을 둔 관계는 인생을 비참하게 만듭니다. 인격을 갖추지 못한 카리스마는 속은 텅 비고 겉만 화려한 포장상자에 지나지 않습니다.

결론적으로 말해서 진정으로 성공하기 위해서는 인격과 카리스마가 모두 필요한 법입니다.

인생은 메아리와도 같다

한 소년이 그의 어머니에게 화가 나서 소리쳤습니다. "난 엄마가 싫어, 엄마가 싫어." 그러고는 혼이 날 것이 무서워서 집을 나와버렸습니다. 그는 언덕에 올라가서 소리쳤습니다. "싫어, 싫어." 그러자 이렇게 메아리쳤습니다. "싫어, 싫어." 이것은 그가 처음 듣는 메아리 소리였습니다. 그는 두려워져서 어머니에게 돌아가 어떤 나쁜 아이가 언덕에서 "난 네가 싫어, 네가 싫어" 하고 소리쳤다고 얘기했습니다. 어머니는 그의 이야기를 이해하고는 이렇게 말했습니다. "다시 언덕으로 올라가서 '사랑해, 사랑해' 라고 외쳐보렴." 소년은 다시 언덕으로 올라가서 외쳤습니다. "사랑해, 사랑해." 그러자 메아리가 울려왔습니다.

우리의 인생은 메아리와 같습니다. 우리가 준 것을 되돌려 받습니다.

벤자민 플랭클린이 이렇게 말했습니다. "다른 사람에게 잘 대하는 것이 자신에게 최선을 다하는 것이다."

인생은 부머랭과 같다

우리가 의도하건 그렇지 않건간에 우리의 행동과 행위는 조만간 아주 정확하게 되돌아옵니다.

당신보다 아래에 있는 사람도 존경으로 대하십시오. 왜냐하면 그들이 당신의 위에 올라설 때 다시 만날 것이기 때문입니다.

다음의 이야기는《The Best of … Bits & Pieces》에서 인용한 것입니다. *

* Economics Press,
Fairfield, NJ, 1994,
p. 84-85

오래 전에 스텐포드 대학에서 공부하던 두 학생이 있었습니다. 그들은 돈이 바닥나서 앞길이 막막한 지경에 놓이게 되었는데, 그때 한 가지 방안이 떠올랐습니다. 이그나시 페더러브스키의 피아노 리싸이틀을 주최하는 것이었습니다. 그들은 거기에서 남는 이익금을 학비와 기숙사비에 사용하기로 했습니다.

그 피아니스트의 매니저는 이천 달러를 보장해 달라고 요구했습니다. 그 당시 그 돈은 상당히 큰 액수였지만 그들은 거기에 동의하고 음악회 준비를 계속했습니다. 그들은 최선을 다해 일했지만 겨우 천육백 달러의 수익밖에 올리지 못했습니다.

음악회가 끝난 후 두 청년은 이 나쁜 소식을 음악가에게 이야기했습니다. 그들은 수익금의 전부인 1600달러를 400달러짜리 약속어음과 함께 그 음악가에게 건넸습니다. 그리고 가능한 한 빠른 시일내에 그 돈을 벌어서 갚겠다고 했습니다. 그들의 대학생활은 거기서 끝나는 듯 했습니다. 그러나 페더러브스키가 대답했습니다. "아닐세 여보게들, 그럴 필요 없네." 그리고는 어음을 찢어버리고 돈을 다시 그들에게 돌려주는 것이었습니다. "음악회를 준비하느라든 비용을 제하고 일한 대가로 각각 10퍼센트씩 나눠 가지게. 나는 그 나머지만 갖겠네."

세월이 흘러갔습니다. 1차 세계대전이 발생하고 또 끝이 났습니다. 폴란드의 수상이 된 페더러브스키는 그의 조국에서 굶주림에 지친 수많은 사람들을 구제하려고 노력하고 있었습니다. 이 세상에서 그를 도와줄 수 있는 사람은 오직 미국 식량구호재단의 이사장이었던 헐버트 후버밖에 없었습니다. 후버는 페더러브스키의 요청을 받아들였고 얼마 지나지 않아 수천 톤의 식량이 폴란드에 보내졌습니다.

식량 문제가 해결되고나자 페더러브스키는 후버에게 감사의 뜻을 전하기 위해 파리로 갔습니다. "괜찮습니다. 페더러브스키 씨." 이것이 후버의 대답이었습니다. "그리고 당신은 기억하지 못하겠지만 제가 대학생이었을 때 당신도 한 번 저를 도와준 적이 있었습니다. 그때 전 정말 곤경에 처해 있었지요."

'자선을 베풀면 보상이 따른다.' 이러한 생각은 잘못된 생각입니다. 보상받으려는 욕망을 가지고 좋은 일을 할 필요가 없습니다. 그것은 자연히 그렇게 되기 때문입니다.

> 어느 누구도 자기 스스로 도움을 받아보지 않고서는 진심으로 남을 도울 수 없다는 사실은 인생의 가장 아름다운 보상물이다.
> ―랄프 왈도 에머슨

우리는 사물을 있는 그대로 보지 않고 우리 방식대로 본다

어떤 현자에 대한 전설이 있습니다. 그는 오두막 밖에 앉아 있었습니다. 한 여행객이 나타나 그에게 물었습니다. "어떤 사람이 이 오두막에 삽니까? 지금 내가 살고 있는 집에서 다른 곳으로 옮기려 하고 있소만 …" 현자가 물었습니다. "당신이 옮기고 싶어하는 집엔 지금 어떤 사람이 살고 있소?" 여행객이 대답했습니다. "그들은 비열하고 잔악하고 예의없는 사람들이오." 그러자 현자가 말했습니다. "이곳에도 그와 똑같은 사람이 살고 있소." 얼마 지나지 않아서 또 다른 여행객이 찾아와서 똑같은 질문을 했습니다. 현자가 그에게 물었습니다. "당신이 옮기고 싶어하는 집엔 지금 어떤 사람이 살고 있소?" 그러자 그 여행객이 대답했습니다. "그 사람들은 아주 친절하고 점잖고 예의바른 사람들입니다." 현자가 말했습니다. "이곳에서도 그와 같은 사람들을 만날 수 있을 겁니다."

이 이야기에 담겨 있는 교훈은 무엇입니까?

일반적으로 우리는 세상을 있는 그대로 보지 않고 우리 방식으로 바라봅니다. 거의 대부분 다른 사람들의 행동은 바로 우리 자신의 행동에 대한 반응입니다.

"거의 대부분 다른 사람의 행동은 바로 우리 자신의 행동에 대한 반응이다"

신뢰

나는 고용주와 고용인, 부모와 자식, 남편과 아내, 학생과 스승, 구매자와 판매자, 고객과 판매직원과 같은 관계들이 모두 신뢰에 바탕을 둔 관계라고 믿고 있습니다.

진실함이 없다면 어떻게 우리가 신뢰를 할 수 있겠습니까? 신뢰성의 위기는 곧 진실성의 위기를 의미합니다. 신뢰감은 신뢰할 수 있도록 행동하여야 얻을 수 있는 것입니다.

신뢰를 쌓을 수 있는 요소는 무엇입니까?

- 확실성 — 미리 예고를 하고 그 약속을 지켜라.
- 일관성 — 신념을 가져라.
- 존중 — 자신과 타인을 존중할 때에 신중한 태도가 나타나며 진정한 가치가 주어진다.
- 공정성 — 정의와 성실성에 호소하라.
- 개방성 — 양방 통행의 모습을 보여줘라.
- 일치성 — 언행의 일치. 어떤 사람이 말과 행동이 다르다면 어떻게 그 사람을 신뢰할 수 있겠는가?
- 유능성 — 유능성은 능력과 그것을 발휘하고자 하는 마음가짐을 갖고 있을 때 나타난다.
- 성실성 — 신뢰를 쌓기 위한 핵심적 요소
- 인정하는 자세 — 발전하고자 하는 우리의 노력에도 불구하고 우리는 긍정적 면과 부정적 면을 인정해야 한다.
- 인격 — 어떤 사람이 모든 능력을 다 가질 수 있다. 그러나 만약 바른 인격을 가지고 있지 않다면 그는 신뢰받을 수 없다.

신뢰는 사랑보다도 더 훌륭한 말입니다. 우리는 사랑하는 이들이 있습니다. 그러나 우리는 그들 모두를 신뢰하지는 않습니다. 인간관계는 은행구좌와도 같습니다. 많이 예금할수록 더 많이 늘어납니다. 그래서 더 많이 인출할 수 있게 됩니다. 그러나 만약 예금도 하지 않고 인출만 하려고 한다면 실망스런 결과만 가져옵니다. 흔히 우리는 초과 인출을 했다고 느낄 때가 있습니다. 그러나 사실은 우리가 미달되게 예금한 것일 수도 있습니다.

아래의 요소들은 잘못된 인간관계와 신뢰감 부족의 결

과 나타나는 현상들입니다.

- 스트레스
- 의사소통의 부족
- 짜증
- 닫힌 마음
- 동료의식의 결핍
- 신뢰도의 부족
- 자기존중의 의식 부족
- 생산력 상실
- 고립

- 건강 악화
- 불신
- 분노
- 선입견
- 도덕성의 붕괴
- 비협조적인 행동
- 갈등
- 불행

긍정적인 인관관계를 방해하는 요소는 무엇인가?

대부분의 요소들이 다음에서 상세히 설명되어 있습니다.

- 이기주의
- 예의 부족
- 부주의한 행동
- 상호 교류 부족
- 무례한 행동
- 성실성과 정직성의 부족
- 자기중심주의 — 자기 자신에게만 헌신적인 사람은 그릇이 작다.
- 오만 — 오만한 사람은 자신의 의견과 지식에 만족한다. 그것은 그에게 영원한 무지를 가져다 줄 것이다.
- 자만심 — 머리가 비어 있는 것을 혐오하는 사람은 결국 텅 빈 머리를 자만심으로 채운다.

존이 말했습니다. "내 아들의 똑똑한 머리는 나한테서 물려받은거야." 그러자 그의 아내가 대답했습니다. "나도 그렇게 생각해요. 왜냐하면 아직 난 내 똑똑한 머리를 갖고 있으니까요."

- 부정적인 사고 방식
- 닫힌 마음
- 경청하는 자세 부족
- 의심 많은 성격
- 가치 있는 것에 대한 존경심 부족(도덕심 부족)
- 수양 부족
- 동정심 부족
- 인내심 결여
- 분노 — 격한 감정은 사람을 곤경에 빠뜨리고 자존심은 그를 곤경 속에 머물게 한다.
- 교활한 행동
- 모면하려는 행동
- 성급한 성격
- 변덕
- 진실을 인정하지 않는 태도
- 과거의 나쁜 경험
- 무관심한 태도— 무시당하는 느낌은 좋은 느낌이 아니다. 그것은 관심 부족이다.
- 욕심 — 욕심은 바닷물과도 같다. 마시면 마실수록 더 목마름을 느낀다.

아마도 이러한 요소들이 전부는 아닐 것이다. 대부분의 사람들이 앞에서 언급한 특성들을 조금씩 가지고 있습니다. 어떤 사람들은 한 요소를 다른 요소들보다 더 강하게 나타낼 수도 있습니다. 우리는 여기에서 자신을 한번 평가하고 조정하는 과정을 갖도록 합시다.

자만심과 자존심의 차이

긍정적인 인간관계를 방해하는 가장 큰 장애물은 자만심입니다. 자만은 한마디로 자기도취입니다. 자만심은 잘못된 자존심이며 결국 오만으로까지 발전합니다. 건강한 자존심은 겸손을 겸비한 성취감입니다. 자존심은 가슴을 부풀어오르게 하지만 자만심은 머리를 부풀어오르게 합니다. 큰 머리는 결국 두통을 일으키지만 넓어진 가슴은 겸손으로 가득 차게 됩니다.

그 사람의 재능이 아무리 크다고 해도 자만심은 어떤 양해도 받을 수 없습니다. 자존심은 'yes', 자만심은 'no'.

자만심 ─ "난 다 알아"라는 사고방식

자기중심적인 사람은 세상이 자기를 중심으로 돌아간다고 생각합니다. 이기주의자는 자신이 해야 할 일을 제대로 하지 않아 우스꽝스러워질 수 있습니다.

한 회사의 사장이 그의 직원들 중 한 명에게 얼마만큼 간절히 승진하기를 원하는지 물었습니다. 그 직원이 말했습니다. "정말로 간절히 원합니다. 승진을 위해서 하느님께 기도까지 하고 있습니다." 그러자 사장이 대답했습니다. "자네는 승진할 수 없네. 왜냐하면 내 자리에 눈독을 들였기 때문일세."

이기주의자는 타인을 깔봅니다.

> "자만심은 잘못된 자존심이며 자기도취며 오만이다. 자존심은 겸손을 겸비한 성취감이다"

> 자만심은 어리석음의 고통을 없애는 마취제이다.
> ─너트 로크니

이기주의와 자기관심의 차이는 무엇일까?

이 두 단어의 차이를 이해하는 것이 중요합니다.

이기주의는 부정적이고 파괴적입니다. 그것은 부정적인 가치에 기초를 두고 있기 때문에 인간관계를 파괴합니다. 또한 승리와 패배의 원칙을 믿습니다. 그러나 자기관심은 긍정적입니다. 성공, 마음의 평화, 건강, 그리고 행복을 불러옵니다. 그리고 자기관심은 오직 승리, 승리만을 믿습니다.

부러움/질투 — 바닷게의 심리

게의 심리가 무엇일까요? 어떻게 게를 잡는지 알고 있습니까? 한쪽을 열어놓은 채로 상자를 놓아 두면 게가 걸어서 상자 속으로 들어옵니다. 상자에는 바닥은 있지만 뚜껑은 없습니다. 상자가 가득 차면 상자의 열린 쪽을 마저 닫습니다. 게들은 쉽게 상자에서 기어나올 수 있지만 그런 일은 벌어지지 않습니다. 왜냐하면 게의 심리 상태가 그렇게 하도록 만들지 않기 때문입니다. 한 마리가 기어 올라가려고 하면 다른 게들이 잡아당겨서 아무도 기어 나오지 못합니다. 결국 모두 어떻게 될까요? 모두 요리가 되는 것입니다.

질투심 많은 사람에게도 이와 똑같은 일이 벌어집니다. 그들은 살아가면서 한 번도 남에게 앞서지 못하면서 다른 사람의 성공을 막습니다. 질투심은 자기 수양이 덜 되었다는 증거입니다. 이것은 보편적인 인간의 속성입니다.

질투심이 국민적 성격이 되었을 때 가장 큰 위험이 다가올 것입니다. 나라는 퇴보하기 시작하고 다음 세대에게 비참한 결과가 나타나게 될 것입니다. 질투심은 사람들을 타락시킵니다.

마음을 비우기보다는 마음을 열어야 한다

열린 마음과 비어 있는 마음의 차이는 무엇일까요? 열린 마음은 융통성이 있는 마음입니다. 열린 마음을 가진 사람은 문제를 평가한 후 가치 판단에 따라 생각이나 개념을 받아들이거나 거부합니다. 그러나 비어 있는 마음을 가진 사람은 사물을 평가하지 않고 모든 것을 받아 들입니다.

긍정적인 성격을 기르기 위한 단계

1단계 : 책임을 져라

"책임은 그것을 짊어질 수 있는 사람에게 돌아간다."

사람들은 일반적으로 더 큰 책임을 받아들일 수 있는 능력이 될 때 승진을 하게 됩니다.

책임있는 행동은 성숙한 내면을 상징합니다. 책임을 받아들이는 것은 우리의 마음가짐과 우리가 활동하고 있는 환경의 발현이기도 합니다.

대부분의 사람들이 잘된 일에 대해서는 재빨리 인정받으려고 하지만 극히 드문 사람들만이 잘못된 일에 대해서 책임을 인정하려 합니다. 책임을 인정하지 않는 사람도 그 책임에서 면제되지는 않습니다.

우리가 해야 할 일은 책임감 있는 자세를 기르는 것입니다. 책임감 있는 행동에 대한 개념은 어릴 때부터 주입되어야 합니다. 이 개념은 어느 정도의 복종심이 없으면 배울 수가 없습니다.

남을 탓하지 말라 ■ 다음과 같은 말을 삼가하십시오.

- 모두가 그렇게 해.
- 아무도 그렇게 하지 않아.
- 이 모든 것이 다 네 책임이야.

책임을 받아 들이지 않는 사람은 부모, 스승, 유전자, 하느님, 운명, 운수 혹은 별에게까지 책임을 전가합니다.

조니가 말했습니다. "엄마, 지미가 유리창을 깼어요." 엄마가 물었습니다. "어쩌다가 그랬니?" 조니가 대답했습니다. "내가 그에게 돌을 던졌는데, 그가 머리를 휙 숙여서 피했어요."

책임은 회피하면서 특권만을 누리려고 하는 사람들은 결국 그 특권마저 잃게 됩니다.

책임에는 사려 깊은 행동이 따릅니다.

속 좁은 사람이 책임을 회피한다 ■ 생각해 보십시오. 속 좁은 사람은 해야 할 일을 하기보다는 책임을 전가하기에 바쁩니다.

사회적 책임 ■ 고대 인도의 한 격언은 우리가 첫 번째로 사회에 대하여, 두 번째는 가족에 대하여, 세 번째는 우리 자신에 대하여 책임이 있다고 이야기합니다. 이 순서가 뒤바뀌면 그 사회는 퇴보하기 시작합니다. 사회적 책임은 모든 국민의 의무이어야만 합니다. 책임이 있을 때만 자유도 있는 것입니다. 바람직한 국민은 기꺼이 자신의 책임을 다

이 세상에서 가장 가치 있는 것은 책임이다.
— 윈스턴 처칠

합니다.

사회는 악당이 행동할 때 파괴되는 것이 아니라 선한 사람이 행동하지 않을 때 파괴됩니다. 얼마나 역설적입니까? 만약 그들이 사회가 파괴되는 것을 보고만 있다면 어떻게 선하다고 할 수 있겠습니까? 그들은 사회적 책임을 회피하고 있는 것은 아닐까요?

> 선한 사람이 침묵할 때 악이 번창한다.
> —에드문드 부케

2단계 : 배려하라

어느 날 열 살짜리 꼬마가 아이스크림 가게에 갔습니다. 그는 자리를 잡고 앉아 점원에게 물었습니다. "아이스크림 하나에 얼마에요?" "칠십 오 센트란다." 그 점원이 대답했습니다. 그러자 그 꼬마는 손에 쥐고 있던 동전을 세기 시작했습니다. 그리고 나서 작은 컵에 있는 아이스크림은 얼마인지 물었습니다. 점원은 아무 생각없이 대답했습니다. "육십오 센트란다." 그 꼬마가 말했습니다. "작은 컵에 든 아이스크림으로 주세요." 그는 아이스크림을 다 먹고 난 후 계산을 하고 떠났습니다. 점원이 빈 그릇을 치우러 돌아왔을 때 그녀는 뭉클한 감동을 느꼈습니다. 테이블 위에는 팁으로 일 센트짜리 동전 열 개가 남겨져 있었습니다. 그 어린 꼬마는 아이스크림을 주문하기 전에 그 점원을 위해 배려했던 것입니다. 그는 점원에게 따뜻한 감수성과 사려깊은 마음을 보여 주었습니다. 그는 자신보다 남을 먼저 생각했습니다.

만약 우리가 이 어린 꼬마와 같은 생각으로 살아간다면 우리가 살고 있는 세계는 더욱 아름답게 될 것입니다. 남을 배려하고 정중하게 대하십시오. 사려깊은 마음가짐이 사려깊은 행동을 낳습니다.

3단계 : WIN/WIN* 을 생각하라

*양쪽이 다 유리한 것

한 남자가 죽자 성 베드로가 그에게 천국으로 가고 싶은지 지옥으로 가고 싶은지를 물었습니다. 그 남자는 결정하기 전에 두 곳을 한번 가보고 싶다고 했습니다.

성 베드로는 먼저 그를 지옥으로 데리고 갔습니다. 큰 방안에는 많은 음식들이 차려진 식탁이 놓여 있고 음악이 흐르고 있었습니다. 또한 창백하고 슬픈 표정을 띤 사람들도 보였습니다. 그들은 굶주림에 지쳐 보였고 웃음도 없었습니다. 그리고 그는 또 한 가지를 발견했습니다. 그들은 포크와 나이프로 손이 묶인 채 테이블에 놓인 음식을 입으로 가져가려 하고 있었습니다. 그러나 그들은 음식을 먹을 수 없었습니다.

다음엔 천국으로 갔습니다. 거기에서도 역시 그는 식탁 위에 많은 음식들이 차려져 있는 큰 방 안으로 들어갔습니다. 음악도 흐르고 있었습니다. 그는 이번에도 식탁 양쪽에 있는 사람들의 손이 포크와 나이프에 묶여 있는 것을 알 수 있었습니다. 그러나 이곳은 뭔가 달랐습니다. 사람들은 웃고 있었고 건강해 보였습니다. 그들은 맞은 편에 앉은 사람들에게 서로 음식을 먹여 주고 있었습니다. 자기 자신만을 생각하지 않았기 때문에 행복하고 만족스럽고 즐거운 표정을 띨 수 있었던 것입니다.

그들은 WIN/WIN을 생각하고 있었던 것입니다. 우리의 삶에서도 똑같습니다. 우리가 고객, 가족, 직원들에게 양보하면 결국 성공은 자연스럽게 우리의 것이 됩니다.

4단계 : 말을 골라서 하고 할 말을 신중하게 선택하라

자신이 좋아하는 것에 대해 말하기를 좋아하는 사람은 결국 그가 싫어하는 말을 듣게 됩니다. 요령 있게 행동하십시오. 요령이란 해도 될 말을 잘 골라서 하는 것이고 또 어디까지 말해야 할지를 아는 것입니다. 또한 어떤 식으로 말해야 하는지, 무엇을 말해선 안 되는지를 아는 것이기도 하지요. 요령 없이 재능만 있으면 그 결과가 항상 좋게 나타나지는 않습니다. 말은 그 사람의 사고 방식을 반영합니다. 말은 타인의 감정을 상하게 하고 관계를 파괴할 수도 있습니다. 많은 사람들이 그 어느 자연 재해보다도 부적절하게 사용된 말로 인해 상처를 받습니다.

당신이 생각한 말을 먼저 하기 보다는 무엇을 말할 것인지 먼저 생각하십시오.

우둔한 사람은 생각하지 않고 말합니다. 현명한 사람은 말하기 전에 우선 생각합니다. 격한 감정에서 내뱉어진 말은 치유할 수 없는 상처를 만들 수 있습니다. 부모가 그들의 자녀들에게 내뱉는 말이 그 자녀들의 운명을 결정 지을 수도 있습니다.

한 번 뱉은 말은 다시 주워 담을 수 없다

한 농부가 그의 이웃을 비방하고 다녔습니다. 후에 그의 잘못을 깨달은 농부는 용서를 빌기 위해 목사님을 찾아갔습니다. 목사는 그 농부에게 깃털이 든 가방을 가져가 시내 한 가운데에 떨어뜨리도록 했습니다. 그 농부는 목사가 시키는 대로 했습니다. 그러자 목사는 농부에게 다시 시내

로 돌아가 흩어진 깃털들을 주워 담으라고 했습니다. 농부
는 열심히 주워 담으려고 했지만 깃털들은 이미 다 날아가
버리고 없었습니다. 농부가 빈 가방을 든 채로 돌아왔을
때 목사가 말했습니다. "당신이 하는 말도 깃털과 같습니
다. 당신은 쉽게 내뱉었지만 다시 주워 담을 수는 없습니
다. 그러니까 당신이 할 말을 신중하게 선택하십시오."

5단계 : 비판과 항의를 삼가라

내가 말하고자 하는 비판은 부정적인 비판을 의미합니
다. 왜 우리는 비판을 하지 말아야 할까요? 비판을 받을
때 인간은 방어적으로 변합니다. 그러면 우리는 절대로
비판을 해서는 안 될까요? 아니면 긍정적인 비판을 해야
할까요?

부정적인 비판은 뒷자석에 앉아 이러쿵 저러쿵 운전에
흠을 잡아서 운전하는 사람을 화나게 만드는 사람과 같습
니다.

긍정적인 비판 ■ 건설적인 비판이란 어떤 것일까요? 깔
아 내리려 하기보다는 도와주려고 하는 마음을 가지고 비
판하십시오. 비판 내용의 결론을 제시하십시오. 사람에 대
해 비판하지 말고 그 행동에 대해 비판하십시오. 왜냐하면
사람을 비판하면 그의 자존심에 상처를 주기 때문입니다.
비판하는 행위가 비판하는 사람에게 기쁨을 주지 않는 동
안은 괜찮습니다. 그러나 비판하면서 기쁨을 느끼게 되면,
이제 멈추어야 할 때가 된 것입니다.

다른 사람에게 자극을 줄 수 있는 비판들에는

- 코치가 되어라 — 도움을 주려는 자세로 비판하라. 운동 코치는 경기 능력을 향상할 수 있도록 도와주기 위하여 비판한다.
- 이해와 배려에 바탕을 둔 비판이 자극을 줄 수 있다.
- 벌 주기 위해서보다는 바로 잡기 위한 자세로 비판하라.
- "넌 항상" 혹은 "넌 한번도" 라고 말하지 말고 정확히 말해라. 모호한 비평은 분노를 유발한다.
- 논리적으로 비판하고 결론부터 말하지 말라. 우리 모두는 우리 의견을 말할 권리를 갖고 있지만 잘못된 사실에 대해 말할 권리는 없다. 성급하게 비판하지 말라.
- 이성을 잃지 말라. 그리고 꿋꿋하라.
- 협박하듯이 말하지 말고 설득하듯이 말하라.
- 적당한 정도로 비판을 하면 더 이상 반복할 필요가 없다.
- 여러 사람 앞에서 비판하지 말고 개인적으로 비판하라. 왜냐하면 여러 사람 앞에서 받는 비판은 수치심을 느끼게 할 수 있기 때문이다.
- 상대방에게 그의 입장에서 설명할 기회를 주라.
- 일한 사람에 대해 비판하지 말고, 그 일에 대해서만 비판하라.
- 사적인 원한을 비판에 포함시키지 말라.
- 발전을 위한 대안을 제시하라.
- 의도에 대해 의심하지 말고 행위에 대해 질문하라. 만약 의도에 의심이 갈 경우에는 차라리 관계를 끊는 것이 바람직하다.
- 단계를 밟아서 비판하라. 한꺼번에 다 해버리지 말라. 비판은 약물치료와 같다. 약물치료는 올바른 조합과 완벽한 투약이 요구된다. 너무 많은 양을 투약하면 역

효과가 날 수 있고 너무 적은 양은 아무런 효과도 없다. 마찬가지로 비평도 적정한 양으로 이루어질 때 최대의 효과가 날 수 있다.

● 비판받는 사람들이 그들의 잘못을 인정하고 긍정적인 대안을 제시하면 그들을 축하해 줘라.

비판을 받아들이는 자세 ■ 우리 자신이 타당하게 또는 타당하지 않게 비판받는 때도 있습니다. 세상에서 가장 훌륭하다고 칭송받는 사람들도 모두 비판을 받았습니다. 정당한 비판은 큰 도움이 될 수 있습니다. 보통 사람들은 승리한 사람을 미워합니다. 성공하지 못한다면 비판할 것도 없습니다.

비판받지 않을 수 있는 길은 아무 일도 하지 않는 것입니다. 아무 일도 하지 않으면 비판을 듣지도 않지만 아무 것도 가질 수 없을 것입니다.

결국 공허만이 당신 곁에 남을 것입니다.

정당하지 않은 비판은 두 가지 요소에서 시작됩니다.

1. 무지 ─ 무지에서 비롯된 비판은 쉽게 무시당하거나 바로잡아집니다.
2. 질투 ─ 질투에서 비롯된 비판은 무시해 버리십시오. 당신은 상대방이 당신처럼 되고 싶어하기 때문에 정당하지 못하게 비판받고 있는 것입니다. 열매를 많이 맺는 나무가 돌도 많이 맞습니다.

건설적인 비판을 받아들이지 못하는 것은 자존심이 부족하다는 증거입니다.

비판을 받아들이는 방법을 제시하면

- 순수한 마음으로 받아들여라. 마지못해 받아들이지 말고 기쁘게 받아들여라.
- 비판받은 내용에서 교훈을 얻어라.
- 열린 마음으로 받아들이고 평가한 후 그 내용이 타당하면 그대로 이행하라.
- 건설적인 비판을 해 준 사람에게 감사하라. 왜냐하면 그는 좋은 의도에서 당신을 도와주었기 때문이다.
- 자기 존경심이 높은 사람은 긍정적인 비판을 받아들이고 더욱 발전한다.

대부분의 사람들이 안고 있는 문제는 비판받으면서 이기기보다는 칭찬받으면서 패배하기를 원한다는 점입니다.

불평 ■ 어떤 사람들은 만성적인 불평자들입니다. 만약 날씨가 더우면 그들에겐 너무 덥습니다. 만약 날씨가 추우면 또 그들에겐 너무 춥습니다. 매일매일이 운 나쁜 날입니다. 그들은 모든 일이 잘 되고 있는 중에도 불평을 늘어놓습니다. 불평하는 것은 왜 좋지 않은 태도일까요? 그것은 50%의 사람들은 당신이 문제를 안고 있어도 상관없기 때문이고 또 나머지 50%의 사람들은 당신에게 문제가 생기면 기분이 좋아지기 때문입니다.

불평의 핵심은 무엇입니까? 불평한다고 해서 해결되는 것은 아무것도 없습니다. 그것은 그 사람의 성격으로 발전할 수도 있습니다. 그러면 우리는 그 어떤 경우에도 불평을 해서는 안 되는 걸까요? 절대로 그렇지 않습니다. 비판과 마찬가지로 긍정적인 면에서 이루어진다면 불평과 항의도 아주 유용한 것입니다.

건설적인 항의는

(a) 항의하는 사람의 사려깊은 마음을 보여주라.
(b) 항의를 받는 사람에게 자신을 고쳐나갈 두 번째 기회를 줘라.

6단계 : 미소지어라. 그리고 친절해라

미소

◆

미소짓는 데는 돈이 들지 않습니다.
그러나 많은 것을 얻게 합니다.
미소는
주는 이와 보는 이의 마음을 풍요롭게 만들어 줍니다.
미소는 순식간에 사라지지만, 그에 대한 기억은
영원히 남아있습니다.
아무리 부자라도 미소 없이는 살 수 없고
아무리 가난해도 미소로 인해 풍요로워질 수 있습니다.
미소는 가정에 행복을 가져오고,
사업에도 행운을 가져오며,
친구들간의 비밀스런 암호이기도 합니다.
미소는 근심 중에 휴식이고, 실망하는 중에 빛이며
슬픔 중에 햇빛과 같습니다.
그리고 문제를 해결해 주는 열쇠와도 같습니다.
그러나 미소는 구걸할 수도 살 수도 없으며
빌릴 수도 훔칠 수도 없습니다.
왜냐하면 그것은 나누어 주지 않으면
아무런 가치가 없기 때문입니다.

바쁜 하루를 보내다 보면
당신의 동료들 가운데 몇몇 사람은
당신에게 미소를 보내기엔 너무 피곤할 수도 있습니다.
당신이 먼저 미소를 지어보십시오.
그러나 더 이상 남지 않을 만큼
너무 많이 미소지을 필요는 없습니다.

즐거움은 선한 행위에서 비롯됩니다. 미소는 꾸민 것일
수도 있고 진실된 것일 수도 있습니다. 중요한 것은 바로
진실된 미소여야 한다는 점입니다. 얼굴을 찌푸리려면 미
소지을 때보다 더 많은 근육이 사용됩니다. 미소짓기는 찌
푸리기보다 더 쉽습니다.

미소는 얼굴의 인상을 더 좋게 해 줍니다. 미소는 전염
이 될 뿐만 아니라 돈을 들이지 않고 좋은 외모를 가꾸는
방법입니다. 미소짓는 얼굴은 언제나 환영받습니다. 누가
까다로운 사람 곁에 머무르고 싶어하겠습니까? 그보다 더
심하게 까다로운 사람을 제외하고는 아무도 원하지 않을
겁니다. 따뜻하고 진실된 미소는 그렇지 않은 많은 것들
중에서 빛을 발합니다.

7단계 : 다른 사람의 행동을 긍정적으로 해석하라

충분한 근거가 없을 때 사람들은 본능적으로 다른 사람
의 행동에 대하여 부정적으로 해석합니다. 어떤 이들은 과
대망상증으로 고통을 받기도 합니다. 그들은 이 세상이 자
신들을 잡아먹으려 한다고 생각합니다. 그러나 사실은 그
렇지 않습니다. 긍정적으로 세상을 바라보면 우리는 좋은

인간관계를 가져올 수 있는 유쾌한 성격을 기를 수 있습니다. 예를 들어 누군가에게 전화를 걸었는데 이틀이 지나도 상대편에서 다시 전화가 걸려오지 않으면 제일 처음 우리 마음에 드는 생각은 "그들은 한 번도 내 전화에 응답해 준 적이 없어." 혹은 "그들이 나를 무시했어"와 같은 것들입니다. 이러한 생각은 부정적입니다.

아마도 그들은

- 전화를 걸었지만 통화중이었거나
- 메모를 남겼지만 우리가 그걸 받지 못했거나
- 아주 다급한 일이 있었거나
- 전화가 왔었다는 메시지를 받지 못했거나 등등

여러 가지 이유가 있을 수 있습니다. 긍정적으로 생각하십시오.

8단계 : 남의 말을 경청하라

자신에게 질문해 보십시오. 누군가 당신의 말을 들어주길 원할 때

- 그들이 더 많이 얘기한다면
- 당신이 얘기한 첫 마디에 동의하지 않는다면
- 매번 당신의 얘기를 가로막는다면
- 그들이 인내심 없이 당신이 시작한 얘기를 매번 끝맺어 버린다면
- 몸은 옆에 있지만 마음은 다른 곳에 가 있다면
- 한 귀로 듣고 한 귀로 흘려버리면 — 누군 듣고 누군 듣지 못했기 때문에 같은 말을 세 번이나 반복해야 했

다면

- 그들이 문제와 연관 없는 결론을 이야기한다면
- 그들이 관련 없는 주제에 대해서 질문을 한다면
- 그들이 침착하지 못하고 당황하고 있다면
- 그들이 분명하게 주의를 기울이지 않는다면

어떤 기분이 들까요?

이 모든 것들이 그 사람에 대한 무관심을 보여주는 것이고 눈꼽만큼의 예의도 없는 것입니다.

다음의 단어들은 남들이 자신의 얘기를 들어주지 않을 때 느끼는 감정들을 설명하고 있습니다.

- 방치당한 느낌
- 거절당한 느낌
- 낙담
- 실의
- 중요하지 않게 여겨진 느낌
- 위축된 느낌
- 무시당한 느낌

- 왜소해진 느낌
- 화가 남
- 멍청한 느낌
- 가치가 없다는 느낌
- 수치심
- 동기를 잃어버린 느낌
- 용기를 잃은 느낌

이번엔 반대로 생각해 봅시다. 누군가가 당신의 얘기를 들어주기를 원할 때

- 그들이 당신을 편안하게 해 준다면
- 그들이 당신에게 주의를 기울여 준다면
- 적절하고 연관성 있는 질문을 해 준다면
- 당신이 얘기하는 주제에 대해 관심을 나타낸다면

어떤 기분이 들겠습니까?

다음에 제시한 단어들은 남들이 자신의 얘기에 귀 기울여 줄 때 느끼는 감정들을 설명하고 있습니다.

- 중요하게 여겨진 느낌
- 좋은 느낌
- 기쁨
- 행복
- 만족
- 용기
- 말할 가치가 있었다는 느낌
- 인정받았다는 느낌
- 배려받았다는 느낌
- 감사

효과적으로 남의 얘기에 귀 기울이는 데 방해되는 것은 무엇일까요?

■ 외부적 장애물	■ 내부적 장애물
신체적 괴로움	선입견
소음, 피로	무관심

언어나 이해력과 같은 지적인 장애물도 있을 수 있습니다. 타인이 말을 하도록 유도하기 위해서는 경청하는 사람이 되십시오.

남의 말을 잘 듣는 사람은 사려깊은 사람입니다. 당신이 다른 사람에 대해 사려깊은 태도를 보여 줄 때 그 사람은 자신이 중요하게 취급되고 있다고 느낍니다. 자신이 중요하다고 느낄 때 어떤 일이 벌어질까요? 그는 자극받고 당신의 생각을 더 잘 받아들입니다.

남의 얘기를 잘 들어주는 사람이 되기 위해서는

- 말하는 사람에게 용기를 주어라.
- 질문을 하라. 그것은 관심이 있다는 것을 보여준다.
- 이야기를 가로막지 말라.

열린 귀는 열린 가슴을 나타내는 유일한 증거이다.
— 데이비드 옥스버거

- 주제를 바꾸지 말라.
- 이해와 존경을 보여주라.
- 주의를 기울이고 집중하라.
- 공감하는 모습을 보여주라.
- 열린 마음을 가져라. 선입견을 갖지 말라.
- 부차적 내용보다는 핵심 내용에 주의를 집중하라.
- 얼굴 표정이나 눈빛과 같은 말로 표현되지 않는 내용을 알아차려라. 그것은 말로 전달되는 내용과 다른 것을 이야기할 수도 있다.
- 말에만 귀 기울이지 말고 느낌에도 귀를 기울여라.

9단계 : 열정을 가지라

열정이 있어야 성공도 있습니다. 열정은 자신감을 고취시키고 사기를 북돋워주며 성실성을 키워주는 매우 귀중한 것입니다. 열정은 옆사람에게 옮겨지기도 합니다. 당신은 사람들이 말하거나 걷거나 악수를 하는 모습에서 그들의 열정을 느낄 수 있습니다. 열정은 당신이 배우고 익힐 수 있는 습관과 같은 것입니다.

> 열정 없이는 아무것도 이루어지지 않는다.
> ─랄프 왈도 에머슨

수십 년 전 한 해에 백만달러의 봉급을 받던 찰스 슈와브라는 사람이 강철을 제작하는 그의 특별한 능력 때문에 그렇게 높은 월급을 받고 있냐는 질문을 받았습니다. 여기에 대해 찰스 슈와브는 이렇게 대답했습니다. "사람들에게 열정을 불러 일으키는 능력이 내가 가진 가장 큰 재산이지요. 그리고 사람들의 내면에 존재하는 능력을 최고로 발전시키는 길은 바로 이해하고 용기를 주는 것입니다.

당신이 살아 있는 동안 생동감 있게 행동하십시오. 죽기도 전에 이미 생기를 잃지 마십시오. 열정과 열망은 '평범'을 '최고'로 바꾸어 줍니다.

단 1도의 온도 차이 때문에 물은 증기로 바뀌고 증기는 세상에서 가장 큰 엔진 중 하나를 움직일 수 있을 만큼 강합니다. 이것이 바로 열정이 우리의 삶에 끼치는 영향입니다.

10단계 : 솔직하고 진실하게 타인을 칭찬하라

심리학자인 윌리엄 제임스가 말하기를 "인간의 가장 큰 욕망 중 하나는 칭찬받기를 원하는 욕망이다. 배척받는 느낌은 고통스러운 것이다"라고 했습니다.

값비싼 보석은 진실된 선물이 아닙니다. 결점을 양해받기 위한 인사치레일 뿐입니다. 흔히 우리는 사람들과 충분한 시간을 같이 보내지 못하는 것을 보상해주기 위해 그들에게 선물을 사주기도 합니다. 그러면 받는 사람은 자신이 중요하게 취급받는다고 느끼게 됩니다. 진정한 선물은 당신의 일부를 주는 것입니다.

진심으로 그 사람을 칭찬해 주는 것은 한 사람이 다른 한 사람에게 줄 수 있는 가장 훌륭한 선물입니다. 그것은 자신을 중요한 사람이라고 느끼게 합니다. 중요한 사람이라고 인정받기 원하는 욕망은 인간의 가장 큰 열망일 것입니다. 또한 그것은 그 사람에게 뭔가 하고자 하는 동기를 부여해 주기도 합니다.

당신이 하는 칭찬이 효과적인 것이 되기 위해서는 확실한 기준이 있어야 합니다.

1. 우선 **명확**해야 합니다. 만약 내가 어떤 사람에게 잘

했다고 말하고 나가버리면 그의 머리 속에 어떤 생각이 들까요? 그는 "내가 뭘 잘했다는 거지?"라고 생각할 것입니다. 그러나 만약 내가 "상대하기 힘든 고객을 정말 훌륭하게 잘 처리했습니다"라고 얘기하면 그는 그의 행위 중 어떤 부분을 칭찬받고 있는 지를 알 수 있습니다.

2. **즉시** 이루어져야 합니다. 어떤 사람이 칭찬받을 일을 하고 난 후 6개월이 지나서 그 일에 대한 칭찬을 받는다면 그 효과는 약해집니다.

3. **진심**으로 칭찬해야 합니다. 칭찬은 마음속 깊은 곳에서 비롯되어야 합니다. 한마디 한마디 말들이 모두 의미가 있어야 합니다. 칭찬과 아첨의 차이는 무엇일까요? 그 차이는 진심의 유ㆍ무입니다. 하나는 마음으로부터 나오는 것이고 다른 하나는 입으로부터 나오는 것입니다.

어떤 사람들은 진심어린 칭찬보다 입발린 아첨을 더 잘합니다. 아첨하지 마십시오. 그리고 아첨하는 사람들을 멀리 하십시오.

4. 칭찬에 토를 달지 마십시오. '그러나'라는 말을 덧붙이면 그 칭찬은 빛을 잃어버립니다. 칭찬할 때는 '그리고', '뿐만 아니라' 또는 다른 적당한 연결어를 사용하십시오. "잘 하시긴 했습니다만…"이라고 말하지 말고 "정말 잘 하셨습니다. 그리고 이 점은 이렇게 처리해 주시겠습니까?"라고 말하십시오.

5. 칭찬을 하고 나서 답례를 기다려서는 안됩니다. 어떤 사람들은 인사말이 돌아오기를 기다립니다. 그러나 그것은 칭찬의 진정한 목적이 아닙니다.

오늘날 가장 큰 질병은 문둥병이나 결핵이 아니라 소외감이다.
— 테레사 수녀

만약 칭찬을 받으면 "감사합니다"라는 말과 함께 기쁘게 받아들이십시오. 진실되지 않은 칭찬보다는 정직한 거절이 오히려 처리하기 쉽습니다. 적어도 상황을 정확하게 파악할 수 있기 때문입니다. 진실되지 않은 칭찬은 사막의 신기루와 같습니다. 가까워지면 가까워질수록 실망은 더 커집니다. 왜냐하면 그것은 환상에 지나지 않기 때문이지요.

11단계 : 실수를 했을 때는 즉시 그리고 기꺼이 인정하라

'내가 틀렸을 때는 나를 쉽게 바꾸어라. 그리고 내가 맞을 때는 쉽게 바꾸지 말라.'

이것은 세상을 사는 데 도움이 되는 생활 철학입니다.

어떤 사람은 살아가면서 많은 것을 배우고 또 어떤 사람은 살아가면서 아무것도 배우지 못합니다. 실수에서 뭔가를 배울 수 있어야 합니다. 인간이 저지를 수 있는 가장 큰 실수는 실수를 반복하는 것입니다. 책임을 전가하거나 변명하지 마십시오. 그리고 너무 깊이 생각하지 마십시오. 실수를 깨달으면 그것을 인정하고 사과하십시오. 방어하려고 하지 마십시오. 왜냐하면 인정하는 것이 곧 상대방을 항복시키는 것이기 때문입니다.

12단계 : 타인이 그의 실수를 깨닫고 그것을 인정할 때는 격려해 주고 위신을 잃지 않도록 도와주라

그가 위신을 잃지 않도록 도와주지 않는다면 우리는 그의 자존심에 상처를 입히게 됩니다.

13단계 : 논쟁하지 말고 대화하라

어떤 사람의 행동이나 대인 관계를 살펴보면 논쟁을 좋아하는 성격의 사람들이 있습니다. 논쟁은 피할 수 있고 또 조금만 주의하면 많은 사람들이 마음의 상처를 받는 것을 막을 수 있습니다. 논쟁에서 이기는 가장 최선의 방법은 그것을 피하는 것입니다. 논쟁을 하면 당신은 결코 이길 수 없을 것입니다. 만약 거기서 이기면 당신은 패배한 것입니다. 만약 패배한다면 당신은 실패하는 것입니다. 논쟁에서 이기고 직업이나 고객, 친구, 결혼생활을 잃는다면 과연 그 승리는 무엇을 위한 승리일까요? 너무나 공허할 것입니다. 논쟁은 자만심의 팽배로 일어납니다.

논쟁하는 것은 이미 패배한 전투에서 싸우는 것과 같습니다. 거기에서 이기더라도 승리의 가치보다 더 많은 것이 소모됩니다. 정신적인 싸움은 비록 이기더라도 뼈아픈 상처를 남기게 됩니다.

논쟁을 하면 양쪽 사람 모두 자신이 마지막 말을 하고 싶어합니다. 논쟁은 자존심 싸움 이상의 아무것도 아니며 결국 서로 고함치는 결과를 가져오게 됩니다. 자신이 모든 것을 알고 있다고 생각하는 사람보다 더 어리석은 사람은 그 사람과 논쟁하는 사람입니다.

가치가 있는 일인가? ▪ 논쟁에서 이기면 이길수록 친구는 점점 줄어듭니다. 당신이 옳다고 하더라도 그것이 정말 논쟁까지 할 가치가 있을까요? 그 대답은 아주 확실하게 '아니오'입니다. 그러면 핵심적인 내용에 대해 절대로 이견을 제시하지 말아야 하는 것일까요? 이견을 제시하되 점잖고 요령 있게 해야 합니다. "제가 알기로는 …" 과 같은 자연스러운 어투를 사용한다면 더욱 좋겠지요. 상대방이 논쟁하기를 좋아하는 사람일 경우에 당신이 그가 틀렸다는 것을 증명할 수 있다고 하더라도, 그와 논쟁하는 것이 가치가 있을까요? 그렇지 않다고 생각합니다. 당신은 자신의 의견을 끝까지 관철시키려고 하지는 않습니까? 나라면 그렇게 하지 않겠습니다. 왜냐하면 논쟁은 무엇이 옳으냐보다 누가 옳으냐를 증명하려고 하는 닫힌 마음에서 비롯되기 때문입니다.

예를 들어 친목 모임에서, 특히 술을 한잔 마신 후에 어떤 사람이 권위적으로 이렇게 말할 수 있습니다. "올해 우리나라 총 수출액은 50억 달러야." 그런데 당신은 그의 얘기가 잘못되었고 총 수출액은 45억 달러라는 것을 알고 있습니다. 그날 아침 조간 신문에서 그것을 읽었거나 모임에 참석하기 직전 라디오 뉴스에서 들었고 그 내용을 입증할 만한 자료가 당신의 차 속에 있습니다. 이럴 경우에 당신은 당신의 의견을 관철시키려 합니까? 대부분의 경우에 많은 사람들이 그렇습니다. 다음과 같이 말하면서 말이지요. "나는 총 수출액이 45억 달러라고 알고 있는데." 그러면 상대방은 이렇게 반박합니다. "무슨 소리야? 내가 확실히 알고 있는데 총 수출액은 50억 달러야."

이 시점에서, 당신은 몇 가지 선택할 수 있는 길이 있습니다.

1. 당신의 의견을 다시 관철시키고 논쟁을 시작한다.
2. 달려가서 차에 있는 증빙 자료를 가져와서 그가 틀렸다는 것을 증명한다.

3. 논쟁을 피해 버린다.

4. 논쟁하지 않고 의견을 나눈다.

바람직한 방법은 오직 세 번째 방법뿐입니다.

인생에서 큰 일을 성취하고 싶다면 우선 성숙해져야 합니다. 성숙하다는 것은 중요하지 않은 일이나 사소한 논쟁에 얽히지 않는 것을 의미합니다.

그러면 논쟁과 대화의 차이점은 무엇일까요?

- 논쟁은 열을 내뿜지만 대화는 빛을 내뿜는다.
- 하나는 자존심과 닫힌 마음에서 비롯되지만 다른 하나는 열린 마음에서 비롯된다.
- 대화는 지식을 교환하는 것이지만 논쟁은 무지를 교환하는 것이다.
- 대화는 논리의 표현이지만 논쟁은 감정의 표현이다.
- 대화는 무엇이 옳은지를 증명하려 하는 것이지만 논쟁은 누가 옳은지를 증명하려 하는 것이다.

> "논쟁하는 것은 가치 없는 일이다"

선입견을 가진 사람과 논쟁하는 것은 소용없는 행동입니다. 그는 납득하려 하지 않기 때문에 당신은 그의 선입견을 없애줄 수 없습니다. 속좁은 마음과 큰 목소리는 대체로 재미는 있지만 핵심 없는 논쟁을 만들어 냅니다.

대화를 하기 위해서는 상대방이 자신의 입장을 가로막히지 않고 설명할 수 있도록 해 주어야 합니다. 모든 말 꼬리마다 그가 틀렸다는 것을 증명하려고 하지 마십시오. 당신 자신을 그의 수준으로 끌어 내리지 마십시오. 그를 정중하고 존중하는 태도로 대하십시오. 그러면 상대방은 오히려 더 혼란스러워할 겁니다.

이유에 관계 없이 상황을 진전시키기 위한 최선의 방법
은 다음과 같습니다.

1. 인내심 있게 상대방의 이야기에 귀를 기울여라.
2. 보복하지 말라. 그러면 상대방은 오히려 당황할 것이
   다. 왜냐하면 그는 싸움을 예상하고 있었기 때문이다.
3. 사과하기를 기대하지 말라. 비록 그들이 잘못을 했다
   고 해도 사과하지 않는 사람들이 있다.
4. 사소한 문제를 논쟁거리로 삼지 말라.

대화를 할 때는 적합한 상황에 적합한 말을 할 필요도
있지만 필요 없는 말을 내뱉지 않고 남겨두는 것도 필요합
니다.

어린 아이들은 말대답하는 기술이 아니라 자신의 주장
을 이야기하는 기술을 배워야 합니다.

논쟁을 해결하는 방법을 보면 그 사람의 교육 과정을 엿
볼 수 있습니다.

대화를 시작하기 위한 단계들

1. 열린 마음을 가져라.
2. 논쟁에 빠져들지 말라.
3. 말을 가로막지 말라.
4. 의견을 제시하기 전에 상대방의 의견을 경청하라.
5. 정확히 이해하기 위해서 질문을 하라. 그러면 상대방
   도 그 문제에 대해 한번 더 생각하게 된다.
6. 과장하지 말라.
7. 억지로 승복하지 말고 깨끗이 승복하라.
8. 기꺼이 양보하라.

9. 사소한 문제에 대해서는 융통성 있게 대처하라.

10. 위신 문제로 비약시키지 말라.

11. 상대방의 자존심을 다치게 하지 말고 거절하라. 거절 당하면 상처받을 수 있다.

12. 강한 단어, 약한 논쟁보다는 부드러운 단어, 강한 논 쟁이 바람직하다.

무식한 사람과 논쟁해서 이기는 것은 불가능합니다. 강하고 험악한 말투는 단지 약한 명분만을 알려 줄 뿐입 니다.

대화를 하는 중에 다음과 같은 구절을 사용해 보십시오.

- 제 생각에는 …
- 제 의견이 틀릴 수도 있습니다만 …

논쟁을 피할 수 있는 또 다른 방법은 자신이 무지하다는 것을 보여주고 다음과 같은 질문을 하는 것입니다.

- 왜 그렇게 생각하세요?
- 거기에 대해 잠깐 설명해 주시겠습니까?
- 좀더 자세히 얘기해 주실 수 있습니까?

모든 방법이 다 소용 없다면 반대하기 위해서 차라리 예 의바르고 점잖게 동의하는 것이 나을 수도 있습니다.

14단계 : 험담하지 말라

기억하십시오. 당신에게 다른 사람의 험담을 하는 사람 은 당신이 없는 데서 당신의 험담을 합니다.

험담과 거짓말은 밀접히 연관되어 있습니다. 소문은 빨

> 오래 전에 나는 돼지와 는 절대로 싸우지 말아 야 한다는 것을 배웠다. 당신의 몸이 더러워지 고 게다가 돼지는 그것 을 좋아한다.
> ─ 싸이러스 칭

리 퍼지고 넓게 전파됩니다. 사람들은 자신과 전혀 관계 없기 때문에 더 가볍게 소문을 퍼뜨리고 자신이 들은 것보다 과장해서 말합니다.

누군가가 여기에 대해서 아주 잘 얘기했습니다. "형편없는 사람들은 사람들에 대해 이야기하고, 평범한 사람들은 세상에 대해 이야기 하지만 훌륭한 사람들은 그들의 생각을 이야기한다."

험담은 결국 모략과 중상으로 발전합니다. 남이 험담하는 것을 같이 듣는 사람도 험담하는 사람만큼 나쁩니다. 남을 헐뜯는 것은 정의를 존중하지 않는 것입니다. 험담은 교활하고 마음에 상처를 주며 삶을 파괴합니다. 보통 힘없는 사람들이 소문의 희생물이 되고 거기에서 빠져나오기란 너무나 힘듭니다. 왜냐하면 소문에는 얼굴도 이름도 없기 때문이지요. 그것은 명예를 손상시키고 정부를 쓰러뜨리며 결혼을 파괴하고 직장을 빼앗아 무고한 눈물을 흘리게 하고 뼈아픈 상처와 잠 못 이루는 밤을 가져다 줍니다. 다음번에 당신이 누군가에 대한 소문을 들었다면 스스로에게 질문해 보십시오.

- 그게 사실일까?
- 점잖은 일일까?
- 그것을 말할 필요가 있을까?
- 내가 소문을 퍼뜨리고 있는가?
- 나는 다른 사람에 대해 긍정적으로 얘기하고 있는가?
- 다른 사람이 소문을 퍼뜨리도록 부추기고 그것을 즐기고 있지 않는가?
- "아무한테도 얘기하지 마세요"라는 말로 대화를 시작

하고 있지는 않은가?

- 나는 신임받을 수 있는 사람인가?

남을 험담하는 것을 삼가야 합니다. 말이 많으면 실수도 많다는 사실을 기억하십시오.

15단계 : 약속은 꼭 지킨다

약속과 맹세는 어떤 차이점이 있을까요? 약속은 계획에 대한 표현이고 맹세는 무슨 일이 있어도 지켜야 할 약속을 말합니다. 이 때 '무슨 일이 있어도'에서 불법적이고 비도덕적인 일은 제외됩니다. 맹세는 신념에서 비롯되고 맹세를 통해서 자신의 신념을 더욱 확신할 수 있게 됩니다.

만약 아무도 다른 사람에게 맹세하지 않는다면 이 세상이 어떻게 될지 상상할 수 있습니까? 다음과 같은 관계에서 어떤 일이 벌어질까요?

- 배우자 사아
- 고용주와 고용인 사이
- 부모와 자식 사이
- 학생과 스승 사이
- 구매자와 판매자 사이

책임감 없는 관계는 너무나 무의미하고 공허합니다. 그런 관계는 자신이 편리할 때만 일시적으로 유지됩니다. 책임감이 없으면 결국 그 관계에서는 아무것도 남지 않게 됩니다.

'약속은 예상할 수 없는 미래에 대해서 유일하게 예상할 수 있는 것'입니다.

많은 사람들이 약속과 구속을 혼동합니다. 그러나 약속과 구속은 별개의 것입니다. 맹세가 자유를 빼앗아 가지는 않습니다. 그것은 안정감을 주기 때문에 사실은 더 많은 자유를 가져다 줍니다.

우리가 하는 맹세 중에 가장 중요한 것은 우리 자신의 가치에 대한 맹세입니다. 그렇기 때문에 올바른 가치관을 갖는 것은 더욱 중요합니다.

예를 들어서, 내가 내 자신에게 훗날 마약 밀매자가 될 사람을 도와주기로 맹세했다면 그 맹세를 지켜야 할까요? 절대로 그렇지 않습니다.

맹세는 길건 짧건 간에 지속적인 관계를 유지시켜 줍니다. 또한 그 사람의 인격과 인간 관계를 보여주기도 합니다.

16단계 : 감사하라. 그러나 감사하다는 말은 기대하지 말라

'감사' 라는 말은 멋진 단어입니다. 우리는 모두 감사할 줄 알아야 하지요. 감사는 느낌입니다. 그것은 우리의 성격을 발전시켜 주고 인격을 더 높여 줍니다. 감사하는 마음은 겸손한 마음을 키워줍니다. 또한 그런 마음은 다른 사람에 대한 우리의 태도에 전달이 되고 우리의 행동으로 나타납니다.

감사는 주고 받는 것이 아닙니다. 왜냐하면 거래가 아니니까요. 친절이나 이해, 인내 같은 좋은 행위는 반작용에 의해 보상받을 수 없습니다.

감사라는 것은 우리에게 무엇을 가르쳐 줄까요?

그것은 우리에게 협력하는 태도와 이해하는 태도를 가르쳐 줍니다. 감사는 진실된 것이어야 합니다. 단순히 고

마워하는 일도 감사에 포함됩니다. 우리는 흔히 배우자, 친지, 친구들에게 감사하는 마음을 잊고 살 때가 많습니다. 감사하는 태도는 한 개인의 성격과 인격을 만들어 가는 최고의 가치들 중에서도 최상위에 올라야 할 요소입니다.

감사하는 태도로 살아가면 우리의 삶의 모습도 변화합니다. 감사하는 마음과 겸손한 마음이 있으면 자연히 올바른 행동이 나타납니다.

감사는 우리 삶의 일부여야 합니다. 또한 아무리 감사해도 충분하지 않는 것이 우리의 삶이기도 합니다. 우리는 미소짓거나 "고맙습니다"라고 얘기하거나 고마움을 표시하는 동작을 통해서 감사의 뜻을 전달할 수 있습니다.

당신의 소유물 중 가장 소중한 것을 생각해 보십시오. 어째서 그것이 특별한 것일까요? 대부분의 경우 선물은 그것을 준 사람에 비하면 그다지 중요하지 않습니다. 또한 우리는 이미 가지고 있는 것에 대해서는 좀처럼 감사함을 느끼지 못합니다.

당신의 삶에 긍정적인 영향을 준 사람들을 돌이켜 생각해 보십시오. 당신의 부모님, 선생님, 그리고 당신을 도와주기 위해서 자신의 시간을 할애해 주었던 사람들 말입니다. 아마도 그들이 해야 할 일을 했던 것 뿐이라고 생각할 수도 있겠지요. 하지만 그렇지 않습니다. 그들은 기꺼이 그들의 시간과 노력과 돈 그리고 또다른 많은 것들을 당신에게 바쳤습니다. 감사받기 위해서가 아니라 당신을 사랑하기 때문에 말이지요. 또 어떤 때 우리는 자신의 미래를 바꾸어 놓을 수도 있는 결정적인 도움을 받기도 합니다. 아직도 늦지 않았습니다. 그들에게 감사하십시오. 그리고 보답하십시오. 세상에는 희생이 필요합니다.

예수 이야기

한번은 예수님이 열 명의 문둥병 환자를 고쳐주었는데 그가 뒤돌아보았을 때는 한 명만 제외하고는 이미 모두 사라지고 없었습니다. 그가 예수님에게 감사의 표시를 하자 예수님은 이렇게 말했습니다. "난 아무것도 하지 않았소." 이 이야기에서 제시하고자 하는 윤리는 무엇일까요?

1. 인간은 감사할 줄 모르는 존재다.
2. 감사할 줄 아는 사람은 예외적인 사람이다.
3. 예수님은 말 그대로 그들에게 새로운 삶을 가져다 주고는 "아무것도 하지 않았소"라고 말했다.
4. 예수님처럼 우리는 대가를 바라지 말아야 한다.

우리는 배고픈 사람에게 먹을 것을 주고 며칠 동안 잠잘 곳을 마련해 줍니다. 그리고는 이렇게 말하지요. "내가 남을 위해서 얼마나 많은 일을 하는 줄 알아?" 그렇다면 우리는 우리 마음의 용량에 비해 너무 큰 일을 한 것입니다. 우리는 사람들이 다음과 같이 얘기하는 것을 자주 들을 수 있습니다. "내가 아니었으면 그 사람은 지금쯤 거리에 나앉았을거야." 이 무슨 자만심입니까?

가능하면 ■ "가능하면 이것 좀 도와주시겠어요?"라는 말로 다른 사람에게 뭔가 해 달라고 부탁한다면 그 일의 중요성이 약하게 느껴집니다.

나는 우리가 만약 다른 사람을 위해서 무슨 일인가를 해야 한다면 '가능하면'이 아니라 '반드시' 제대로 해야 한다고 생각합니다.

이것은 행위자의 입장에서 선행이 이루어지는 것이 아닙니다. 만약 다른 사람을 도울 수 있는데도 돕지 않는다면 그것은 정말 슬픈 일입니다. 그러나 나는 '가능할 때만' 할 수 있는 일은 없다고 확신합니다. 우리는 언제나 '반드시' 그 일을 할 수 있습니다. 그리고 남을 돕는 일은 그럴 만한 가치가 있습니다.

17단계 : 신뢰할 수 있는 사람이 되라. 그리고 성실성을 길러라

오래된 속담 중에 "1온스의 신뢰는 1파운드의 영리함보다 가치 있다"라는 구절이 있습니다.

능력도 중요합니다. 그러나 믿음은 그와 비교할 수 없을 만큼 더욱 중요합니다. 만약 당신이 모든 능력을 다 가지고 있는 사람을 알고 있지만 그 사람을 신뢰할 수 없다면 그 사람을 당신 팀의 일원으로 쓰고 싶을까요? 아니지요. 절대로 아닙니다.

네가 올 줄 알았어

초등학교에서 대학까지 심지어 군대에도 같이 입대했던 두 친구가 있었습니다. 전쟁이 시작됐고 그들은 같은 전선에서 싸우고 있었습니다. 그러던 어느 날 밤 그들은 적으로부터 급습을 받았습니다. 사방에 총알이 날아다니고 있을 때 어둠 속에서 한 목소리가 들렸습니다 "헤리, 이리 와서 날 좀 도와줘."

헤리는 즉시 자기 친구 빌의 목소리라는 것을 알아차릴 수 있었습니다. 헤리는 대장에게 가서 친구에게 가봐도 되겠는지 물었습니다. 그러나 그의 대장은 이렇게 말했습니다. "안돼. 가지 말게. 여긴 이미 인원이 모자라고 한 명이 더 줄어들면 버틸 수가 없네. 그리고 자네가 간다 해도 빌은 살 수 없을 걸세." 헤리는 더 이상 아무 말도 하지 않았습니다. 이때 다시 목소리가 들려왔습니다. "헤리, 제발 도와줘." 헤리는 대장이 이미 거절했기 때문에 아무 말도 못한 채 그냥 앉아 있었습니다. 그러나 친구의 목소리는 계속 들려왔습니다. 헤리는 더 이상 참을 수가 없었습니다. 그래서 대장에게 이야기했습니다. "대장님, 그는 나와 어릴 적부터 친구입니다. 저는 지금 당장 가서 그를 도와주어야 합니다." 그러자 대장은 마지못해 그를 보내주었습니다. 헤리는 어둠속을 기어가서 빌을 다시 참호로 끌고 왔습니다. 그러나 빌은 이미 죽어 있었습니다. 대장은 화가 나서 헤리에게 소리치기 시작했습니다. "그가 살지 못할 것이라고 내가 말하지 않았나? 그는 죽었어. 잘못했으면 자네도 죽을 뻔 했단 말일세. 그러면 난 전투원·하나를 잃게 되는 거야. 자넨 실수한 거야." 헤리가 대답했습니다. "대장님, 저는 옳은 일을 했습니다. 제가 빌에게 도착했을 때 그는 아직 살아 있었고 그의 마지막 말은 '헤리, 네가 올 줄 알았어'였습니다."

좋은 관계는 한번 맺기도 어렵지만 계속 쌓아 가야 유지될 수 있습니다.

우리는 자주 이런 얘기를 듣습니다. "네가 꿈꾼 대로 살아라." 그러나 당신은 다른 사람의 돈으로 당신의 꿈을 실현할 수는 없습니다. 그렇게 하는 사람은 파렴치한 사람입니다. 우리는 우리의 가족, 친구 그리고 우리와 관련된 사람들을 위해 희생을 할 줄도 알아야 합니다.

18단계 : 원한을 품지 마라. 용서하고 잊어버려라

필요 없는 것은 버리십시오. '용서는 하되 잊지는 말자'
는 구절을 들어본 적이 있습니까?

용서하기를 거절하는 것은 언젠가는 열어야 할 문을 잠
그고 있는 것과 같습니다. 우리가 원한을 품고 있으면 누
가 가장 상처를 받을까요? 바로 우리 자신입니다.

짐과 제리는 어린 시절부터 친구였습니다. 그러나 어떤
이유에서였는지는 몰라도 그들의 친구 관계는 깨져서 25
년 간이나 서로 말도 하지 않은 채 살았습니다. 제리는 임
종 직전에 있었고 얼어붙은 마음으로 영혼의 세계로 가고
싶지는 않았습니다. 그래서 그는 짐에게 전화를 해 사과를
하고 이렇게 말했습니다. "서로 용서하세. 다 지나간 일이
니까." 짐은 제리의 생각에 동의하고 제리가 누워 있는 병
원으로 찾아가기로 마음 먹었습니다.

그들은 25년의 세월을 뛰어 넘었고 서로 달라진 점을
인정하고 대화하면서 몇 시간을 같이 보냈습니다. 그리고
는 짐이 병실을 떠나려 할 때 제리가 등 뒤에서 소리쳤습
니다. "짐, 내가 죽지 않으면 이 용서는 무효네." 원한을
품고 살기에 삶은 너무나 짧습니다. 그럴 가치가 없는 것
이지요.

두 번 속지 말라 ■ 원한을 품는 것은 가치가 없는 일이지만
계속 반복해서 속아 넘어가는 것도 말이 안 됩니다. 흔히 이
런 말들을 하지요. "당신이 나를 한 번 속이면 당신이 부끄러
워해야 하지만 두 번 속이면 내가 부끄러워해야 한다."

존 F. 케네디는 이렇게 얘기한 적이 있습니다. "다른 사

람을 용서하십시오. 하지만 그들의 이름은 잊지 마십시오." 그가 말하고자 하는 메시지는 '두 번 속지는 말아야 한다' 는 충고입니다.

19단계 : 정직, 성실, 진실

때때로 진리의 빛은 악의 눈을 멀게 만듭니다. 정직이라는 것은 진실된 것이며 거짓과 꾸밈에 대항하는 자세입니다.

신뢰할 만한 사람이라는 평판을 듣도록 노력하십시오. 만약 집이나 직장 혹은 사회에서 이루어지는 인간관계에서 꼭 필요한 것이 하나 있다면 그것은 바로 성실성입니다.

정직하지 못한 행동을 계속하는 우를 범하지 마십시오. 정직한 마음은 열린 마음이고 우리에게 신뢰감과 솔직함을 불어 넣어줍니다. 또한 자신과 타인에 대한 존경을 나타내기도 합니다. 정직은 겉으로 드러나는 모습에서가 아니라 우리의 내부에서 시작되어야 합니다. 거짓말을 하는 것이 오히려 일을 빨리 이루게 할 수 있을지도 모릅니다. 그러나 진실은 일단 이룬 일을 지속적으로 유지시켜 줄 수 있는 내구력을 지니고 있습니다.

성공하기 위해서 빠른 길을 택한다면 그것이 과연 가치가 있을까요? 물론 남을 이기고 높은 자리에 앉을 수는 있겠지요. 하지만 진실을 알고 있는 한 절대로 행복해질 수 없을 겁니다. 최고의 자리에 올라서는 것보다 더 중요한 것은 바로 올바른 인간이 되는 것입니다.

버터 한 덩어리

한 농부가 있었습니다. 그는 한 빵집 주인에게 1파운드 짜리 버터 한 덩어리를 팔았습니다. 어느 날 빵집 주인은 그 버터의 무게를 달아보기로 했습니다. 자신이 산 버터가 정확한 양인지를 알아보고 싶었던 것이지요. 그러나 그 무게는 1파운드에 못미치는 것이었습니다. 그는 화가 나서 농부를 법정으로 끌고 갔습니다. 판사는 농부에게 저울을 사용했는지를 물었습니다. 그러자 농부가 대답했습니다. "판사님, 저는 그저 소박하게 사는 사람이라 제대로 된 저울을 가지고 있지 않답니다. 하지만 손저울은 하나 가지고 있습니다." 이번엔 판사가 다시 물었습니다. "그러면 어떻게 버터의 무게를 답니까?" 농부가 대답했습니다. "판사님, 오래 전에 빵집 주인이 제게서 버터를 사가기 시작했을 때, 저도 빵을 한 덩이씩 사기 시작했답니다. 매일 빵집 주인이 빵을 가져다 줄 때마다 저는 그 빵을 손저울에 올려 놓고 똑같은 무게의 버터를 그에게 주었을 뿐입니다. 그러니까 만일 누군가 비난을 받아야 한다면 그건 바로 빵집 주인입니다."

이 이야기에서 말하고자 하는 것은 무엇일까요? 우리가 다른 사람에게 행한 일을 돌이켜 봅시다.

무슨 일이건 행동을 취할 때마다 다음의 질문을 자신에게 던져보십시오. 나는 지금 내가 얻고 싶어하는 만큼 남에게도 베풀고 있는가?

정직한 것이나 정직하지 못한 것은 습관이 됩니다. 어떤 사람들은 정직하지 못한 태도를 계속 길러 나가고 얼굴색 하나 변하지 않으면서 거짓말을 합니다. 어떤 사람들은 더 이상 진실이 무엇인지 알 수 없을 만큼 거짓말을 많이 합니다. 그러나 과연 그들은 누구를 속이고 있는 것일까요? 바로 자신을 속이고 있습니다.

우리는 정직함을 전달할 때 점잖게 전달해야 합니다. 어떤 사람들은 자신의 정직함을 거칠게 표현하기도 하지요. 그러면 그들의 거친 태도가 정직한 모습보다 더 강하게 느껴질 수 있습니다. 정직함을 표현할 때는 그 방법과 말을 잘 선택해야 합니다.

당신이 듣기를 원하는 말이 항상 진실일 수는 없다 ▪

잔인해지지 않으면서도 진실할 수 있습니다. 그러나 항상 그런 것만은 아닙니다. 진실을 말하는 것은 때로는 듣는 사람에게 잔인할 수 있습니다. 정직한 친구가 되기 위해서 가장 필요한 것은 진실된 마음입니다.

어떤 사람들은 고통스러운 진실에 직면하는 것을 피하기 위해서 자신이 듣고 싶은 말만 해주는 친구를 사귑니다. 그런 친구들이 진실되지 못하다는 것을 알면서도 자기 자신을 속이고 있는 것입니다. 정직한 비판은 고통스러울 수도 있습니다. 만약 당신에게 안면이 있는 사람은 많은데 친구라고 부를 수 있는 사람은 얼마 없다면 자기 자신에 대해 한번 뒤돌아보고 당신이 맺은 인간관계의 깊이를 다시 한번 되짚어 보십시오.

사회생활을 할 때나 정치세계 같은 곳에서는 어떨 때는 요령있는 것으로 해석되기도 하지요. 하지만 그것이 정말 요령이 있는 걸까요?

정직하기 위해서는 단순함과 책임감이 필요합니다. 우리는 얼마나 많이

- 사소한 거짓말을 하고 있습니까?
- 남에게 아첨하고 있습니까?
- 현실을 무시하고 진실을 왜곡하고 있습니까?
- 침묵을 지킴으로 가장 큰 거짓말을 하고 있습니까?

신뢰성 ▪ 우리는 모두 양치기 소년 이야기를 알고 있습니다. 그 소년은 마을 사람들에게 장난을 치기로 했지요. 그는 이렇게 외쳤습니다. "도와주세요, 도와주세요. 늑대가 나타났어요!" 마을 사람들이 그 소리를 듣고 그를 구하러 달려왔습니다. 그러나 그들이 도착했을 때 거기에 늑대는 없었고 소년은 그들을 비웃었습니다. 마을 사람들은 그냥 그곳을 떠나야 했습니다.

그 다음날, 그 소년은 같은 속임수를 썼고 똑같은 상황이 또 벌어졌습니다. 그리고 얼마 후, 그 소년이 양 떼를 지키고 있을 때 진짜로 늑대가 나타났습니다. 그는 놀라서 도와달라고 소리쳤지요. 마을 사람들은 그 소리를 들었지만 이번에는 아무도 그를 구하러 오지 않았습니다. 그들은 그가 또 속임수를 쓰는 것으로 생각했고 더 이상 그를 믿지 않았던 것입니다. 소년은 결국 양들을 모두 잃었습니다. 이 이야기에서 말하고자 하는 것이 무엇일까요? 이 이야기에서 제시하는 윤리는 이렇습니다.

- 거짓말을 하면 신뢰를 잃어버린다.
- 한번 신뢰를 잃으면 진실을 말하더라도 아무도 믿지 않는다.

좋은 성격의 필수요소는 정직성이다 ▪ 진실은 다음의

> 네 자신을 정직한 사람으로 만들어라. 그러면 이 세상에서 정직하지 못한 사람이 한 명 줄어들었다는 것을 확인할 수 있을 것이다.
> ―토마스 칼라힐

두 가지 경우로 인해 잘못 표현될 수 있습니다.

1. 불완전한 사실이나 정보
2. 과장

진실의 왜곡을 경계하라 ■ 삼 년 동안이나 같은 배에서 일한 한 선원이 있었습니다. 어느 날 밤 그는 술에 취해 있었습니다. 하지만 이제까지는 한번도 그런 일이 없었지요. 그날 밤 선장은 항해일지에 이렇게 기록했습니다. "오늘밤 선원 ○○가 술에 취했다." 그 일지를 읽은 선원은 그 구절이 그의 경력에 해가 될 것이라고 생각했지요. 그래서 선장에게 찾아가서 사과를 하고는 삼 년 동안 단 한 번 일어난 일이라고 덧붙여 써달라고 부탁했습니다. 선원이 얘기한 내용은 완전한 진실이지만 선장은 부탁을 거절하면서 말했습니다. "내가 항해 일지에 기록한 내용은 진실일세."

그 다음날 이번엔 그 선원이 항해 일지를 기록할 차례였습니다. 그는 이렇게 기록했습니다. "선장은 오늘 밤 술에 취하지 않았다." 이 기록을 읽은 선장은 그에게 문장을 바꾸든지 아니면 부연설명을 추가해 달라고 부탁했습니다. 왜냐하면 그 문장은 선장이 그날 밤만 제외하고는 거의 술에 취해 있다는 뜻을 은연중에 암시하고 있었기 때문이었지요. 그러나 그 선원은 선장의 부탁을 거절했습니다. 그리고 그가 항해일지에 적은 내용도 진실이라고 이야기하였답니다. 두 기록 모두 사실이지만 그들은 그 사실을 오해를 일으키기 쉽게 전달했습니다.

과장 ■ 과장(誇張)에 의해서 두 가지 경우의 문제가 발생할 수 있습니다.

1. 과장을 하면 말하는 사람의 입지가 약해지고 신뢰감을 잃어버립니다.
2. 과장은 마치 중독과 같습니다. 또한 그것은 습관이 됩니다. 그래서 어떤 사람들은 과장하지 않고는 진실을 말할 수 없습니다.

진실되라 ▪ 진실은 의도에 관한 문제이지만 사람들의 의도는 증명하기가 힘듭니다. 우리는 다른 사람을 도우려는 진실된 의도를 가짐으로써 우리의 목표를 달성할 수 있습니다.

가면을 벗어라 ▪ 문제가 생겼을 때 "내가 도울 것이 뭐 없을까?"라는 물음은 정말 화가 납니다. 그것은 눈가림이고 겉치레일 뿐입니다. 만약 정말로 돕고 싶다면 무엇을 도와야 할지 생각해 보고 실천하십시오.

많은 사람들은 훗날 도움받을 권리가 있다고 주장하기 위해서 진실이라는 가면을 쓰고 이기심을 감춥니다.

무의미하고 위장된 익살은 그만둡시다.

주의 — 진실함은 옳고 그름의 잣대가 될 수 없습니다. 누군가 진실하지만 올바르지 않을 수도 있습니다.

행동은 말보다 더 큰 언어이다

진정한 사랑이란?

◆

"엄마, 사랑해요." 어린 존이 말했지요.

그리고나서는 자기가 해야 할 일은 잊고
불평을 계속했습니다.
그리고 정원에 물도 주지 않았고
엄마가 물이나 나무를 나르도록 그냥 두었습니다.

"사랑해요, 엄마." 로시 넬이 말했습니다.
"말로 표현할 수 있는 것보다 훨씬 더 많이 사랑해요.
그리고 나서 그녀는 한나절 내내 입을 삐죽거리며
토라져 있었습니다. 그래서 그녀가 놀러 나가자
어머니는 오히려 기뻐했지요.

"사랑해요, 엄마." 어린 판이 말했습니다.
"오늘은 제가 할 수 있는 건 뭐든지 도울께요.
학교에서 일찍 돌아와서 정말 다행이네요."
그리고 그녀는 아기를 달래서 재웠습니다.
그런 다음 조용히 걸어가서 빗자루를 가져와서
계단을 쓸고 방을 청소했습니다.
그녀는 온종일 바쁘고 즐거웠지요.
"사랑해요, 엄마." 그들이 다시 말했습니다.
세 명의 아이들은 모두 잠자리에 들었습니다.
그 어머니는 누가 가장 자신을 사랑한다고 생각했을까요?
— 조이 엘리슨

성실성을 유지하라 ■ 고대 격언 중에 다음과 같은 내용
이 있습니다. "사고 팔 수 없을 정도로 값지고 비밀스런 요
소들이 들어있지 않으면 그 어떤 물건도 가치가 없다."
　그러면 모든 물건의 비밀스럽고 값을 매길 수 없을 만큼
귀중한 요소란 무엇일까요? 그것은 신뢰성, 즉 그것을 만

드는 사람의 정직성과 성실성입니다. 이것은 그다지 비밀
은 아니지요. 하지만 값을 매길 수 없을 만큼 귀중합니다.

문제가 되는 성실성의 다른 측면 ▪ 세 남자가 누가 점심
값을 낼 것인가를 두고 서로 다투고 있었습니다. 한 사람
이 말했습니다. "내가 내겠소. 세금 공제를 받을 수 있거든
요." 다른 사람이 이야기했습니다. "제가 내겠습니다. 회사
에서 상환받으면 되니까요." 세 번째 남자가 말했습니다.
"내가 내도록 해주세요. 왜냐하면 다음 주에 파산 신청을
할 거거든요."

20단계 : 겸손하라

겸손함이 없는 자신감은 오만입니다. 겸손은 모든 미덕
중에서도 가장 으뜸이지요. 그것은 대범함의 표시입니다.
진실된 겸손은 돋보이지만 거짓된 겸손은 멸시당합니다.

오래 전에 한 기수가 무거운 통나무를 옮기지 못해 끙끙
대고 있는 병사들을 만났습니다. 그들 옆에는 상병이 서
있었습니다. 기수는 상병에게 왜 그들을 도와주지 않느냐
고 물었습니다. 그러자 그 상병이 대답했습니다. "나는 상
병이오. 나는 명령만 합니다." 기수는 말에서 내려 병사들
가까이로 다가갔습니다. 그리고 그들이 통나무를 들어 올
릴 때 그들을 도왔습니다. 그가 힘을 합하자 그 통나무는
움직이기 시작했습니다. 이제 기수는 조용히 다시 말에 올
라 타고 상병에게 다가가서 말했습니다. "다음 번에 당신
부하들이 도움을 필요로 할 때는 총사령관에게 말하시오."
그가 떠나고 나서 상병과 그의 병사들은 그 기수가 바로

긍정적인 성격을 기르기
위한 단계
1. 책임을 져라
2. 타인을 배려하라
3. WIN/WIN을 생각하라
4. 말을 신중히 하라
5. 비판과 항의를 삼가라
6. 미소와 친절함을 가
  지라
7. 타인의 행동을 긍정적
  으로 보라
8. 남을 말을 경청하라
9. 열정을 가지라
10. 타인을 칭찬하라
11. 실수를 인정하라
12. 타인의 실수를 감싸라
13. 논쟁하지 말고 대화
  하라
14. 험담하지 말라
15. 약속은 꼭 지킨다
16. 감사하라
17. 신뢰할 수 있는 사람
  이 되라
18. 용서하라
19. 정직, 성실, 진실하라
20. 겸손하라
21. 남을 이해하라
22. 예의 바른 생활을 하라
23. 유머감각을 키워라
24. 남을 무시하지 말라
25. 친구가 되라
26. 남의 입장에서 생각
  하라

조지 워싱턴이었다는 것을 알게 되었습니다.

이 이야기의 결론은 명백합니다. 겸손해야만 성공할 수 있습니다. 여러 사람이 같이 나팔을 불어야 그 소리가 더 크게 울립니다. 생각해 보십시오. 순수함과 겸손함은 대범함의 두 가지 두드러진 특성입니다. 겸손은 자기 비하가 아닙니다. 왜냐하면 자기 비하는 스스로를 얕잡아 보는 것이니까요.

21단계 : 남을 이해하고 배려하라

대인 관계에 있어서 우리 모두는 잘못을 저지르고 때로는 다른 사람 특히 아주 가까운 사람의 필요성을 느끼지 못할 때가 많습니다. 이 모든 일들이 실망과 분노를 가져오는 것입니다. 실망을 다스릴 수 있는 열쇠는 바로 이해하는 것입니다.

사람들이 완벽하기 때문에 관계가 유지되는 것은 아닙니다. 서로 이해하기 때문에 유지가 되는 것이지요.

사려깊은 사람이 되는 것이 그저 좋은 사람이 되는 것보다 더 큰 만족감을 느낄 수 있을 겁니다. 사려깊은 태도는 호의 있는 태도라고 할 수 있는데, 이것은 우리가 가질 수 있는 가장 좋은 보험입니다. 그리고 아무런 비용도 들지 않습니다.

어떤 사람들은 배려하는 마음과 이해하는 마음을 돈으로 계산하려 합니다. 남을 이해하는 것은 돈보다 훨씬 중요하고 이해받기 위한 가장 좋은 방법은 남을 먼저 이해해 주는 것입니다. 그리고 진정한 의사 교류의 바탕이 되는 것 또한 이해하는 마음입니다.

관대한 마음을 가지라 ■ 너그러움은 정신적 성숙의 표시입니다. 너그럽다는 것은 의심의 여지없이 사려깊게 남의 마음을 헤아릴 줄 안다는 것이지요. 관대한 사람들은 이기적인 사람들은 꿈도 꿀 수 없는 삶의 풍요함을 경험합니다. 너그러운 마음을 가지십시오. 이기심은 결국 그 대가를 치루게 됩니다. 다른 사람의 감정을 잘 헤아리십시오.

요령있는 사람이 되라 ■ 요령은 어떠한 관계에서도 매우 중요합니다. 요령이라는 것은 다른 사람을 외면하지 않으면서 자신의 일을 처리하는 능력을 말합니다.

친절 ■ 돈을 주면 크고 멋진 개를 살 수 있지만 친절하게 대해줘야 그 개가 꼬리를 흔듭니다. 친절하기에 너무 이른 때는 없습니다. 왜냐하면 어느 정도로 이른 때가 너무 늦은 때인지 모르기 때문이지요.

친절은 귀머거리가 들을 수 있고 맹인이 볼 수 있는 언어입니다. 친구가 죽은 후에 그의 묘지에 꽃을 장식하는 것 보다는 살아있을 때 친절하게 대하는 것이 더 나은 법입니다.

친절한 행동은 행한 사람이나 당한 사람 모두를 기분좋게 해주지요. 친절한 말은 결코 상처를 주지 않습니다.

22단계 : 일상생활 중에 예의바른 생활을 하자

정중한 태도는 다른 사람들에 대한 배려입니다. 그것은 마음의 문을 열어주지요. 그다지 똑똑하지는 않더라도 예의바른 사람이 똑똑하기만 하고 예의 없는 사람보다 더 성공할 수 있을 것입니다.

작은 것이 큰 차이를 가져옵니다. 혹시 코끼리에게 물려 본 적이 있습니까? 대부분의 대답이 '아니오' 겠지요. 그러면 모기에게 물려본 적이 있습니까? 우리 모두 다 물려본 경험이 있겠지요. 이러한 질문은 인내심을 시험하는 성가신 질문일 수도 있습니다. 하지만 정중함은 사소한 여러 가지를 희생하는 것을 의미합니다.

약간의 정중함은 영리함보다 사람을 더 성공하게 만듭니다. 정중함은 깊은 도덕적 행동의 곁가지라고 할 수 있지요. 또한 행하는 데는 아무런 비용도 들지 않지만 많은 것을 되돌려받을 수 있답니다. 정중함을 배우는 데 너무 훌륭하거나 너무 바쁜 사람은 이 세상에 아무도 없습니다. 예의바르다는 것은 당신의 좌석을 노인들이나 장애인에게 양보하는 것을 의미하기도 합니다. 예의바르다는 것은 또 따뜻하게 미소짓는 것일 수도 있고 고맙다는 말 한마디일 수도 있지요. 그것은 작은 투자지만 얻을 수 있는 대가는 매우 큽니다. 그리고 다른 사람의 가치를 높여주기도 합니다.

예의바르기 위해서는 겸손해야 합니다. 사람들이 욕설을 내뱉는 것은 참 불행한 일이지요. 왜냐하면 그러한 행동은 그들의 장점까지도 끌어내리기 때문입니다. 나는 어떤 사람들이 자랑스럽게 "나도 꽤 험악한 사람이야"라고 말하는 것을 많이 들었습니다. 예의바르고 공손한 씨앗을 가능한 곳이면 어디에든 널리 퍼뜨리십시오. 그 중 몇 개는 틀림없이 뿌리를 내리고 다른 사람들은 당신을 우러러보게 될 것입니다.

매너 ■ 정중함과 매너는 따로 떼어 생각할 수 없습니다. 둘 다 똑같이 중요하지요. 밖에서 뿐만 아니라 집에서도 좋은 매너를 보여주면 집에서도 따뜻함을 느낄 수 있고 인정받을 수 있게 됩니다.

게다가 예의바르고 정중한 태도는 무례한 행동에 비해 더 많은 장점을 가지고 있습니다. 그런데도 왜 많은 사람들이 예의바른 태도를 기르려고 하지 않는 걸까요? 무례하고 예의 없는 사람은 좋은 인간관계를 지속할 수가 없습니다. 대부분의 사람들은 이러한 사람들과 상대하기를 싫어하고 결국 예의 없는 사람들은 다른 사람들에게 배척을 받고 말지요.

아이들에게는 어릴 때부터 예의바른 행동을 하도록 가르쳐야 합니다. 그래야 그들이 자라서 예의바른 성인이 될 수 있습니다. 예의바른 행동은 한번 익히면 평생을 갑니다.

사려깊은 태도와 다른 사람의 감정을 배려해 주는 태도가 바로 예의바른 태도입니다. 하찮고 중요하지 않게 생각될진 모르지만 "부탁합니다.", "감사합니다"라든지 "죄송합니다"라는 말들이 지속적인 인간관계를 만들어 줍니다.

기억하십시오. 예의바르게 행동하면 다른 사람도 당신을 정중하게 대해줍니다. 가능하면 자주 그리고 많이 정중한 행동을 연습해 보십시오. 처음에는 많은 노력이 필요할 수도 있지요. 하지만 분명히 그럴 만한 가치가 있습니다. 개인뿐만이 아니라 사회 전체를 위해서 말이지요. 어떤 사람이 농담을 시작하면 사람들이 모여들기 시작합니다. 그때 누군가 끼어 들어 자신도 그 이야기를 알고 있다며 말을 가로채고 모인 사람들의 주의를 끕니다. 이러한 방식의 행동은 자신이 지식에서 앞서 있다는 것을 나타내 주기는

무례함은 나약한 사람이 강인함을 가장할 때 나타난다.
―에릭 호퍼

하지만 좋은 매너라고 할 수는 없습니다.

잘 교육받은 사람이 예의바르다 ■ 너무나 많은 사람들이 훌륭한 재능을 가지고 있으면서도 예의 없이 행동해서 앞날을 망치는 경우가 있습니다. 정중함과 예의는 교양 있는 사람의 징표와도 같습니다. 무례한 행동은 그 사람이 교양 없는 사람이라는 것밖에 보여주지 않습니다. 다른 사람을 존경과 품위로 대하십시오.

23단계: 유머감각을 키워라

유머감각을 가져보십시오. 그러면 당신 자신의 일에서도 웃을 수 있는 여유를 갖게 될 것입니다. 유머감각은 사람을 매력적이고 호감이 가도록 만들어줍니다.

자신의 일을 화제삼아 웃을 수 있는 마음을 가져보십시오. 왜냐하면 그것은 패배에서 거뜬히 회복할 수 있는 에너지를 공급해 주기도 하고 또 가장 안전한 유머이기도 하니까요.

웃음은 세계 모든 사람들을 위한 천연의 진정제입니다. 유머가 문제의 핵심을 바꿀 수는 없지만 확실히 쓰라린 상처를 어루만져 줄 수는 있습니다.

유머가 가진 치료효과

《질병의 해부》라는 책의 저자인 노먼 커즌 박사는 한 사람이 어떻게 하면 자신이 앓고 있는 불치의 병을 스스로 치료할 수 있는지를 보여줍니다. 그는 병을 완치할 수 있는 가능성이 5백분의 1밖에 되지 않았지만, 만약 정신적으로 해결할 수 있는 방법이 있다면 반드시 이루고 말겠다고 다짐을 했습니다. 그는 만약 부정적인 정서가 우리의 몸에서 화학적으로 부정적인 영향을 미친다면 그 반대의 경우도 나타날 것이라고 확신했습니다. 행복이나 웃음과 같은 긍정적인 정서가 우리의 몸에 긍정적인 화학반응을 일으킨다는 것입니다. 그는 병원을 나와 호텔로 가서 재미있는 영화를 계속 보았습니다. 그러자 말 그대로 웃음에 의해서 병이 저절로 치유되었습니다.

물론 의학적인 치료가 중요하다는 것은 말할 나위도 없습니다. 하지만 살고자 하는 의지도 환자에게는 그만큼이나 중요합니다. 웃음은 생명을 구해 주는 구원자와도 같습니다. 또한 인생의 역경을 좀더 쉽게 헤쳐나갈 수 있도록 해주기도 합니다.

24단계: 남을 무시하거나 빈정거리지 말라

매사에 부정적인 사람들은 비꼬거나 남을 무시하거나 상처를 주는 말을 유머로 생각하고 사용하는 경우가 있습니다. 그러나 다른 사람을 웃음거리로 만드는 풍자적인 유머는 바람직하지 않은 취향입니다. 모욕을 주는 것보다는 몸에 상처를 입히는 것이 오히려 용서받기 쉽습니다.

냉소주의자에게는 다른 사람에게 일어나는 일이나 이 세상 모든 일이 우스꽝스럽겠지요. 우리는 흔히 그냥 재미로 개구리에게 돌을 던지는 어린 아이들을 볼 수 있습니다. 그러나 개구리에겐 그것이 하나도 재미있지 않지요. 소년의 재미는 개구리에겐 죽음을 의미하기 때문입니다.

유머는 누구와 함께 웃을 수 있느냐 또 누구를 웃음의

누군가가 수치심에 얼굴을 붉힐 때, 누군가가 아픔을 쓸어내리고 있을 때, 누군가의 성스런 행동이 세속적인 것으로 받아들여질 때, 누군가의 약점이 웃음거리가 될 때, 세상이 우스꽝스럽게 되어갈 때, 어린 아이가 눈물을 흘릴 때, 그리고 모든이들이 같이 웃을 수 없을 때 그것은 안 하느니만 못한 농담이다.
—클리프 토마스

화제로 삼느냐에 따라서 가치있는 것이 될 수도 있고 위험한 것이 될 수도 있습니다. 유머가 남을 조롱하거나 재미 삼아 내뱉는 말들이라면, 그것은 좋지 않은 취향일 뿐만 아니라 도덕적으로도 결백하지 않습니다. 남의 감정에 상처를 주는 것은 일종의 범죄입니다. 어떤 사람들은 남을 깔아뭉개면서 재미를 느끼기도 하지요. 그러나 냉소는 결국 외면당하고 맙니다. 그러니까 안전한 유머를 즐기는 것이 좋겠지요.

25단계: 친구를 갖고 싶으면 우선 누군가의 친구가 되라

우리는 끊임없이 마음에 드는 직원, 마음에 드는 상사, 배우자, 부모, 자녀 등을 원합니다. 그런데 정작 우리 자신도 역시 제대로 된 '사람'이 되어야 한다는 사실은 잊고 있지요.

경험으로 미루어보더라도 완벽한 사람, 완벽한 직업, 완벽한 배우자는 어디에도 없습니다. 만약 완벽을 기대한다면 우리는 아마 매번 실망만 할 겁니다. 왜냐하면 이쪽 편에 한 가지 문제가 있으면 또 다른 편에는 또 다른 문제가 있기 때문입니다.

이십여 년 이상 미국에서 생활하면서 나는 높은 이혼율에 대해 여러번 생각해 보았습니다. 사람들은 두 번째 결혼을 하고 나서야 그들의 두 번째 배우자가 첫 번째 배우자와 똑같은 문제는 아니지만 전혀 다른 새로운 문제점을 가지고 있다는 것을 발견하게 되는 것이지요. 이와 마찬가지로 좀더 나은 직장을 찾기 위해서 다니던 직장을 옮기거나 직원을 해고시키더라도 결국 또 다른 문제점이 기다리고 있습니다.

　다음과 같은 도전에 한번 응해 보십시오. 그리고 나서
이혼을 하든지 해고를 해도 늦지 않습니다.

희생 ■ 우정에는 희생이 따릅니다. 우정과 인간관계를 쌓
기 위해서는 희생과 성실 그리고 성숙된 마음이 필요하지
요. 희생이란 대가없는 무조건적인 행위입니다. 이기적인
태도는 우정을 망가뜨리고 맙니다. 필요에 의해 일시적으
로 사람들을 사귀기는 쉽지만 진정한 우정을 쌓는데는 시
간과 노력이 필요한 것입니다. 우정은 때로 시험에 빠질때
도 있지만 그 고비를 견디면 더욱 강해집니다. 우리는 가
짜 우정을 알아볼 수 있는 방법을 배워야 합니다. 진정한
친구는 친구가 다치는 것을 보고 싶어하지 않습니다. 진정
한 우정은 받는 것보다 더 많은 것을 주며 역경속에서도
함께 견디는 것입니다.

유리할땐 친구, 불리할땐 남 ■ 사정이 좋을 때만 친구인
척 하는 사람은 햇빛이 날 때는 당신에게 우산을 빌려줬다
가 비가 오면 다시 가져가는 식의 사람입니다.

　두 친구가 여행을 하다가 숲 속에서 곰을 만났습니다. 그
중 한 명은 재빨리 나무 위로 기어올라갔지만 나머지 한 명
은 미쳐 피할 수가 없었지요. 그래서 바닥에 죽은 척하며
누워 있었습니다. 그러자 곰은 그의 귀 근처를 맴돌며 냄새
를 맡더니 그냥 지나쳐 가는 것이었습니다. 나무에서 내려
온 남자가 이렇게 물었지요. "곰이 뭐라고 말하던가?" 그러
자 바닥에 누워 있던 남자가 대답했습니다. "위험에 빠졌
을 때 혼자서 도망가는 친구는 믿지 말라고 하더군."

이 이야기가 말하고자 하는 핵심은 분명합니다. 성숙된 믿음과 신뢰만이 우정을 위한 디딤돌이 될 수 있습니다.

사람들은 각자 다른 이유에서 친구를 사귄다 ▪ 우정은 다음과 같이 분류될 수 있습니다.

1. 쾌락을 위한 우정 : 관계가 유쾌하고 재미있을 때만 친구입니까? 그렇다면 진정한 친구가 아니지요.
2. 편리함을 위한 우정 : 이러한 우정은 사람들이 도움을 받기 위해서 맺은 관계입니다. 이럴 경우 그 사람의 이용가치가 떨어지면 자연히 끝나버립니다. 즉 영구적이지 못한 것이지요.
3. 진정한 우정 : 진정한 우정은 성숙한 존경심에서 출발합니다. 진정한 친구는 서로를 마음으로부터 좋아하고 서로에게 맞춰서 행동하지요. 올바르게 행동하면 그 대가는 좋은 친구를 얻는 것으로 우리에게 되돌아옵니다. 진정한 친구는 양쪽 모두 끊임없이 서로를 배려하고 신뢰와 존경을 바탕으로 관계를 유지해갑니다.

성공하면 친구들이 모여들고 역경에 부딪히면 사라지지요. 사정이 좋을 때만 유지되는 우정은 아래에 소개된 시에 잘 묘사되고 있습니다. 진정한 친구는 진심에서 상대방을 도와줍니다. 하지만 그것은 단지 친절을 베풀기 위해서가 아닙니다. 우정의 부수적인 행동일 뿐이지요. 그리고 만약 그들이 서로 돕지 않는다면 그 관계는 깨지고 말겠지요.

인간관계는 그냥 이루어지는 것이 아닙니다. 시간이 걸리는 일이지요. 질투심이나 이기심, 오만한 자만심이나 불손한 태도를 가지고는 맺어질 수가 없습니다. 자신이 맺고 있는 인간관계를 그냥 당연한 것으로 여기면 안됩니다. 한번 관계가 이루어지면 끊임없이 갈고 닦고 보듬어야 합니다. 완벽한 사람은 아무도 없습니다.

완벽을 기대하는 것은 곧 실망할 준비를 하는 것과 같습니다.

기뻐하라. 그러면 너희를 구할 것이다.
슬퍼하라. 그러면 그들은 돌아서서 떠나갈 것이다.
그들은 당신이 느끼는 기쁨 전체를
나누어 갖고 싶어하지만
고뇌는 필요없다고 하네.
즐거워하라. 그러면 친구는 많다.
슬퍼하라. 그러면 그 모두를 잃어버린다.
당신의 감미로운 와인을 거절하는 사람은 아무도 없지만
인생의 쓴 맛은 홀로 맛보아야 한다.
— 엘라 윌러 윌콕스

따뜻한 협력 ■ 다른 사람의 따뜻한 협조 없이는 누구든지 성공에 도달하기가 어렵습니다. 유쾌한 성격은 융통성과 적응력이 있으면서도 침착한 성격을 말합니다. 융통성이 있다는 것은 가볍거나 도움이 안 되게 행동한다는 뜻이 아닙니다. 오히려 일에 대해서 잘 평가해보고 주어진 상황에 알맞게 대응하는 것을 말하는 것이지요. 융통성이 기본 원칙과 가치를 넘어서는 것은 아닙니다.

26단계: 남의 입장에서 생각하라

우리가 다른 사람에게 잘못을 저지르는 것과 우리가 느끼는 고통의 무게는 다릅니다. 스스로 남의 입장이 되어서 생각해 보는 태도는 긍정적인 성격이 가지고 있는 매우 중요한 특징입니다. 다른 사람의 입장을 공감할 수 있는 사람은 스스로 이런 질문을 던지지요. "다른 사람이 나를 저런식으로 대하면 어떤 기분일까?"

강아지 한마리

한 소년이 강아지를 사러 애완동물가게에 갔습니다. 그곳에는 강아지 네 마리가 서로 모여앉아 있었는데 각각 가격이 50달러였습니다. 그런데 한쪽 구석에 혼자 앉아 있는 강아지 한 마리가 보이는 것이었습니다. 소년은 그 강아지도 같은 어미가 낳았는지,'또 만약 파는 강아지라면 왜 혼자 앉아 있는지 물어보았지요. 그러자 주인이 대답하기를 그 강아지도 같은 어미가 낳긴 했지만 불구이기 때문에 팔지 않는다는 것이었습니다. 그 강아지는 엉치뼈가 없이 태어났고 다리도 하나 없었습니다. "이 강아지를 어떻게 하실거예요?" 소년이 물었습니다. 그러나 대답은 참혹하게도 영원히 잠들게 한다는 것이었습니다. 소년은 그 강아지와 같이 잠시 놀아도 되는지 물었습니다. "물론이지." 가게주인은 대답했습니다. 소년이 강아지를 들어올리자 강아지는 그의 귀를 핥기 시작했고, 결국 소년은 그 강아지를 사기로 결정했습니다. 그러자 가게주인이 이러게 말하는 것이었습니다. "그 강아지는 팔지 않는단다." 하지만 소년은

끝까지 그 강아지만을 고집했고 그 고집에 꺾인 가게주인
도 결국은 그 강아지를 팔기로 했습니다. 소년이 가게문을
나서려고 할 때 가게주인이 등 뒤에서 외쳤습니다. "좋은
강아지도 같은 가격에 살 수 있는데 왜 굳이 그 강아지를
사는지 이해할 수가 없구나." 소년은 거기에 한 마디 대꾸
도 하지 않은 채 그의 왼쪽 바지단을 올렸습니다. 그의 다
리에는 교정기가 채워져 있었습니다. 그러자 주인이 이야
기했습니다. "이제 이해가 가는구나. 그 강아지를 잘 돌봐
주렴."

이것이 바로 공감입니다.

동정심을 가져라 ▪ 슬픔은 나누면 반으로 줄어들고 기쁨
은 나누면 몇 배로 늘어납니다.

동정과 공감의 차이 ▪ 동정은 "네가 얼마나 힘든지 이해
해"라는 감정이고, 공감은 "나도 너와 같은 기분이야"라는
감정입니다. 동정이나 공감 모두 중요하지요. 하지만 둘
중에서 공감할 수 있는 마음이 확실히 더 중요합니다.

우리가 고객이나 직원들 혹은 직장상사나 가족들의 마
음을 공감한다면 그들과의 관계가 어떻게 달라질까요? 아
마도 더 발전하겠지요. 이해와 충성, 마음의 평화 그리고
더 높은 생산성을 가져오게 되는 것입니다.

당신은 어떤 방법으로 한 사람이나 사회 혹은 국가의 성
격을 판단하십니까?

그것은 아주 쉽습니다. 그 사람이나 사회가 아래의 세
종류의 사람들을 어떻게 대하는지를 살펴보면 됩니다.

- 장애인   • 노인   • 하층민

이 세 그룹의 사람들은 그들이 누려야 할 평등의 권리를
누리지 못하는 사람들입니다.

더 나은 사람이 되라

◆

결심하십시오. 젊은이들에게 상냥하게 대하고,
어른에게 인정을 베풀며,
분투하는 사람을 동정하고,
약하거나 옳지 않은 사람에게 아량을 베풀겠다고
결심하십시오.
왜냐하면 우리도 언젠가는 거쳐 갈 길이기 때문입니다.
— 로이드 쉬어러, 1986

행동계획

1. 당신의 행동에 대하여 책임을 지라.

2. 각 항목별로 지켜야 할 책임을 명확히 기재하라.
   a. 가정 _____
   b. 일 _____
   c. 사회생활 _____

3. 이 단원을 읽은 후에 어떤 항목을 실천할 것인가?
   a. _____
   b. _____
   c. _____

당신 자신에게 하는 약속을 적고 앞으로 21일 동안 매일 읽으십시오.

6. 잠재의식과 습관

우리 모두는 성공적인 삶을 살아가도록 태어났습니다. 그러나 상황이 우리를 실패하게 만들기도 합니다. 우리는 승리하도록 태어났지만 패배할 수밖에 없는 상황에 처하기도 합니다. 우리는 흔히 "그 사람은 운이 좋아. 돌멩이를 건드리기만 해도 황금으로 변하거든"이라든지 "그는 운이 참 없어. 무엇에 손을 대든지 쓰레기로 변해버리거든"과 같은 이야기를 많이 듣지요.

그러나 이런 얘기는 사실이 아닙니다. 분석해 보면 성공한 사람들은 각각의 상황에 합당한 일을 제대로 해 나가지만 실패만 하는 사람들은 매번 같은 실수를 반복하지요.

기억하십시오. 행동만 한다고 해서 다 완벽해지는 것은 아닙니다. 완벽한 행동만이 완벽한 결과를 가져오는 것입니다.

어떤 행동을 반복해서 행하다 보면 영구적인 행동으로 굳어져 버립니다. 어떤 사람들은 반복해서 똑같은 실수를 저지르고 그러다 보면 아예 그 행동이 몸에 배는 경우도 생깁니다.

전문가들은 일을 아주 쉽게 처리하는 것처럼 보입니다. 왜냐하면 무슨 일이건 간에 자신이 하는 일에 대한 기본 원리를 터득하고 있기 때문입니다. 많은 사람들이 마음 속으로 승진하기를 꿈꾸면서 열심히 일합니다. 하지만 열심히 일하는 것이 습관이 될 정도의 사람이라야 승진할 자격이 있습니다

습관을 들이는 것은 마치 밭을 가는 것과 같습니다. 시간이 걸리지요. 또한 습관은 또다른 습관을 길러주기도 합니다. 영감은 행동을 처음 시작하게 만들고, 자극은 일을 계속해 나가도록 하며, 습관은 그일을 자동적으로 하도록 만듭니다.

역경의 순간에도 용기를 보여줄 수 있는 능력을 기르십시오. 유혹받는 순간에도 자신을 억제하는 모습을 보여주십시오. 장애물에 부딪쳤을 때도 기회를 찾으십시오.

그런데 이러한 특성은 우연히 길러지는 것이 아닙니다. 정신적으로나 육체적으로 계속적이고도 일관된 훈련에 의해 길러지는 것이지요.

역경을 당할 때 우리의 행동은 긍정적인 형태이든 부정적인 형태이든 간에 우리가 평소 행해 오던 관습대로 나타나게 됩니다. 만약 우리가 사소한 일에 비겁하거나 불성실하게 행동한다면, 큰 일을 당했을 때 아무리 긍정적인 방법으로 대처하려고 해도 그 일은 제대로 이루어지지 않을 것입니다. 왜냐하면 그것은 우리가 실천해 왔던 일이 아니기 때문입니다.

한 번 거짓말을 하기 시작하면 두 번째, 세 번째는 더 쉬워지고 결국 습관이 되어버리고 맙니다.

성공은 인내하느냐 포기하느냐에 달려있습니다. 인내는 성공을 위해서 꼭 필요하지만 반대로 포기하는 습관은 우리의 앞날에 해가 됩니다. 인간은 이성적이기보다 감성적

인 존재입니다. 정직과 성실은 우리의 신념체계를 계속해
서 실천으로 옮길 때 나타나는 결과입니다. 무슨 일이든지
오랫동안 해온 일이 우리의 신념체계에 깊이 뿌리박히고
결국은 습관이 되는 것입니다. 평소에 정직한 사람이 오랫
만에 거짓말을 하면 그날 바로 들통이 나지요. 반대로 평
소에는 정직하지 못한 사람이 처음으로 진실을 말하는 날
에 그 사실이 널리 알려집니다. 자신이나 타인에게 정직하
게 대하거나 정직하지 않게 대하는 것은 결국 습관이 되고
맙니다.

우리의 생각이 행동에
영향을 주고, 행동은 습
관에 영향을 주며, 습관
은 성격에 영향을 준다

생각하는 방식도 습관이 됩니다. 우리는 습관을 형성하
고 습관에 의해 성격이 형성됩니다. 언젠가 누군가가 이런
얘기를 한 적이 있습니다. "우리의 생각이 행동에 영향을
주고, 행동은 습관에 영향을 주며, 습관은 성격에 영향을
준다." 성격은 결국 우리의 운명에 영향을 미칩니다.

좋은 습관을 형성하라

우리는 거의 대부분의 행동을 습관적으로 합니다. 생각
하지 않고 자동적으로 행동하는 것이지요. 성격은 여러 습
관들의 최종 결합체입니다. 어떤 사람이 좋은 습관을 가지
고 있다면 그는 긍정적인 성격의 소유자라고 평가받습니
다. 반대로 부정적인 습관을 가진 사람은 부정적인 성격의
소유자가 됩니다. 습관은 논리와 이유보다도 훨씬 더 강합
니다. 느껴지지 않을 만큼 미약하게 시작되지만 나중에는
그만두기 어려울 정도로 심해집니다.

내가 어렸을 때의 일입니다. 부모님께서 이렇게 말씀
하신 것이 기억납니다. "좋은 습관을 들여야 한단다. 왜

냐하면 습관이 성격을 형성하기 때문이지."

어떤 습관을 기를것인가?

무슨 일을 하든지 반복하면 습관이 됩니다. 우리는 어떤 행동을 하면서 많은 것을 배우기도 하지요. 예를 들면 용기있는 행동을 하면서 용기의 진정한 의미를 배웁니다. 또 정직과 공정함을 실천하면서 이러한 특성들의 중요함을 더욱 실감하게 됩니다. 이와 마찬가지로 제대로 교양 교육을 받지 못하거나 부정직하고 부적당한 행동들을 계속 반복하면 결국은 그러한 행동에서 벗어나지 못하고 말 것입니다. 태도도 습관의 일종입니다. 행동양식이라고도 할 수 있지요. 즉 우리의 마음을 밖으로 내 보여 주고 생각을 큰 소리로 말해주기도 하는 것입니다.

조건

대부분의 행동은 주어진 조건에 따라 다르게 나타납니다. 습관적으로 그렇게 행동하게 되니까요. 만약 무슨 일인가를 잘 해내길 원한다면 그 사람은 자동적으로 그 일을 할 수 있는 단계까지 가야 합니다. 옳은 일을 해야겠다고 굳이 의식적으로 생각해야만 그 일을 할 수 있다면 절대로 그 일을 잘 해낼 수 없습니다. 이 말은 곧 옳은 일을 하는 것이 습관이 되어야 한다는 뜻입니다.

우리는 누구나 다 계속해서 주위환경이나 방송매체와 같은 조건의 지배를 받으면서 로봇과 같이 행동합니다.

학창시절 무술을 배울 때 나는 검은 띠를 맨 사람이 더 이상 연습하지 않아도 될 기초적 무술인 격파술을 계속 연습하는 장면을 보았습니다. 그 이유는 이러한 기술을 사용해야 할 상황이 닥쳤을 때 자동적으로 그 동작이 나오도록 하기 위해서였지요. 좋은 습관은 한번 들이기는 힘들지만 살아가는 데 더없이 많은 도움이 됩니다. 반대로 나쁜 버릇은 쉽게 생기지만 살아가는 데 오히려 방해가 될 뿐입니다.

어떤 조건에 지배당하는가?

코로 1톤 이상의 무게를 들어올릴 수 있는 거대한 코끼리를 생각해 봅시다. 코로 1톤 이상의 무게를 들어올릴 수 있을 만큼 힘이 세지만 약한 밧줄로 묶어놔도 도망가지 않습니다. 그러면 그 코끼리는 왜 도망가지 않고 한 장소에 계속 있을까요? 코끼리가 새끼였을 때는 두꺼운 체인과 두꺼운 나무에 단단히 묶여 있습니다. 연약한 새끼 코끼리에 비해 두꺼운 체인은 너무나 강하지요. 그런데 그 새끼 코끼리는 그렇게 묶여있는 데 익숙하지가 않습니다. 그래서 우리 안에서 계속해서 쉬지 않고 체인을 잡아당기곤 합니다. 하지만 결국 그것이 소용없는 일이라는 것을 깨닫게 되고 그때부터는 우리에서 벗어나려는 모든 시도를 그만두고 가만히 있게 됩니다. 이것이 바로 '지배당함'입니다. 그리고 그 새끼 코끼리가 거대한 코끼리로 자라나면 두꺼운 체인이 아닌 약한 밧줄에 묶여 있게 되지요. 코끼리는 단 한번의 시도로 올가미에서 벗어나 자유로워질 수 있지만 이제는 소용없는 일입니다. 왜냐하면 이미 그 환경에 지배당하고 있기 때문입니다.

인간은 의식적으로든 혹은 무의식적으로든 다음과 같은

요소의 지배를 받습니다.

- 책 • 영화나 TV 프로그램 • 음악 • 친구나 동료

아침에 출근하는 길에 차 속에서 며칠 동안 똑같은 음악을 계속 듣다가 어느 날 테이프가 고장나서 더 이상 그 노래를 들을 수 없게 됐다고 상상해 봅시다. 이제 그 음악을 듣지는 않지만 자신도 모르게 아침이면 그 음악을 흥얼거리게 되지요.

똑같은 일을 계속 반복하면서 다른 결과가 나오기를 기대하는 것은 올바르지 못한 정신상태입니다. 만약 당신이 예전부터 해오던 대로 일을 해나가면 이제까지 얻은 것과 똑같은 결과만 있을 뿐이지요. 습관을 고치는 데 있어서 가장 어려운 것은 어떤 행동이 해가 되는 행동인지를 깨닫지 못하는 점입니다. 긍정적인 습관의 체득은 어렵습니다.

GIGO 원리

GIGO:

Garbage in, Garbage out
들어온 대로 나간다

컴퓨터 용어인 GIGO(Garbage in, Garbage out)는 아주 일리있는 말입니다.

부정적인 것을 받아들이면 부정적인 결과가 나오고
긍정적인 것을 받아들이면 긍정적인 결과가 나오며
좋은 것을 받아들이면 좋은 결과가 나온다.

우리의 무의식 세계는 들어오는 자극을 차별하지 않습니다. 즉 우리가 어떤 요소를 받아들이기로 결정하든지 간에 무조건 받아들이지요. 그리고 우리의 행동은 거기에 따라서 나타나게 됩니다.

TV는 좋은 형태로든 나쁜 형태로든 우리의 도덕과 사고 체계, 문화에 많은 영향을 끼칩니다. 유용한 정보를 주기도 하지만 도덕을 타락시키고 청소년범죄를 증가시킵니다. 18세 미만의 미성년자가 보아서는 안 될 폭력장면이 담긴 TV 프로그램이 20만 건에 달하고 있습니다. 이러한 요소는 언론의 자유를 위한 TV가 되기 위해서 치루기엔 너무나 큰 대가입니다.

광고도 우리를 지배하는 한 요소입니다. 말할 필요도 없이 광고는 상품을 팔기 위한 것이지요. 그렇지 않다면 회사에서 왜 광고를 하겠습니까? TV나 라디오의 광고방송을 접할 때 우리의 의식적인 마음은 그것을 듣지 않을 수도 있습니다. 그러나 무의식적인 마음은 항상 열려 있어서 우리에게 밀려오는 것은 뭐든지 받아들이게 됩니다. 혹시 TV와 말다툼해본 적이 있나요? 물론 없겠지요.

영화를 보러가면 우리는 웃기도 하고 울기도 합니다. 그 이유는 무엇일까요?

우리가 앉은 좌석에 뭔가를 장치해 놓아서일까요? 아니면 감정적인 부분을 무엇인가가 자극해서 감정이 즉시 반응을 나타내는 걸까요?

무엇을 받아들이냐에 따라 반응도 다르게 나타납니다.

의식과 무의식

기억하십시오. 의식세계는 생각할 수 있는 능력이 있습니다. 받아들일 수도 있고 거부할 수도 있지요. 하지만 무의식세계는 뭐든지 무조건 다 받아들입니다. 무엇을 받아들일 것인지 구별을 하지 않지요. 만약 우리가 공포, 의심,

혐오와 같은 감정으로 우리의 마음을 채운다면 자동적으로 이러한 감정들은 현실이 되어 나타나게 될 것입니다. 무의식은 정보은행과 같습니다.

무의식은 의식보다 더 강력합니다. 의식세계가 운전을 하는 사람과 같다면 무의식세계는 자동차와 같습니다.

무의식적인 마음은 우리에게 협조할 때도 있지만 반항할 때도 있습니다. 이성적이지 않은 것이지요. 지금의 삶이 성공적이지 못하다면 당신은 무의식의 세계를 다시 설계해야 할 필요가 있습니다.

무의식의 세계는 정원과 같습니다. 무엇을 심든지 상관하지 않지요. 또한 중립적이기도 합니다. 더 좋아하고 덜 좋아하는 것이 없으니까요. 그러나 좋은 씨를 뿌려야 아름다운 정원을 가질 수 있지요. 그렇지 않으면 잡초가 무성한 형편 없는 정원이 되고 맙니다. 한편 좋은 씨를 뿌리더라도 잡초는 자랍니다. 아름다운 정원을 만들기 위해서는 계속 잡초를 제거해 줘야 합니다.

인간의 마음도 다를 게 하나도 없습니다. 기억하십시오. 마음 속에 긍정적인 생각과 부정적인 생각이 동시에 자리잡을 수는 없습니다.

세계 유수의 기업들은 주요 시간대의 30초짜리 광고를 위해서 백만 달러에 가까운 돈을 허비하지요. 물론 그에 따른 이익을 보긴 하지만 말입니다.

우리는 흔히 특정상표의 청량음료광고를 보고 나서 슈퍼마켓에 가서 그 상표의 물건을 삽니다. 그 상표 이외의 음료수는 더 이상 원하지 않게 되지요. 왜 그럴까요? 우리는 이미 그 광고에 지배를 당했고 거기에 따라 행동을 하게 된 것이지요. 성공하기 위해서는 우리의 마음 속에 긍

성공하기 위해서는 우리의 마음속에 긍정적인 프로그램이 입력되어야 한다.

정적인 프로그램이 입력되어야 합니다.

어떻게 입력되는가?

자전거 타는 법을 어떻게 배웠는지 생각해 봅시다. 그 과정에는 네 가지 단계가 있지요. 첫 번째 단계는 '무능력에 대한 무인식' 단계입니다. 이 단계는 무엇을 모르고 있는지조차 모르는 상태이지요. 어린아이는 자전거를 탈 줄도 모를 뿐 아니라(무능력) 자전거를 타는 것이 무엇인지조차 모릅니다.(무인식)

두 번째 단계는 '무능력에 대한 인식' 단계입니다. 이 단계는 아이가 성장해서 자전거를 타는 것이 어떤 것인지는 알게 됐지만 아직 직접 타지는 못하는 단계를 말합니다. 즉, 자신이 할 수 없다는 것을 인식하고 있는 것이지요. 그러나 그 후 세 번째 단계가 되면 '능력에 대한 인식' 상태에 도달하게 됩니다. 갖은 노력 끝에 아이는 자전거를 탈 수 있게 된 것이지요.

네 번째 단계는 '능력에 대한 무인식' 단계입니다. 이 단계에서는 자신이 할 수 있다는 사실을 의식조차 하지 않게 됩니다. 자전거를 오랫동안 계속해서 타다 보면 언제부터인가 타는 방법에 대해 그다지 깊이 생각하지 않게 되지요. 자전거를 타면서 이야기도 할 수 있고 손을 흔들 수도 있게 되는데 이런 단계까지 오게 되면 더 이상 집중을 하거나 깊이 생각하지 않아도 자전거를 탈 수 있게 됩니다. 그 이유는 그 행위자체가 자동적으로 이루어지기 때문입니다.

우리가 가지고 있는 긍정적인 습관이 모두 이런 수준

자전거를 타는 방법을 통한 배움의 4단계
1. 무능력에 대한 무인식
2. 무능력에 대한 인식
3. 능력에 대한 인식
4. 능력에 대한 무인식

까지 도달하게 된다면 얼마나 좋을까요? 하지만 불행하게도 우리는 몇몇 부정적인 습관이 '능력에 대한 무인식' 단계에 도달해 있습니다.

한 연구결과에 의하면 흡연자들 중에서 약 90% 이상이 21세 이전에 담배를 피우기 시작했다고 합니다. 만약 21세 이전에 담배를 피우지 않으면 그 후에 흡연자가 될 확률은 매우 적다는 뜻이지요. 이것은 흡연이 우리의 무의식세계를 지배하고 그 지배는 어린 시절에 이미 시작된다는 사실을 증명하고 있습니다.

자연은 빈공간을 싫어한다

성격은 어떤 습관을 들이느냐에 따라 다르게 형성된다.

나에게 열두 살과 열네 살난 조카 둘이 있는데, 그들은 둘 다 테니스광입니다. 어느 날 나의 형이 말했습니다. "비용이 점점 비싸지고 있어. 라켓, 공, 잔디깎는 비용에 요즘은 코치까지 두고 있으니 말이야. 이런게 다 돈드는 게 아니고 뭐겠나" 그래서 내가 물었지요. "뭐에 비해서 비싸다는거죠? 아이들에게 테니스를 그만두게 하면 돈은 절약할 수 있겠지요. 하지만 테니스를 그만두고 나면 학교에서 돌아와서 모든 에너지와 시간을 집에서 해소해야 하는데, 아이들이 그 시간에 뭘 하겠습니까?" 그러자 그는 아무 말 없이 한참을 생각하다가 이렇게 말했습니다. "아무래도 그냥 계속 시켜야겠어." 그는 아이들에게 긍정적인 활동을 하도록 하는 게 얼마나 중요한지를 깨달은 것입니다. 그렇지 않으면 그 아이들은 부정적인 영향에 물들어 갈 겁니다. 왜냐하면 자연은 빈공간을 싫어하기 때문이지요. 우리가 긍정적인 면을 갖고 있건 부정적인

면을 갖고 있건 자연적인 우리의 내면은 빈공간으로 남아
있지 않습니다. 무엇으로든 채워져 있지요.

성격은 어떤 습관을 들이느냐에 따라 다르게 형성됩니
다. 만약 유쾌한 성격을 가지고 싶다면 당신의 습관에 대
해서 자세히 연구해 보아야 할 것입니다. 가끔씩은 관대하
게 보아넘어갈 습관들이 어느새 영구적인 결점이 될 수도
있습니다. 아래의 질문을 자신에게 던져보십시오.

1. 지금 하고 있는 일의 질을 떨어뜨리고 있진 않습니까?
2. 다른 사람의 험담을 하지는 않습니까?
3. 끝없이 질투와 자만을 하고 있지는 않습니까?
4. 다른 사람의 마음을 이해해 주지 못하고 있진 않습니까?

이외에도 질문거리는 많겠지요. 우리는 습관의 창조자
이기도 합니다. 그런 면에서는 좋을 수도 있지요. 왜냐하
면 만약 무엇인가를 하기 전에 끝없이 생각해야 한다면 아
마 아무것도 이루지 못할 게 뻔하기 때문입니다. 항상 충
분한 시간이 우리를 기다리고 있지는 않으니까요.

우리는 자기 수양과 절제를 통해서 습관을 억누르기도
합니다. 이때 우리는 무의식적인 마음의 힘을 이용해야 합
니다. 어린 시절에 이루어진 습관은 어른이 된 후의 성격
형성에 큰 영향을 주기 때문에 어릴 때의 습관에 주의를
기울여야 합니다. 인생의 초기에 좋은 씨앗을 뿌려야 후반
기에 좋은 수확을 거둘 수 있겠지요. 하지만 시작하기에
너무 늦은 때는 없습니다. 긍정적인 환경에 접촉하는 것과
부정적인 환경에 접촉하는 것의 결과는 무척 다르게 나타
납니다. 좋은 습관을 새로 배우는 것은 시간이 많이 걸리지
만 한번 터득하면 새로운 삶의 의미를 가져다 줄 것입니다.

낙관주의나 비관주의도 습관입니다. 습관은 고통과 기쁨을 느끼는 원리에 관련된 문제입니다. 우리는 고통을 피하기 위해서 혹은 기쁨을 얻기 위해서 무엇인가를 하는 것입니다. 고통보다 기쁨이 많을 경우에 우리는 그 습관을 계속 유지합니다. 그러나 고통과 손해가 더 클 경우에는 그 습관을 버리지요. 예를 들어서 의사가 담배를 끊으라고 권하면 이렇게 대답합니다. "그럴 수 없어요. 그건 습관이고 전 그걸 즐기는 걸요." 그리고는 담배를 계속 피워대지요. 이 경우에는 기쁨이 고통보다 훨씬 큽니다. 그러던 어느 날 그는 심각한 질병에 걸리게 되고 의사가 이렇게 말하지요. "살고 싶다면 지금 당장 담배를 끊으세요." 그러면 담배를 끊습니다. 이 경우에는 고통이 기쁨보다 훨씬 더 큰 것입니다.

변화에 대한 반감

사람들이 자신의 나쁜 습관을 깨달았을 때 왜 변화하려고 하지 않는 것일까요? 변하지 않는 이유는 책임을 받아들이기를 거부하기 때문입니다. 또한 습관을 계속 유지할 때 얻을 수 있는 기쁨이 고통보다 훨씬 더 크기 때문이기도 합니다. 이런 사람들은

- 변화하려는 의지가
- 변화하려는 훈련이
- 변화할 수 있다는 믿음이
- 변화의 필요성에 대한 인식이

부족한 것입니다.

이 모든 요인들이 나쁜 버릇을 버리지 못하게 막고 있는 것입니다. 우리는 모두 선택의 기회가 있습니다. 나쁜 버릇을 무시하거나 없어지기를 바라며 기다릴 수도 있고(점진적 접근) 아니면 정면으로 대면하여 이겨낼 수도 있습니다. 이치에 맞지 않는 두려움을 극복하고 편안한 상태로 머무르려는 생각에서 탈피하여야 행동에 변화가 일어납니다.

기억하십시오. 두려움은 어디에선가 익힌 습관이고 우리는 그 습관을 포기할 수 있습니다.

다음의 변명들은 나쁜 버릇을 고치지 않으면서 주장하는 가장 대표적인 대사입니다.

1. 우린 항상 그런 식으로 일을 처리해 왔는데요.
2. 한번도 그런 식으로 해본 적이 없습니다.
3. 저랑 상관없는 일입니다.
4. 그런다고 해서 별로 달라지지 않을 것이라고 생각하는데요.
5. 너무 바빠요.

좋은 습관 들이기

변화하기에 너무 늦은 때는 없습니다. 나이가 몇 살인지 습관이 얼마나 오래 됐는지에 관계 없이 문제를 깨닫고 합리적으로 대처하면 변화할 수 있습니다. 늙은 개에게 새로운 기교를 가르치기는 어렵다는 얘기를 많이 듣습니다. 하지만 우리는 개가 아니고 인간입니다. 아무도 기교를 부리고 있는 것이 아닙니다. 우리는 자신을 망가뜨리는 습관을 버리고 좋은 습관을 습득할 수 있습니다.

성공한 사람들은 실패
한 사람들이 하기 싫어
하는 일을 습관적으로
한다.

성공한 사람들의 비결은 실패한 사람들이 좋아하지 않고 또 하지 않는 일을 하는 습관을 들인 것입니다. 그럼 실패한 사람들이 하기 싫어하는 일이 무엇인지 생각해 보십시오. 성공한 사람들도 그 일을 하기 싫어하는 것은 다 마찬가지이지만 그들은 어쨌든 그 일을 해버립니다.

예를 들어서 실패한 사람들은 훈련이나 고된 일, 약속 지키기를 싫어합니다. 성공한 사람들도 마찬가지로 훈련과 고된 일을 싫어하지만 결국은 그 일을 하고 맙니다. 왜냐하면 실패하는 사람들이 하기 싫어하는 일을 하도록 이미 습관이 생겼기 때문입니다. 운동 선수들은 훈련하는 것을 싫어하지만 동시에 좋은 성적을 내기 위해서 훈련을 계속 합니다.

모든 습관은 조그만 데서 시작되지만 결국은 벗어나기 매우 어렵게 됩니다. 사고 방식도 일종의 습관이기 때문에 변화할 수 있습니다. 나쁜 버릇을 없애고 새롭게 좋은 습관을 들이는 것이 바로 그 문제의 관건입니다.

나쁜 습관은 미리 예방하는 것이 나중에 이겨내는 것보다 쉽습니다. 좋은 습관은 여러 가지 유혹을 이겨냄으로써 만들어집니다. 행복과 불행도 습관입니다.

최고의 자리에는 그것이 습관이 될 정도로 계속적이고도 의식적인 노력을 기울여야만 올라설 수 있습니다. 그리고 그것이 습관이 되려면 많은 연습과 실천이 필요합니다.

우리는 모두 자신을 약하게 만드는 나쁜 습관을 가지고 있습니다. 15분 정도 혼자서 곰곰히 생각해 보십시오. 그리고 당신을 해치는 나쁜 버릇이 무엇인지 한번 적어 내려가 보십시오.

15분간 아무에게도 방해받지 말고 당신이 발전시키기를
원하는 좋은 습관을 적어 보십시오.

_____

_____

_____

_____

_____

_____

_____

_____

_____

_____

_____

_____

_____

_____

_____

_____

_____

_____

_____

_____

_____

_____

좋은 습관을 들이기 위한 21일 처방

자기 암시

자기 암시란 무엇일까요? 자기 암시는 당신이 되기를 희망하는 사람에 대해 현재 시제로 표현한 진술입니다. 자기 암시란 자기 자신에게 자신을 위해서 자신에 대하여 광고 문구를 쓰는 것과 같습니다. 이것은 사고 방식과 의식과 무의식 세계 모두에게 영향을 미칩니다.

자기 암시는 무의식적인 마음을 만들어 가는 한 방법입니다. 긍정적인 암시일 수도 있고 부정적인 암시일 수도 있습니다.

부정적인 자기 암시의 예는 다음과 같습니다.

- 난 너무 피곤해
- 난 운동 선수가 아니야
- 난 기억력이 나빠
- 난 원래 수학을 잘 못해

자신에게 부정적인 자기 암시를 계속하면 우리의 무의식은 그것을 믿어버리고 자신의 내부 모습이 자기가 예언한 대로 변해 버립니다. 그리고 그것이 행동으로 나타나게 되지요. 예를 들어서, 다른 사람과 이야기하다가 자신이 하려고 했던 이야기가 무엇이었는지 잊어버리면, 상대방에게 이렇게 이야기합니다. "할 얘기를 잊어버렸어요. 보세요. 난 이렇게 기억력이 나쁘다니까요."

사람들이 처음 범죄를 저지를 때는 그 일을 싫어합니다. 그러나 계속 범죄에 노출되다 보면 어느새 적응을 하고 또 그 노출이 아주 긴 기간 동안 계속되었을 때는 적극적으로 받아들이게 되는 것입니다. 그리고 결국은 자신의 불행을 자초하고 맙니다.

오랫동안 계속해서 같은 믿음을 가지고 살면 그것은 무의식 속에 가라앉아 있다가 마침내 현실이 되어 나타납니다. 오랫동안 반복한 거짓말은 결국 진실로 받아들여지고 마는 것입니다. 긍정적인 자기 암시는 스포츠 경기나 의료계에서 널리 사용되고 있습니다. 왜 긍정적인 암시를 해야 하는 걸까요? 그것은 우리가 마음 속에 지니기 싫은 것보다는 지니고 싶어하는 것에 대하여 그리고 싶어하기 때문입니다.

우리가 마음 속에 그리고 있는 것은 결국 모두 현실이 되어 나타납니다. 자기 암시는 반복되는 과정입니다. 오랫동안 반복하면 그 내용은 무의식적인 마음에 가라앉게 됩니다. 예를 들어서 "나는 마음을 편안히 한다. 나는 냉정하고 침착하다"와 같은 것입니다.

자기 암시는 부정적인 방법으로 행해져서는 안 됩니다. "나는 화나지 않았다. 나는 화내지 않을 것이다."

긍정적인 자기 암시는 말로 표현되는 것이 아니라 우리 마음 속에 하나의 상으로 맺히는 것입니다. 만약 "파란색 코끼리에 대해서 생각하지 말라"고 말한다면 제일 처음 마음 속에 그려지는 상은 무엇입니까? 물론 파란색 코끼리지요.

또 "어머니"라고 말한다면 마음 속에 무엇이 그려지나요? 당신 어머니의 얼굴이 그려지겠지요. 'ㅇㅓ, ㅁㅓ, ㄴㅣ'라고 마음 속에 써내려가지는 않을 겁니다.

부정적인 자기 암시를 하면 우리가 피하고 싶어하는 부정적인 상이 우리의 마음 속에 맺히게 됩니다.

그러면 왜 현재 시제로 자기 암시를 해야 할까요? 그 이유는 우리의 마음이 진짜 경험과 상상 속의 경험을 분간하지 못하기 때문입니다. 예를 한번 들어볼까요? 부모들은 아이들이 아홉시 반까지는 집에 돌아오길 바랍니다. 그러나 아이들은 새벽 한시가 넘은 지금까지 돌아오지 않고 있습니다. 부모의 마음 속에 어떤 생각이 들까요? 아마도 아무 일이 없기를 바라고 있겠지요. "아이에게 사고가 난 건 아닐까?" 혈압은 계속 올라가고 여러 가지 극한 상황을 상상하고 있을 겁니다. 그런데 이러한 것은 상상 속의 경험입니다. 사실은 아이가 파티에서 재미있게 노느라 정신이 없어서 시간이 지났는데도 돌아오지 않은 것일 수도 있습니다.

자, 이제 이 대본을 뒤바꿔 볼까요? 아이가 아주 책임감 있고 실제로 아홉시 삼십분경에 집으로 돌아오는 중에 사고를 당해 새벽 한시가 되도록 돌아오지 않고 있습니다. 부모의 혈압이 또 어떻게 될까요? 여전히 상승하겠지요. 첫 번째 대본은 상상속의 경험이었고 두 번째 것은 실제 경험이었습니다. 하지만 두 경우에 일어나는 몸의 반응은 일치했습니다.

우리의 마음은 실제 경험과 상상 속의 경험을 구별하지 못합니다.

주입된 무의식

나쁜 습관을 없애고 좋은 습관을 기르기 위해서 어떻게 무의식을 활용할 수 있을까요? 우리는 모두 무의식적으로 자기 암시를 하고 있습니다. 예를 들어서 아침 일찍 비행기를 타야 할 경우에, 당신은 자신에게 자동적으로 이렇게 말하지요. "일찍 일어나야만 해." 그리고 정확히 그렇게 합니다 알람시계가 없어도 말이지요. 인위적으로 주입된 무의식은 반드시 결과가 나타납니다.

자기 암시는 우리의 마음을 설계하고 다스리기 위한 방법입니다. 또한 자기 암시는 긍정적인 대사로 우리의 무의식을 채우는 반복적인 과정입니다. 그리고 그것은 결국 현실이 됩니다. 반복하는 것만으로는 충분하지 않습니다. 감정과 느낌이 거기에 더해져야 합니다.

구체적이지 못한 자기 암시는 결과를 가져오지 못합니다. 우리의 마음이 처음 자기암시를 받을 때는 그것을 거부합니다. 왜 그럴까요? 그 이유는 우리의 사고체계와 상반되는 전혀 다른 생각이기 때문입니다.

성공은 이러한 과정에 얼마만큼 집중을 하고 계속 반복해 나갈 수 있는가에 달려있다고 할 수 있습니다.

자기암시를 할 때 따라야 할 요소

1. 아무에게도 방해받지 않는 장소에 가라.
2. 구체적인 암시 내용을 기록하라.

시작한 것을 끝낼 수 있는 자기 수양은 필수적입니다. 자기 암시는 성격 형성을 위해서 필요한 강력한 도구입니다.

자기 암시를 현실로 바꿔라

1. 현재 시제로 자기 암시의 목록을 만들어 보십시오.
2. 자기 암시를 하루에 적어도 두 번 이상 반복하십시오.
   아침에 한 번 잠자기 전에 한 번. 왜냐하면 아침에는

마음이 상쾌하고 감수성이 예민하기 때문이고 밤에는 밤새도록 긍정적인 상을 무의식 속에 담고 있을 수 있기 때문입니다.

3. 습관이 될 때까지 21일간 계속해서 반복하십시오.

4. 자기 암시만으로는 효과가 없습니다. 눈에 보이는 행동이 필요하지요.

형상화

형상화란, 자신이 가지고 싶거나 하고 싶은 것, 혹은 되고 싶은 사람의 모습을 마음 속에 그리고 나서 그것을 실현하는 것을 말합니다.

형상화는 자기 암시와 불가분의 관계이지요. 형상화되지 않는 자기 암시는 기계적인 반복일 뿐이고 아무런 효과도 없습니다. 효과를 보기 위해서 자기 암시는 감정과 정서가 동반되어야 합니다. 이것이 바로 형상입니다.

경고! 자기 암시는 처음 시도할 때 마음에 잘 받아들여지지 않을 수도 있습니다. 왜냐하면 그것은 마음 속에 자리잡고 있는 개념과 전혀 다른 생소한 개념이기 때문입니다. 예를 들면, 과거 몇십년 동안 계속 자신이 기억력이 나쁘다고 믿고 있다가 갑자기 "난 기억력이 좋다"라고 자기 암시를 한다면 마음은 아마 이렇게 이야기하며 거부할 겁니다. "거짓말장이, 넌 기억력이 나빠." 왜냐하면 지금 이 순간까지 철썩같이 그렇게 믿어 왔기 때문이지요. 이러한 관념을 쫓아버리는 데는 21일 이상 걸릴겁니다. 왜 하필 21일 이냐구요? 그것이 습관이 되기까지는 최소한 21일간은 의식적으로 계속 실천을 해야 하기 때문입니다.

> "형상화란 자신이 가지고 싶거나 하고 싶은 것, 혹은 되고 싶은 사람의 모습을 마음 속에 그리고 나서 그것을 실현하는 것을 말한다"

가장 큰 문제는 21일 동안에 걸친 의식적인 노력이 삶을 좀더 나은 방향으로 바꾸기 위해 치러야 할 대가로 너무 과한 것인가 하는 것입니다. 단순하게 들리긴 하지만 쉽지는 않습니다. 나는 얼마나 적은 수의 사람들만이 이 과정을 밟아가는지 알게 되더라도 놀라지 않을 겁니다.

행동단계

1. 자기에게 암시할 내용을 목록으로 작성하라.

_____

_____

_____

_____

_____

_____

_____

_____

2. 형상화시키면서 21일간 반복하라.

7. 목표설정

지식은 목표가 무엇인지를 알려주고 또 그 목표에 도달하도록 도와줍니다.

어느 날 한 인디언 현자가 제자들에게 활쏘기 기술을 가르치고 있었습니다. 그는 나무로 만든 새를 과녁으로 세우고 나서 제자들에게 그 새의 눈을 겨냥하라고 지시했습니다. 그리고 첫 번째 제자에게 물었습니다. "무엇이 보이느냐?" 그러자 그 제자가 대답했습니다. "나무와 나뭇가지, 나뭇잎, 하늘, 새와 그 새의 눈이 보입니다." 이에 현자가 기다리라고 하더니 두 번째 제자에게 똑같은 질문을 하였습니다. 그러자 두 번째 제자가 대답했습니다. "새의 눈만 보입니다." 현자가 말했습니다. "아주 좋아. 그러면 쏘게." 화살은 새의 눈에 정통으로 꽂혔습니다.

이 이야기에서 말하고자 하는 것은 무엇일까요? 초점을 맞추지 않으면 우리는 목표에 도달할 수 없습니다. 초점을 맞추고 집중하는 것은 쉽지 않은 일이지요. 하지만 터득할 수 있는 기술입니다.

목표에서 눈을 떼지 말라

인생이라는 고속도로를 여행할 때는 목표에서 눈을 떼지 말라. 도우넛의 구멍에 초점을 맞추지 말고 도우넛에 초점을 맞춰라.

— 무명씨

1952년 7월 4일 플로렌스 케드윅은 여성으로서는 최초로 카탈리나 해협을 횡단하기 위한 장도에 올랐습니다. 그녀는 이미 영국 해협을 정복한 경험이 있었지요. 세계가 그녀를 지켜보고 있었습니다. 케드윅은 심한 안개와 살을 애는 듯한 추위, 그리고 때때로 출몰하는 상어와 싸우면서 바닷가에 가깝게 헤엄쳐 가려고 분투하고 있었지만 그녀의 수경을 통해서 볼 수 있는 것은 짙은 안개뿐이었습니다.

그녀는 자신이 해안가에서 겨우 반 마일밖에 전진하지 못했다는 것을 발견했을 때 크게 실망했습니다. 결국 그녀는 포기하고 말았지요. 쉽게 포기하는 사람이었기 때문이 아니고 어디에도 그녀의 목표 지점이 보이지 않았기 때문이었습니다. 그녀는 이렇게 말했습니다. "변명하고 싶지는 않아요. 육지를 볼 수만 있었다면 도착할 수 있었을 거예요."

두 달 후 그녀는 다시 재도전했고 결국은 카탈리나 해협을 횡단해 내고야 말았습니다. 그녀는 목표를 달성했을 뿐만 아니라 더 나아가서 남자기록을 두 시간이나 단축했습니다. 그날도 역시 날씨가 좋지 않았지만 이번에는 그녀의 마음속에 목표가 있었던 것입니다.

왜 목표가 중요한가?

햇빛이 강하게 비치는 날 돋보기를 이리저리 움직이면 종이를 태울 수 없습니다. 하지만 초점을 한 곳에 맞추고 계속 들고 있으면 종이가 타들어 갑니다. 이것이 바로 집중하면 얻을 수 있는 힘이라고 할 수 있습니다.

한 남자가 여행을 하다가 교차지점에서 멈추어 섰습니

다. 그리고 한 노인에게 물었지요. "이쪽 길로 가면 어디가 나오나요?" 그러자 노인이 되물었지요. "어디를 가고 있는 중인가?" 남자가 대답했습니다. "잘 모르겠어요." 노인이 또 이야기했습니다. "그러면 아무길로나 가게. 어디로 가든 다를 게 없지 않은가?"

그 말이 맞습니다. 우리가 어디로 가고 있는지 모를 때는 어느 길로 가든 어디엔가 도착을 합니다.

열한 명의 축구 선수가 경기에 임할 만반의 준비를 하고 시작 시간을 기다리고 있다고 생각해 봅시다. 경기가 시작되기 바로 직전에 누군가 축구 골대를 치워 버렸다면 어떤 일이 벌어질까요? 선수들은 아무것도 할 수 없습니다. 점수를 올릴 수 있을까요? 어디에다 골을 집어넣어야 할지 알 수 있을까요? 방향은 모르면서 열정만 있는 것은 순식간에 불붙었다가 소멸하는 들불과도 같고 결국은 좌절만을 가져올 뿐입니다.

당신은 어디로 향하고 있는지 모르는 기차나 비행기에 타고 가만히 앉아 있겠습니까? 대답은 분명 '아니오'이겠지요. 그렇다면 사람들은 왜 목표 없이 인생을 살아가는 걸까요?

이상

사람들은 가끔 목표를 꿈이나 희망과 혼동합니다. 꿈과 희망은 욕망에 불과합니다. 욕망은 그 혼자만으로는 나약합니다. 욕망은

- 방향성
- 훈련
- 헌신

- 일을 마감하는 시간   • 과단성

등이 같이 도와줄 때 강해집니다.

"목표는 마감시간과 행동계획이 수반된 욕망이며 단순한 희망이 아니라 열정이다"

이것이 바로 욕망과 목표의 차이점입니다. 목표는 마감시간과 행동계획이 수반된 욕망입니다. 목표는 가치가 있는 것일 수도 있고 가치가 없는 것일 수도 있습니다. 또한 단순한 희망이 아니라 꿈을 현실로 바꾸어 주는 열정이기도 합니다.

꿈을 현실로 바꿔주는 단계들

1. 정확하고 명료하게 목표를 적는다.
2. 어떻게 완수할 것인지 계획을 세운다.
3. 위의 기록한 내용을 하루에 두 번씩 읽는다.

왜 더 많은 사람들이 목표를 정하지 않는가?

여러 가지 이유가 있을 수 있겠지요.

1. 비관적인 사고방식 — 항상 가능성보다 위험요소를 더 많이 생각합니다.
2. 실패에 대한 두려움 — 사람들은 무의식적으로 목표를 정하지 않으면 실패도 하지 않을 것이라고 느낍니다. 그러나 이런 사람들은 시작부터 실패자입니다.
3. 야망의 부족 — 이것은 우리의 가치체계와 좀더 풍요로운 삶을 살고자 하는 욕구가 부족한 결과로 나타납니다. 생각의 한계가 도전하는 것을 막습니다. 한 어부가 있었는데 그는 매번 큰 물고기를 잡았지요. 그런데 그는 항상 그것들을 강에 다시 놓아주고 오직 작은 물고기만을 잡았습니다. 한 남자가 그의 평범하지 않은

행동을 지켜보다가 왜 그렇게 작은 물고기만을 잡느냐
고 물었습니다. 그러자 어부가 대답했지요. "왜냐하면
난 작은 프라이 팬을 가지고 있거든요." 대부분의 사람
들은 살아가면서 자신의 생각에서 벗어나지 못합니다.

4. 거절당하는 것에 대한 두려움 — "만약 이 일을 잘 해
내지 못하면 다른 사람들이 뭐라고 말할까?"

5. 지연시킴 — "언젠간 목표를 정할거야." 이런 태도는
야망을 부족하게 만듭니다.

6. 약한 자기 존중 의식 — 내부적으로 소신이나 영감이
없는 사람

7. 목표의 중요성에 대한 무시 — 아무도 그들에게 목표
설정의 중요성을 가르쳐 주지 않았고 한번도 거기에
대해서 배우지 못했습니다.

8. 목표 설정에 대한 지식 부족 — 이런 사람들은 목표
설정의 원리를 모릅니다. 그들에게는 그대로 따라할
수 있는 단계별 안내서가 필요하지요.

목표를 설정하는 것은 단계별 과정입니다. 비행기표를
사면 무엇이 적혀 있나요?

- 출발 지점
- 가격
- 도착지
- 출발 날짜
- 좌석 등급
- 유효 기간

대부분의 사람들에게 인생의 가장 주된 목적이 무엇이
냐고 묻는다면 아마도 그들은 "난 성공하고싶어", "행복하
고 싶어", "좋은 삶을 살고 싶어" 등 모호한 대답만을 할
것입니다. 그러나 이런 것은 모두 희망일 뿐이지 명확한

목표가 아닙니다. 목표는 SMART해야 합니다.

목표의 SMART
1. S−specific(명확성)
2. M−measurable(측정
   가능함)
3. A−achievable(달성
   가능함)
4. R−realistic(현실성)
5. T−time-bound(시간
   적 범위)

1. S−specific(명확성): 예를 들어서, '몸무게를 줄이고 싶어.' 이것은 단지 희망사항입니다. 이것은 '난 90일 동안 10킬로그램를 줄일거야'라고 하여야 목표가 됩니다.
2. M−measurable(측정가능함): 만약 목표를 측정할 수 없다면 성취할 수도 없습니다.
3. A−achievable(달성가능함): 달성 가능한 것에 도전해야 합니다. 그렇지 않으면 용기를 잃게 만듭니다.
4. R−realistic(현실성): 한달 안에 20킬로그램의 몸무게를 빼려는 사람은 비현실적인 사람입니다.
5. T−time-bound(시간적 범위): 시작하는 날과 끝나는 나이 명확해야 합니다.

목표의 종류는

1. 단기 목표: 1년 이내
2. 중기 목표: 1~3년
3. 장기 목표: 3~5년

인생은 짧은 순간들이
모여서 만들어지는 긴
여정이다.
인생은 살아볼 만한 것
이다.
　　　─진 고든

목표는 5년보다 더 길어질 수도 있는데 그렇게 되면 그 목표들은 인생의 목적이 되는 것입니다. 만약 인생의 목적이 없다면 우리의 시야가 좁아져서 코 앞에 닥친 목표만을 달성하고 주저앉을 가능성이 있습니다. 목표는 실현가능하게 세분화되어야 좀더 쉽게 달성됩니다.

균형있게 목표를 세워라

인생이라는 바퀴는 그것을 지탱해 주는 여섯 개의 축으로 이루어져 있습니다.

1. 가족 — 사랑하는 가족은 살아가는 힘이 되는 동시에 살아가는 이유이기도 합니다.
2. 돈 — 경력과 경제력
3. 건강 — 건강 없는 삶은 아무런 의미가 없습니다.
4. 지적능력 — 지식과 지혜
5. 사회적 관계 — 각 개인이나 단체가 가지는 사회적 책임
6. 도덕성 — 각자의 개성과 윤리로 나타나는 가치판단 체계

만약 위의 요소들 중에서 어느 하나라도 제 역할을 다하지 못한다면 균형잡힌 삶은 이루어 질 수 없습니다. 잠시 생각해 보십시오. 만약 위의 것들 중 어느 하나가 없다면 우리 인생은 과연 어떨까요?

균형

1923년에 세계 8대 부호들이 한자리에 모인 적이 있었습니다. 그들의 재산을 모두 합하면 그 당시 미국정부의 총 재산보다도 많았을 겁니다. 그들은 돈 버는 방법을 분명히 아는 사람들이었습니다. 그런데 그로부터 25년 후 그들은 과연 행복한 삶을 살고 있었을까요?

1. 강철왕이었던 찰스 슈와브는 빚 때문에 고생을 하다가 결국 부도를 내고 그 충격으로 사망했습니다.
2. 석유왕이었던 하워드 허브슨은 정신병에 걸렸고
3. 유통왕 아서 커톤은 지불능력 상실의 지경까지 가서 사망했습니다.
4. NYSE의 소장이던 리쳐드 위트니는 감옥에 갔고

5. 재무부 장관이던 알버트 휠은 복역 후 고향에서 죽었
   습니다.
6. 월 스트리트의 최대 주주였던 제시 리버모어는 자살
   했으며
7. 최대의 전매업자였던 아이바 크뤼거도 자살했습니다.
8. BIS의 총재였던 레온 프레이져도 역시 자살했습니다.

이 사람들은 재산을 모으는 법은 알고 있었는지 모르지만
어떻게 살아야 하는지는 전혀 모르는 사람들이었습니다.

그렇다고 해서 돈이 전혀 필요하지 않다거나 악의 원천
이라는 얘기는 아닙니다. 분명히 돈은 우리의 삶에 있어서
중요한 역할을 합니다. 돈이 있음으로 해서 배고플 때 음
식을 얻을 수 있고 아플 때 치료를 받을 수 있고 추울 때
옷을 입을 수 있습니다. 돈은 우리의 생활을 매끄럽게 해
주는 윤활유와 같습니다. 따라서 '우리는 어떻게 살아야
하는가' 라는 문제와 함께 "어떻게 돈을 벌것인가" 라는 문
제를 생각해 볼 필요가 있습니다.

주위에서 가끔 돈 버는 일에 너무 집착한 나머지 자신에
게 정말 소중한 가족, 건강, 사회적 책임 등을 잊고 사는 사
람들을 볼 수 있습니다. 그러나 그들에게 왜 그렇게 돈버
는 데 혈안이 되어 있느냐고 묻는다면 정작 "가족을 위해
서"라고 대답할 것입니다. 그렇지만 그것은 진실로 자신의
가족을 위한 것이 아닙니다.

우리가 아침 일찍 돈을 벌러 나갈 때 아이들은 자고 있
습니다. 우리가 밤 늦게 귀가했을 때도 아이들은 자고 있
습니다. 이런 식으로 아이들의 자는 모습만 보면서 돈벌기
에 열중한다면 20년쯤 지나고 나면 행복한 가정의 모습은

이미 사라지고 없을 것입니다. 그건 분명 행복한 인생이
아닙니다.

시간의 질과 양

사람들은 흔히 가족과 함께 보내는 시간의 양보다는 시
간의 질이 훨씬 더 중요하다고 말합니다. 짧은 시간이라도
즐겁게 보내면 된다는 생각이지요. 하지만 과연 그럴까요?

예를 들어 봅시다. 당신은 지금 최고급 레스토랑에 앉아
있습니다. 영국산 최고급 접시와 프랑스제 도자기, 스위스
제 초콜릿 등 최고급 서비스를 받으면서 금으로 장식된 메
뉴판에서 음식을 골라 바비큐 치킨을 주문했습니다.

몇 분 후 웨이터는 조그만 각설탕만한 음식을 가져왔고,
그 음식은 정말 맛이 있었습니다. 그렇지만 양이 너무 적
다고 생각한 당신이 웨이터에게 물었지요. "이게 다입니
까?" 그러자 웨이터가 "저희 집은 음식의 양은 전혀 신경
쓰지 않습니다. 중요한 것은 손님에게 최고의 맛을 제공하
는 것이지요"라고 대답했다면 어떤 기분일까요?

음식은 맛도 중요하지만 시장기를 채워 줄 만한 충분한
양이 제공될 때 그 의미가 있는 것입니다. 가족들에게도
마찬가지입니다. 가족과 보내는 시간의 질만큼이나 양도
중요한 것입니다.

건강

돈을 버느라고 건강을 잃는다면 건강을 되찾기 위해서
많은 돈을 써야 할 것입니다.

사회적 책임

돈을 벌기 위해서 주어진 사회적 책임을 게을리 한다면 언젠가는 우리 스스로가 희생자가 될지도 모릅니다.

목표의 분석

아무것도 바라는 것이 없는 사람은 아무것도 잃을 것이 없습니다. 쉬운 목표만 정하는 것도 크나큰 실수가 될 수 있습니다. 승자는 항상 목표를 보지만, 패자에게는 장애물만 보입니다. 목표는 자신을 끊임없이 자극해 주고 용기를 북돋워 주는 원대한 것으로 정해야 합니다. 우리가 무엇을 하든 그것은 목표로 다가가든지 목표로부터 벗어나든지 둘 중의 하나입니다.

목표는 아래에 제시된 요소들을 고려하면서 계속 평가되어야 합니다.

1. 진실된 것인가?
2. 모든 것을 고려한 것인가?
3. 나에게 도움이 되는가?
4. 건강, 재산 그리고 마음의 평화를 줄 수 있는가?
5. 다른 목표들과 일치하는가?
6. 스스로 달성할 수 있는가?

위의 관점에서 볼 때 다음에서 제시한 것들은 적합한 목표가 될 수 없습니다.

a. 나의 목표 중의 하나가 돈을 들이지 않고 건강해지는 것이라면 살아남기는 어려울 것입니다. 이것은 내가 가진 다른 목표와 부합되지 않는다는 것을 의미하지요.

b. 세상의 돈을 모두 벌어들일 수 있다고 하더라도 건강
과 가족을 잃는다면 무슨 소용이 있을까요?

c. 만약 밀매로 백만장자가 된 사람이 있다면 그는 평생
을 평생을 떳떳하게 살아 갈 수 없을 겁니다. 그는 마
음의 평정을 잃고 평생을 숨어 지내야 할지도 모르지
요. 이것은 스스로에게 진정으로 이익이 되는 목표는
아닙니다.

각각의 목표들은 위에서 제시한 6단계 테스트를 통해서
평가되어야 합니다. 그리고 모든 목표들은 이 여섯 단계에
잘 부합되어야 하지요.

행동이 없는 목표는 공허한 이상에 불과합니다. 우리의
이상을 행동으로 옮길 때에야 비로소 구체적인 목표가 될
수 있는 것입니다. 비록 목표를 가끔씩 잊어버린다고 해도
일단 행동에 들어간 이상 실패할 가능성은 아주 적어집니
다. 왜냐하면 그것은 목표를 실현하는 것이 잠시 지연되는
것뿐이니까요. 분명히 실패한다는 것과 지연된다는 것은
다릅니다. 목표달성을 조금 늦춤으로써 우리는 스스로의
목표들을 다시 점검할 기회를 가져볼 수도 있습니다.

좋은 사진을 위해서는 초점을 잘 맞추는 과정이 중요하
듯이 우리는 삶을 풍요롭게 하기 위해 목표를 잘 세워야만
합니다.

목표는 우리가 추구하는 가치와 일치해야 한다

목표는 인생의 최종목적을 달성하게 해 줍니다. 목표는
성공을 위한 출발점입니다. 달나라를 동경하던 인간이 마
침내 달을 정복한 것과 같이 목표는 언젠가 이룰 수 있는

목표설정의 6단계
1. 진실된 것인가?
2. 모든 것을 고려했나?
3. 나에게 도움이 되나?
4. 건강, 재산, 마음의 평
화를 주는가?
5. 다른 목표들과 일치하
는가?
6. 스스로 달성할 수 있
는가?

것입니다. 만에 하나 이룰 수 없을지라도 적어도 당신은 목표 근처에는 도달해 있을 것입니다.

누구나 인생의 목표가 있습니다. 그리고 그 목표는 개인마다 다 다릅니다. 오케스트라의 구성원들이 모두 같은 악기만을 연주한다면 아름답고 조화로운 협주곡을 들을 수 없는 것처럼 인생의 목표도 그렇습니다.

지금 처해있는 환경은 중요하지 않습니다. 진짜 중요한 문제는 우리가 무엇을 바라며 어디로 가고 있는가 하는 것입니다.

인생의 뚜렷한 목적 없이 노력만 한다면 그건 시간낭비일 뿐입니다. 걱정하는 것은 목표설정에 방해만 됩니다.

노력과 목표달성의 차이

목표를 달성하는 것과 그것을 위해 노력한다는 것은 큰 차이가 있습니다. 프랑스의 과학자 파브르는 애벌레를 이용해서 재미있는 실험을 했습니다. 그는 소나무를 심어놓은 둥그런 화분에 동그랗게 애벌레들을 배열했습니다. 애벌레들은 본능적으로 앞의 동료를 따라가는 성향이 있습니다. 만약 그 애벌레들이 그렇게 맹목적이지 않다면 배가 고플 때 먹이가 될 수 있는 소나무 쪽으로 기어가겠지요. 그러나 애벌레들은 일주일 동안이나 계속 앞의 애벌레를 쫓아 빙빙 돌기만 했고 결국은 먹이를 눈 앞에 놔두고도 굶어 죽었습니다.

우리는 이 애벌레 이야기를 통해서 많은 것을 배울 수 있습니다. 단지 맹목적으로 무엇인가를 열심히 하고 있다는 것이 결코 목표로 다가가고 있는 것은 아닙니다.

목표에서 당신의 눈을 떼었을 때 볼 수 있는 것은 오직 난관뿐이다.
— 헨리 포드

아주 작은 노력도 하지 않으면 인간의 마음을 움직일 수 없다.
계획을 세워라. 이상도 크게 품어라. 그리고 열심히 실천하라.
— 다니엘. H. 번함

우리는 목표를 설정하고 그 목표를 향해 나아가기 위해서 스스로의 노력을 냉정히 평가해 볼 필요가 있습니다.

어떤 부부가 자동차를 운전하면서 고속도로를 질주하고 있었습니다. "여보, 길을 잘못 든 것 아니예요?"라는 아내의 물음에 남편이 대답했습니다. "무슨 상관이야. 어쨌든 재미있잖아!"

만약 목표달성과 그를 위한 노력을 구별하지 못한다면 우리는 시간만 허비할 뿐 목표에는 도달할 수 없을 것입니다.

의미 없는 목표

한 농부가 강아지 한 마리를 데리고 큰 길가의 벤치에 앉아 지나가는 차를 바라보고 있었습니다. 차가 한 대 지나갈 때마다 강아지는 길가로 뛰어나가 마구 짖어대며 차를 쫓아가곤 했습니다. 그 광경을 보던 한 이웃이 농부에게 물었습니다. "저 강아지가 차를 따라잡을 수 있을 것 같습니까?" 그러자 농부는 이렇게 대답했습니다. "그건 내게 별로 중요하지 않아요. 내가 궁금한 건 차를 잡은 후에 그놈이 어떻게 할 것인가 하는 거지요."

세상의 많은 사람들은 이 강아지처럼 의미 없는 목표를 추구하고 있지는 않을까요?

목표 달성을 위한 행동 절차

1. 명확한 목표를 설정하십시오.
2. 설정한 목표를 기록하십시오.
3. 아침, 저녁, 하루에 두 번씩 목표를 소리내어 읽으십시오.

4. 목표는 원대하되 실현 가능성 있게 세워야 합니다.

5. 주기적으로 당신의 진도를 파악하십시오.

8. 가치와 통찰력

간디는 인간의 7대 죄악을 노력 없는 부, 양심 없는 쾌락, 인격 없는 지식, 도덕 없는 장사, 인간성 없는 과학, 희생 없는 종교, 원칙 없는 정치라고 했습니다.

아기가 태어나면 부모와 친지들은 기뻐하며 웃지만 정작 그 아기는 웁니다. 우리가 죽으면 그 반대일 겁니다. 우리는 우리 자신이 세상에 무엇인가를 이루고 있다는 것을 감사해야 하고, 이전의 세상보다 조금이나마 더 나은 세계에 있을 수 있음에 만족할 줄 알아야 합니다. 우리는 또한 선한 영혼을 잃어가고 점점 황폐해지는 세상을 슬퍼해야 합니다. 우리는 세상으로부터 받기만 한 것이 아니라 주기도 했습니다.

힌두문화에서는 선한 사람들이 죽었을 때 그들이 죽었다고 생각하지 않고 단지 떠났다고 생각한다고 합니다. 그들이 세상에 베푼 선행과 함께 그들의 이름이 영원히 세상에 남는다고 생각하기 때문입니다.

당신이 들었던 칭찬을 생각해 보십시오. 사람들은 작은 친절에 대해 많은 얘기를 하고 오래 기억을 합니다. 이러한 작은 친절은 사소한 것처럼 보이지만 받는 이의 기억 속에 오래도록 남아 있습니다.

우리가 어떤 사람을 기억하는 이유는 우리가 그에게 베푼 것 때문이 아니라 그가 우리에게 베푼 것 때문이다.
— 켈빈 쿨리지

가치체계를 판단하는 방법

가치체계를 판단하는
방법
1. Mama Test
   엄마 생각 방법, 나의
   어머니가 내 모습을
   본다면…
2. Baba Test
   아이 생각 방법, 나의
   아이가 내 모습을 본
   다면…

우리가 가치체계를 판단하는 방법에는 두 가지가 있습니다. 첫 번째는 'Mama Test'(엄마 생각 방법)입니다.

언제, 어디서, 누구와, 무엇을 하든지 가치판단이 흔들린다면 스스로에게 이렇게 질문하십시오. "만약 나의 어머니가 내가 하고 있는 일을 보고계신다면 난 과연 이 일을 할 수 있을 것인가? 어머니는 나를 자랑스러워 하실까? 아니면 부끄러워 하실까?" 스스로에게 이런 질문을 해 본다면 당신의 가치판단은 보다 신속하고 명확하게 이루어 질 수 있을 것입니다. 다른 방법에서 비록 좋지 못한 결과를 얻었다고 해도 Mama Test에서 좋은 결과를 얻을 수 있다면 그 일을 실천에 옮기면 됩니다. 하지만 이 테스트로 좋지 못한 결과를 얻었다면 다른 방법으로 좋은 결과가 있었다고 해도 그 일은 실천에 옮기지 않는 것이 좋습니다.

이 방법은 분명히 효과가 있을 겁니다. 가치판단을 명확히 할 필요가 있을 때마다 스스로에게 Mama Test의 질문을 던져 보십시오. 그러면 걱정하던 문제는 말끔히 사라지고 문제에 대한 해답을 보다 명확히 얻을 수 있을 것입니다.

두 번째 방법은 'Baba Test'(아이 생각 방법)입니다. 언제, 어디서, 누구와, 무엇을 하든지 가치판단이 필요할 때는 스스로에게 이렇게 질문해 보는 것입니다. "만약 내 아이가 지금 내 모습을 본다면 난 이 일을 할 수 있을까? 이런 행동을 떳떳하게 아이에게 보여줄 수 있을까? 아니면 부끄러워 할까?" 그러면 고민하던 문제에 대한 명확한 답을 얻을 수 있을 것입니다.

만약 이 두 가지 방법 모두가 가치판단을 명확히 하도록 해주지 못한다면 그 사람은 조금의 양심도 없는 파렴치한 사람이며 어쩌면 더 이상 인간이 아닐지도 모릅니다.

가치체계는 어떻게 변하는가?

어떤 일이 계속 반복된다면 아무리 어려운 일이라고 해도 받아들여지고 먼저 생각나게 되지요. 이러한 변화과정을 통해서 적응현상이 계속 일어나게 되고 이것을 통해서 가치판단을 변화시킬 수 있습니다.

시간의 흐름

우리는 신세대들이 어떻고 그들이 어떤 가치체계를 가졌는지에 대해 많이 이야기하곤 합니다. 그들에 대해 이렇다 저렇다 말하기 전에 한 가지 생각해 볼 문제가 있습니다. 우리는 그들을 평가할 수 없습니다. 왜냐하면 가치와 도덕은 세대간에 계속 이어지는 것이 아니라 변해가는 것이기 때문입니다. 그들은 자신들만의 가치와 도덕을 스스로 익혔습니다. 우리는 단지 그들보다 먼저 그것을 익혔을 뿐이며 그에 따른 우선권만 주장할 수 있을 뿐입니다.

돈버는 것과 부유해지는 것의 차이

모든 일의 대가가 돈은 아니지요. 부모는 자식을 키우는 일에서 돈을 기대하지는 않습니다. 많은 돈을 가졌어도 마음이 가난하고 불쌍한 사람들이 많이 있습니다. 우리의 목표는 돈도 많이 벌고 동시에 풍요롭게 사는 것이지요.

인생에서 가장 불행한 일은 노력의 대가로 돈을 벌려는 것이 아니라 쉽게 일확천금을 노린다는 것이지요. 돈을 버는 것은 쉬운 일이지만 돈을 모으는 것은 어려운 일입니다.

인간은 힘든 일을 함으로써 돈의 가치를 알게 됩니다. 그리고 모든 부모는 자식들에게 이 사실을 가르쳐야 합니다. 아무런 노력 없이 많은 유산을 상속받은 젊은이들은 돈의 가치를 하찮게 생각합니다. 그들은 자칫 모든 것을 돈으로 해결하려고 합니다. 모든 것을 돈으로 사려고 합니다. 그러나 그것은 잘못된 생각입니다.

명확한 가치를 지닌 사람들은 돈에 구속되지 않습니다.

인격의 고귀함

《은밀한 유혹》이라는 영화는 이 문제를 보다 분명히 제시해 주고 있습니다. 여주인공은 백만장자로부터 하룻밤 동침의 대가로 백만 달러의 돈을 제의받습니다. 자신의 양심을 팔아서 하루아침에 일확천금을 노리는 사람들이 있지만 그것은 정당하지 못한 것입니다. 왜냐하면 진정한 가치란 돈으로 살 수 있는 것이 아니기 때문입니다.

어떤 가치가 돈으로 매겨질 수 있는 것이라면 그건 더 이상 가치 있는 것이 아닙니다. 상실된 가치는 무엇으로도 보상받을 수 없습니다.

돈은 분명히 유익한 것이지만 돈을 얻는 과정에서 우리

세상에서 가장 아름다운 것은 볼 수도 없고 만질 수도 없습니다. 그것은 오직 마음을 다해서 느낄 수 있을 뿐입니다.
— 헬렌 켈러

는 돈으로는 살 수 없는 것을 잃고 있는지도 모릅니다. 돈으로는 돈으로 살 수 있는 것만 살 수 있기 때문입니다. 정말로 우리에게 소중한 것들은 돈으로 살 수 없습니다.

돈으로 살 수 없는 것들

인생에서 가장 소중한 것들은 돈으로 살 수 없습니다. 모든 이에게 값을 매길 수 있다는 이야기가 있습니다. 그러나 그런 말을 하는 사람들은 그들 스스로를 헐값에 팔고 있을 뿐입니다.

인격과 바른 가치관을 지닌 사람들에겐 값을 매길 수 없습니다.

돈으로는

- 순간의 쾌락을 살 수 있을지는 모르나 진정한 행복을 살 수 없고
- 침대를 살 수 있을지는 모르나 잠을 살 수 없고
- 책을 살 수 있을지는 모르나 지혜로움을 살 수 없고
- 시계를 살 수 있을지는 모르나 더 많은 시간을 살 수 없고
- 동료를 살 수 있을지는 모르나 친구를 살 수 없고
- 세련됨을 살 수 있을지는 모르나 아름다움을 살 수 없고
- 음식을 살 수 있을지는 모르나 식욕을 살 수 없고
- 집을 살 수 있을지는 모르나 행복한 가정을 살 수 없고
- 약을 살 수 있을지는 모르나 건강을 살 수 없고
- 반지를 살 수 있을지는 모르나 결혼을 살 수는 없습니다.

인생에 있어서의 두가지 비극

1. 원하는 것을 얻지 못하는 비극

고생하는 사람들을 위한 교리

◆

무엇인가를 위해 강한 힘을 원했으나
약하게 태어나 겸손하게 복종하는 법을 배웠고,
더 큰일을 할 수 있게 건강을 원했으나
약하게 태어나 더 선한 일을 할 수 있게 되었고,
행복해지기 위해 부유함을 원했으나
가난하게 태어나 현명해지게 되었고,
사람들로부터 우러름을 받기 위해 강한 힘을 원했으나
약하게 태어나 그들을 필요로 하게 되었고,
인생을 즐길 수 있게 모든 것을 원했으나
주어진 삶 속에서 모든 것을 즐길 수 있게 되었고,
가진 것이 없어 열심히 구했으나
내가 모든 것을 바랄 수 있도록 해 주셨으며,
이렇게 보잘것 없는 나의 기도에도 응답해 주셨도다.
나는 세상 모든 사람들 중에 가장 축복받은 자이다.

— 작자 미상

2. 원하는 것을 얻는 비극

가치관이 명확히 서지 않은 상태에서는 원하는 것을 얻은 것이 더 큰 비극이 될 수도 있습니다.

마이다스 왕의 손길

마이다스의 일화는 너무나 유명합니다. 그는 금을 닥치는 대로 모았고 가질수록 욕심이 더해갔습니다. 그는 그의 창고에 금을 가득 쌓아 놓고 매일 그것을 헤아리면서 시간을 보냈습니다.

어느 날 한 행인이 찾아와서 그에게 소원을 들어주겠다고 했습니다. 마이다스 왕은 크게 기뻐하면서 자기가 만지는 모든 것이 금으로 바뀌게 해달라고 요청했고, 그 행인은 마이다스의 소원을 이루어 주었습니다. 그 다음날 아침부터 마이다스가 만지는 모든 것은 금으로 변했습니다.

그는 마치 꿈을 꾸고 있는 것 같았습니다. 그가 손을 대면 침대, 옷, 모든 것이 금으로 변했습니다. 그가 책을 읽기 위해서 책에 손을 대면 책이 금으로 변했고 물을 마시기 위해 잔에 손을 대면 물도 금으로 변했습니다.

그는 배가 고프고 목이 말랐지만 너무나 기뻤습니다. 이때에 공주가 들어오자 그가 공주와 포옹하려고 그녀의 몸에 손을 대자 공주도 금으로 변해버렸습니다. 이제 마이다스는 더 이상 행복하지 않았습니다.

그는 머리를 땅에 박고 통곡했습니다. 마이다스의 소원을 이루어 준 행인이 다시 나타나 왕에게 소원이 이루어져 행복한지 물었습니다. 마이다스는 자신이 세상에서 가장 불행한 사람이라고 말했습니다.

행인이 "당신은 음식이나 공주보다는 금 한덩어리가 더 소중하지 않습니까?"라고 물었을 때 왕은 눈물을 흘리며 용서를 구했습니다. 그는 결국 자신의 금 모두를 포기하고 공주를 되찾았습니다. 공주가 없는 삶은 그에게 무의미했기 때문이지요. 그는 인생에서 정말로 소중한 것이 무엇인지를 깨닫게 되었고 그 교훈을 평생 동안 잊지 않았습니다.

1. 왜곡된 가치관은 비극을 낳을 수 있습니다.
2. 가끔씩은 원하는 것을 얻는 것이 얻지 못하는 것보다 훨씬 더 큰 불행을 가져올 수도 있습니다.
3. 축구경기는 선수를 교체할 수 있지만 인생이라는 경기는 선수 교체도 없고 재시합도 없는 경기입니다. 마이다스는 자신의 선택을 되돌릴 수 있는 기회를 가질 수 있었지만 우리에게는 그런 기회가 없습니다.

당신은 어떻게 기억되고 싶습니까?

100여 년 전 조간신문을 보던 한 남자가 깜짝 놀랐습니다. 신문 부고란에 자신의 이름이 실렸던 것입니다. 신문사가 실수로 기재한 것이었지만 그에게는 큰 충격이었습니다. "도대체 어떻게 된 일이지?" 그는 다시 평정을 찾게 되자 사람들이 자신에 대해 뭐라고 말했는지 알고 싶었습니다. 부고에는 이렇게 적혀 있었습니다. "다이너마이트 왕 사망", "그는 죽음의 상인이었다."

이 사람은 바로 다이너마이트를 발명한 사람이었습니다. 죽음의 상인이라는 글을 읽었을 때, 그는 자신에게 한 가지 질문을 던졌습니다. "내가 이런 식으로 기억될 거란 말인가?" 그는 양심의 가책을 느끼게 되었고 앞으로는 이런 식으로 기억되지 않겠노라고 결심했습니다. 그날 이후부터 그는 평화를 위해 일하기 시작했습니다. 그의 이름은 알프레드 노벨이었으며 오늘날 그의 이름은 위대한 노벨 상으로 기억되고 있습니다.

알프레드 노벨이 양심의 가책을 느끼고 자신의 가치들을 다시 규정한 것처럼 우리도 한 걸음 물러서서 자신을 돌아볼 줄 알아야 합니다.

당신이 지금까지 쌓아온 업적이 무엇인가요? 당신은 어떻게 기억되기를 원하십니까? 칭찬받기를 원하나요? 사랑과 존경으로 기억되기를 원하나요? 사람들이 당신을 그리워하기를 원하나요?

작은 것이 큰 차이를 만든다

한 남자가 어느 날 아침 바닷가에서 산책을 하고 있었습니다. 그는 밀물과 함께 수백 마리의 불가사리가 떠밀려 온 것을 보았습니다. 바닷물이 다시 빠져나가자 그것들은 그대로 바닷가에 남겨지게 되었지요. 아침 햇빛에 죽게 될 것이 뻔했습니다. 아직 물이 완전히 빠지지는 않았고 불가사리들은 여전히 살아 있었습니다. 그는 몇 걸음 다가가서 그 중 한마리를 집어들더니 물 속으로 던졌습니다. 그리고는 계속해서 불가사리들을 물 속으로 던졌지요. 그 옆에는 다른 사람이 그것을 지켜보고 있었는데, 그는 이 남자가 하는 일을 이해할 수 없었습니다. 그는 남자를 붙잡고 물었습니다. "도대체 뭐하는 거요? 불가사리가 수백 마리나 되는데, 당신이 살려줘 봤자 얼마나 살려줄 수 있겠소? 그렇게 한다고 달라지는 게 뭐가 있겠소?" 남자는 대답을 하는 대신 몇 발자국 더 움직이더니 또 한 마리를 집어들고는 물 속으로 던졌습니다. 그리고 말했지요. "이

놈에겐 달라지는 게 있지요."

우리는 과연 어떤 차이를 만들고 있습니까? 그것이 크건 작건 상관없습니다. 만약 모든 사람들이 작은 차이를 만들어 낸다면 그것이 모여 결국 큰 차이가 될 것입니다.

당신의 인생은 구할 가치가 있는가?

한 소년이 강물에 빠져서 살려달라고 외치고 있었습니다. 지나가던 한 남자가 그것을 보고 소년의 생명을 구해 주었습니다. 남자가 떠나려고 할 때 소년이 말했습니다. "고맙습니다." 남자가 소년에게 물었습니다. "뭐가 말이냐?" 소년이 대답했습니다. "제 생명을 구해 주셨잖아요." 그 남자는 소년의 눈을 바라보며 말했습니다. "얘야, 네가 어른이 되거든 네 생명은 구할 가치가 있는 것이었다는 걸 명심하거라."

생각해 봅시다. 이 이야기는 우리에게 경종을 울려주고 있습니다.

성취 없는 성공은 무의미한 것입니다. 만약 성공이나 목표에 대해서 생각하지 않는다면, 인생은 얼마나 많은 명예와 돈과 지위를 가졌느냐에 관계 없이 공허하고 불행할 것입니다.

성공은 당신이 가지고 있는 돈, 건강, 가족, 사회와 같은 가치들에 대한 개인적인 성공철학을 개발하는 것에서부터 시작됩니다. 당신을 안내해 줄 만큼 분명하게 정해진 목표와 철학이 없으면 인생은 환상에 의해 이끌려가는 것과 같습니다. 만약 사람들이 성공에 대한 철학을 분명히 정하지 못하면 사실상 그들은 자동적으로 실패의 철학을 가지게 되는 것입니다.

종종 우리는 그냥 지나쳐서는 안 될 것들은 지나쳐버리고 그냥 지나쳐 버려야 할 것은 건드리는 경우가 있습니다.

바람직한 가치체계의 핵심은 바로 헌신입니다.

헌신

가치체계가 명확하면 무슨 일을 결정하고 그것에 전념하기는 훨씬 쉬워집니다. 예를 들어서 나라에 헌신한다고 하면서 적에게 기밀을 팔아넘길 수는 없습니다. 또 친구가 믿고 한 말을 다른 사람들에게 말하면서 친구관계를 지속할 수는 없습니다. 자기 직업에 충실한다고 하면서 일은 가능한 한 적게 하려고 한다는 것은 있을 수 없는 일입니다.

약속을 이행하지 않으면 결국 부정직한 행동을 한 것이 됩니다. 사적이든 직업상의 관계이든 간에 그런 식으로 행동을 한다면 어떻게 관계를 지속할 수 있겠습니까?

- 노력은 해 보겠지만 약속할 수는 없어.
- 한 번 해 보긴 하겠지만 믿지는 마.
- 할 수만 있다면 너와 함께 있겠지만 너무 기대하지마.
- 네가 잘 해나가는 한 너와 함께 있을께.
- 네가 건강한 동안에는 너와 함께 있을께.
- 더 나은 것을 찾기 전까지는 너와 함께 있을께.

만약 다음의 관계들이 서로 믿고 의지할 수 없다면 이 세상에서 어떤 일이 제대로 될 수 있겠습니까?

- 부모 / 자녀   • 남편 / 아내

- 학생 / 스승
- 고객 / 판매원
- 고용자 / 일꾼
- 친구 / 친구

불확실성은 자칫 광기로 이어질 수 있습니다. 우리가 맺고 있는 관계들 중 가장 강력한 관계들은 헌신이라고 불리우는 보이지 않는 끈으로 묶여져 있습니다. 오늘날 약속을 깨는 것은 그리 큰 문제거리가 되지 않습니다. 모든 관계들이 약속을 지키기 위한 헌신이 없으니 변질되고 있는 것입니다.

헌신 정신이 부족하면 관계는 불안정해지고 결국 불안을 느끼게 합니다. 서로가 서로를 어떻게 생각하고 있는지 아무도 알지 못하게 되는 것입니다.

헌신은 다음과 같은 의미를 가지고 있습니다.

1. 의지할 수 있음
2. 신뢰할 수 있음
3. 변덕스럽지 않음
4. 언행의 일치
5. 돌봄
6. 공감
7. 의무감
8. 진실함
9. 인품
10. 성실함
11. 충실

만약 이러한 요소들 가운데 하나라도 빠진 것이 있다면 헌신은 그 힘을 잃고 맙니다.

한 사람이 누군가에게 약속의 이행을 위한 헌신을 보여줄 때는 이렇게 말합니다. "어떤 일이 일어나도 넌 나를 믿어.", "네가 나를 필요로 할 때 언제나 함께 있을께."

무조건적인 헌신은 이렇게 말하는 것입니다. "미래가 불확실하다고 해도 나의 마음은 변하지 않을꺼야."

무엇이 미래를 불확실하게 만들까요?

- 상대방의 생활과 환경의 변화
- 자신의 생활과 환경의 변화
- 외부 조건의 변화

이러한 불확실성에 상관없이 헌신은 "날 믿어도 좋아"라고 말하는 것입니다. 헌신하는 사람은 많은 것을 기꺼이 포기합니다. 무엇 때문일까요? 대답은 분명합니다. 그 보상이 너무나 가치있는 것이기 때문이지요.

헌신은 이렇게 말하는 것입니다.

1. 난 기꺼이 희생하겠어. 왜냐하면 나의 일이니까.
2. 난 성실한 사람이니까 날 믿어도 돼.
3. 널 실망시키지 않을게.
4. 힘들고 어려워도 계속 너와 함께 있을게.
5. 기쁠 때나 슬플 때나 너를 실망시키진 않을게.

헌신이라는 것은 강제로 하도록 만들 수 있는 법적인 계약과는 다릅니다. 그 근거는 서명이 되어 있는 종이 한 장이 아니라 인격이자 성실함이며 또한 다른 사람의 감정에 대해 공감하는 마음입니다. 헌신이라는 것은 선택의 여지가 없을 때 어떤 것을 부여잡는 것을 의미하지는 않습니다. 그것은 선택할 수 있는 것이 많이 있음에도 불구하고 계속해서 그것을 놓지 않고 있는 것을 뜻합니다. 위의 요소들을 가지고 있지 못하다면 누구도 다른 사람들에게 진지하고도 지속적으로 헌신하지 못할 것입니다.

무엇 때문에 약속을 지켜야 하는 걸까요? 그것은 다음의 결과를 가져다 주기 때문이지요.

- 확실성
- 안전성
- 개인적 성장
- 개인과 사회 사이의 친밀한 관계
- 지속적인 사적, 직업적 관계들

심지어 깡패들이나 악당들도 헌신적인 부하들을 찾습니다. 헌신은 넓은 정글 속에서 자그마한 잔디밭을 만듭니다. 우리는 이것을 불안전한 세계 속에서의 안전이라고 말하지요. 헌신이란 다른 사람이 필요로 하는 것을 채워주기 위해서 내가 개인적으로 갖고 싶은 것을 포기하는 것을 의미합니다.

"필요하다는 말은 원한다는 말보다 훨씬 더 절실하다"

기억하십시오. 필요하다는 말은 원한다는 말보다 훨씬 더 절실한 것입니다. 헌신은 관계를 결속시켜주는 접착제와 같은 역할을 합니다. 헌신이라는 말이 암시하는 것은 즐거움을 희생하고 슬픔을 기꺼이 받아들이는 것입니다.

예를 들면

1. 우정에 있어서의 헌신은 비밀을 지켜야 함을 뜻합니다.
2. 고객에게 헌신한다는 것은 좋은 서비스를 제공함을 뜻합니다.
3. 결혼에 헌신한다는 것은 정절을 뜻합니다.
4. 고상함에 대한 헌신은 천박한 것을 멀리하는 것을 뜻합니다.
5. 애국심에 헌신한다는 것은 희생을 뜻합니다.
6. 직업에 헌신한다는 것은 성실함을 뜻합니다.
7. 지역사회에 헌신한다는 것은 책임감을 뜻합니다.

헌신은 성숙함의 표시입니다. 처음에 빠져나갈 구멍이 생긴다거나 문제가 발생할 징후가 보일 때 그만두지 않는 것을 뜻합니다. 헌신적인 개인들이 강한 지역사회를 만듭니다.

인간관계는 단지 친숙함이나 긴밀함보다는 헌신에 바탕을 두고 있습니다. 친숙하고 가까우면서도 헌신적이지 못한 사람이 있을 수 있습니다. 계속해서 가치관이 바뀌면서 심지어는 헌신적이지 않은 관계를 갖는 것이 더 이롭게 여겨지기도 합니다.

많은 사람들은 자신들이 남을 위해 헌신할 준비가 되어 있지 않다고 생각하기 때문에 헌신하기를 꺼립니다. 그러나 그렇게 살아가는 몇 년 동안 그들은 계속해서 다른 사람들의 것을 모두 이용하면서 호화를 누리고 있습니다. 그들은 "헌신하기 전에 서로에 대해 점검해봐야지"라고 변명합니다.

도대체 며칠, 몇 달, 몇 년이라는 세월 동안에도 점검하지 못한 것이 무엇이길래 아직도 점검하고 있는 것일까요?

내 생각에 그들은 일이 잘 풀리는 동안 가능한 한 많이 얻어 먹으려고 애를 쓰는 이기적인 기생충에 지나지 않습니다. 사회에는 도움이 안 되는 탈취자일 뿐입니다. 많은 사람들이 헌신을 구속과 혼동하고 있습니다.

인간관계는 정열과 사랑에 의해서가 아니라 헌신과 서로에 대해 공감하는 마음에 의해서 지속되는 것입니다. 헌신은 다른 사람이 필요로 하는 것을 자신이 필요로 하는 것보다 먼저 챙기는 것을 의미합니다.

때로는 정말 훌륭한 동기를 가진 사람들이 고통스러운

"인간관계는 정열과 사랑에 의해서가 아니라 헌신과 서로에 대해 공감하는 마음에 의해서 지속되는 것이다"

헌신의 기로에 서야 할 때가 있습니다. 예를들면,

1. 한 경찰관이 병상에서 죽어가는 아내를 돌보는 데 전념하고 있습니다. 그런데 갑자기 비상호출을 받고 마을 반대편에 열 사람의 목숨이 달려 있는 상황을 처리하기 위해서 가야 합니다. 그는 과연 어떻게 해야 할까요?

2. 한 외과의사가 딸의 졸업식을 학수고대 하고 있습니다. 그는 일생에 한 번뿐인 이 행사에 꼭 참석하고 싶어서 입니다. 모든 손님들이 행사장에 도착하고 식이 시작되기 20분 전에 그는 교통사고 환자를 살리기 위한 수술에 참석해달라는 비상 연락을 받습니다. 그는 이때 어떤 선택을 해야 할까요?

한 가지를 선택한다는 것이 다른 하나에 대한 헌신이 부족하다는 것을 의미하는 것은 아닙니다. 두 가지 헌신 가운데서 어느 한 가지를 선택하는 과정에는 우선 순위, 책임감, 의무감이 포함됩니다. 어느 한 가지 때문에 다른 하나를 지키지 못한다는 것에 대해 죄책감을 느껴서는 안됩니다.

아마도 그 외과의사가 하고 싶어하는 일은 딸의 졸업식에 참석하는 것이겠지요. 그러나 그가 무엇을 하고 싶어하는가는 문제가 되지 않습니다. 우리가 그것을 좋아하든 좋아하지 않든 상관없이 헌신은 이전에 우리가 앞서 이야기했던 11가지의 요소를 가지고 있습니다.

욕망은 무한한 것이지만 필요하다는 것은 필수적으로 있어야 한다는 것입니다. 그리고 필요한 것들 사이에서 어느 한 가지를 골라야 할 경우에는 책임감과 의무를 최우선

헌신의 11가지 요소

1. 의지할 수 있음
2. 신뢰할 수 있음
3. 변덕스럽지 않음
4. 언행의 일치
5. 돌봄
6. 공감
7. 의무감
8. 진실함
9. 인품
10. 성실함
11. 충실

으로 삼아야 합니다. 결혼으로 맺어진 두 사람은 서로에게 헌신에 대한 서약을 합니다. 그런데 1년 후에 그 중 한 사람이 갑자기 암에 걸린 사실을 알게 된다면 어떨까요? 속았다고 생각할까요? 불행해 할까요? 분개할까요? 자신의 인생을 망쳤다고 상대방을 비난할까요? 만약 그렇다면 그것은 헌신이 아닙니다. 단지 이기심일 뿐입니다.

헌신하는 데 있어서 가장 어려운 부분은 서약한 것을 지키지 못하는 경우가 생길 때입니다. 만약 그것이 의도적인 것이 아니라면 상대방의 헌신은 계속됩니다. 의도적이지 않게 헌신에 대한 약속을 위반했을 경우는 연민과 용서로 다스려질 수 있습니다. 반면에 의도적인 위반은 이렇게 말합니다. "처음 한 번 속는 것은 네 잘못이지만 두 번 속는 것은 내가 부끄러워 해야 할 일이야."

어느 쪽이든 간에 자기 자신의 유익을 위해서라도 대답은 용서입니다. 그들은 이렇게 말합니다. "상처는 치유될 수 있지만 흉터는 남기 마련이다." 헌신이라는 것은 용서 없이는 거의 이루어질 수 없습니다. 예컨대 아이는 거짓말을 하고 속임으로써 부모의 믿음을 저버릴 수 있습니다. 사람들은 헌신하기를 꺼리는데 그 이유는 종종 그들이 단지 오늘을 위해서만 살기 때문입니다.

무엇이 가장 위대한 헌신인가?

만일 우리가 엉겁결에 우리의 양심과 가치관에 완전히 반하는 잘못되고도 비윤리적인 것에 헌신을 한다면 어떻게 될까요?

바로 그때 계속해서 헌신을 해 나가야 할지 아닐지를 재

평가해야 합니다.

가치들에 대한 헌신

충실함이란 것은 돈으로 살 수 있는게 아니라 어떠한 것을 제공한 대가로 얻는 것입니다. 그러면 우리는 누구에게 충실해야 할 빚을 지고 있을까요? 개인들일까요, 아니면 조직들일까요? 대답은 그들 중 누구에게도 아니라는 것입니다. 우리는 바로 가치들에 충실해야 합니다. 가치 체계가 모순되는 곳에서 사람들은 같은 집에서 함께 살 수 없고 같은 조직들 속에서 함께 일할 수 없습니다.

"서약을 하면 반드시 거기에 충실하라"

누군가가 어떤 한 개인에게나 조직에게 충실할 것을 서약할 때 그가 진정 말하는 것은 무엇일까요? 그는 "당신을 지지합니다. 왜냐하면 당신이 믿는 그것을 내가 믿기 때문이지요"라고 말하고 있는 것입니다.

만약 내가 헌신했던 사람이 지도자이건 배우자이건 고용자 혹은 부하직원이건 간에 그 사람이 적국의 스파이가 된다면 어떻게 해야 할까요? 이전부터 헌신해 왔기 때문에 계속 그래야만 할까요? 절대로 그렇지 않습니다. 비윤리적이고 불법적인 행동들을 지지하기 위해 내가 헌신하는 것은 아닙니다. 지켜지지 않는 서약은 다음과 같은 결과를 낳게 됩니다.

- 결손 가정
- 버려진 아이들
- 좋지 못한 인간관계
- 많은 스트래스
- 성취감이 없는 삶
- 사업의 실패
- 고립감
- 우울증

● 죄의식

서약을 하면 반드시 거기에 충실하십시오!

윤리

상황이 나쁘다는 것이 잘못된 선택과 그로 인한 불행한 삶의 변명이 되어서는 안됩니다. 도덕이나 윤리는 단지 좋은 시기일 때뿐만이 아니라 어려운 시기가 오는 것을 막기 위해서 만들어진 것입니다. 그것들은 마치 토지관련법과 같아서 당신과 거래하는 사람들이 선한 사람들일 때도 필요하지만 그들을 나쁜 상황으로부터 막아주기 위해서 더욱 더 필요한 것입니다.

대부분의 선택은 윤리적인 것과는 관계가 없습니다. 예를 들어서 무슨 옷을 살까, 어떤 TV를 살까 고민하는 것은 무엇이 자신에게 더 적합한 것인가를 결정하는 개인적인 선택입니다. 이것은 윤리적인 선택이 아닙니다. 어떤 사람들에게는 소니 제품보다 파나소닉 제품이 가격면에서 더 알맞은 선택이 될 수 있습니다. 개인적인 선택은 객관식이 아니라 주관식입니다. 그리고 비록 윤리적인 문제는 아닐지라도 이것들은 책임감의 문제를 수반합니다. 윤리적인 선택은 옳고 그름에 대한 객관성을 반영하게 됩니다.

이것이 바로 우리의 양심이 비윤리적인 선택을 할 때는 상처를 받고 개인적으로 윤리와 관계 없이 잘못된 선택을 할 때는 상처를 받지 않는 이유입니다. 선택은 개인적인 것입니다. 왜냐하면 선택을 하는 주체는 바로 사람이기 때문입니다. 그러나 옳고 그름은 사람들 사이에서도 변하지

윤리는 옳고 그름의 잣대다.

않습니다.

마치 수학 시험에서와 같이 누가 시험을 치루는가, 어떤 답을 적는가 하는 것은 사람마다 다르지만 결국 정답은 사람들의 선택과는 관계 없이 정답 그 자체입니다. 물론 윤리적인 선택은 수학문제를 푸는 것처럼 언제나 명확한 답을 보여주지는 않습니다. 마치 괜찮은 사람이 된다는 것이 훌륭하고 윤리적인 사람이 된다는 것을 의미하는 것은 아니듯이 말입니다.

한 사람이 사회적으로 괜찮은 사람으로 여겨질 수 있지만 사기꾼이나 거짓말쟁이일 수도 있습니다. 즉 그가 괜찮다는 것이 윤리적인 사람이라는 뜻은 아닙니다. 그가 괜찮은 사람이라는 것은 그가 사회적으로 받아들여질 수 있다는 것을 뜻하지 그가 훌륭하다는 것을 의미하지는 않습니다.

실제로 오늘날 우리들이 선택하는 것의 대부분은 다음에 근거를 두고 있습니다.

1. 편리함, 편안함 그리고 즐거움을 누리려는 욕망
2. 느낌— 느낌대로 하라. 그것이 가장 잘 한 것이다.
   그 기준은 책임감 있는 행동을 하는 것이 아니라 좋은 느낌을 갖는 데 있다.
3. 사회적 유행— 모든 사람들이 그렇게 하니까 나도 그렇게 해야 한다.

일반적으로 윤리와 윤리적 선택은 혼란스러운 것들이라고 합니다. 여기에서 문제가 되는 것은 도대체 누구에게 혼란스럽다는 것인가 하는 것입니다. 오직 분명하지 못한 가치관을 가진 사람들만이 혼란스러워 할 것입니다.

상황윤리

윤리라는 것은 일반화될 수 없습니다. 상황에 따라 윤리가 다양하다고 믿는 사람들은 상황에 따라 또 사람에 따라 자신을 정당화하면서 윤리를 계속 바꾸어 갑니다. 이것을 가리켜 상황윤리라고 합니다. 이것은 신념에 기초한 윤리가 아니라 편의를 위한 윤리인 것입니다.

> 상황윤리는 신념에 기초한 윤리가 아니라 편의를 위한 윤리다.

기준

우리는 왜 기준을 가져야 하는 걸까요? 그것은 척도가 되기 때문입니다. 유럽에서의 1미터는 아시아에서도 1미터입니다. 1킬로그램의 밀가루는 당신이 어디를 가든지 간에 1킬로그램입니다. 어떤 종류의 도덕 기준도 지키려고 하지 않는 사람들은 계속해서 도덕의 정의를 바꿉니다. 그들은 옳고 그른 것은 애초에 없다고 말하며, 당신도 그렇다고 믿습니다. 그들은 자기 자신들의 행동에 대해 책임을 묻기보다는 해석의 문제로 돌립니다. 그들은 이렇게 생각합니다. "나의 행동은 옳았어. 네 해석이 문제야."

예를 들어서 히틀러도 아마 자신이 옳았다고 믿었을 것입니다. 그러나 중요한 문제는 "그가 정말 옳았는가?" 하는 것입니다. 배고픈 사람에게 돈을 주는 것은 옳은 일이지만 마약을 사라고 돈을 주는 것은 옳지 않습니다.

일반화라는 것은 기준을 정해 놓은 것을 의미하는데 그 예외가 바로 상황입니다. 예를 들어서 살인은 잘못된 것입니다. 이것이 일반적인 명제로서 일반화된 진리이며 윤리적인 기준이 됩니다. 다만 정당방위에 있어서만은 예외가 됩니다. 이러한 규칙은 날씨가 좋아서 사람을 죽인다거나 혹은 그냥 한 번 해보고 싶어서 살인을 하는 것도 괜찮다고 말할 수는 없습니다.

어떤 한 사람을 알려고 할 때 그의 직업보다 그의 기호가 많은 것을 말해줍니다. 그가 자신의 여가시간을 활용하는 방법은 직장에서의 업무성과를 잘 반영해 줍니다. 마약을 살 돈이 떨어진 마약 중독자가 중독자가 아닌 사람보다는 돈을 횡령할 가능성이 더 높습니다.

우리의 윤리기준은 우리가 고용하는 자문위원들과 우리가 뽑는 공급업자들 또 우리가 거래하는 바이어들에 의해서 드러나게 됩니다.

의견들은 문화마다 다양할 수 있습니다. 그러나 공정함, 정의, 성실 그리고 헌신과 같은 가치들은 보편적이고도 영원한 것입니다. 그러한 것들은 문화와는 아무런 상관이 없습니다. 한 사회가 용기보다는 비겁함을 우러러 본 적은 한 번도 없습니다.

윤리와 정의는 다음을 포함합니다.

- 타인의 감정을 공감하는 것
- 공정성
- 상처입은 사람들에 대한 연민
- 사회의 더 큰 이익

단지 많은 사람들이 어떤 문제에 동의하였다고 해서 그것이 옳은 것이 되지는 않습니다. 예를 들어 열명의 성 도착자가 무고한 사람에게 상처를 주기 위해 가학적인 성행위에 동의하였다고 해서 그것이 옳은 일이 될 수 있을까요? 그렇지 않습니다. 마치 중력의 법칙처럼 윤리는 아주 보편적입니다. 규율 없는 자유가 파멸을 가져오는 것과 같이 원칙이 없는 사회는 자멸하고 맙니다. 만약 가치관이 주관적인 것이라면 어떤 범죄자도 감옥에 가지는 않을 것입니다. 경찰이 왜 필요한가요?

윤리는 아주 보편적이다

사회는 개인들의 윤리관에 기초해서 좋은 방향으로 또는 나쁜 방향으로 변화합니다. 사회에게 힘을 주는 것은 바로 윤리의식입니다. 어떤 사람들은 마약을 즐깁니다. 왜냐하면 그것이 기분을 좋게 해주기1 때문이지요. 하지만 그렇다고 해서 마약이 선한 것이라고 할 수 있을까요?

상대성 이론을 믿는 사람들은 실제로 자기 스스로의 역설에 빠져들고 맙니다. 그들은 말합니다. "모든 것은 상대적이야." 그것은 물론 절대적인 진리입니다. 그러므로 이 말은 자기모순이 됩니다. 옳고 그름, 정직과 부정직 사이의 구별은 그들의 존재를 전제로 하는 것이지요. 단순히 용어를 바꾼다고 해서 의미까지 바꾸지는 못합니다. 상표를 바꾼다고 해서 내용물까지 바뀌는 것은 아닌 것처럼 말입니다. 사람들은 새로운 이름을 붙임으로써 도덕관을 바꾸고, 그것은 대중매체를 통해서 미화됩니다. 거짓말쟁이들은 상상력이 풍부한 외향적인 사람으로 불리게 됩니다.

마이클 소빈이라는 콜롬비아 대학의 학장이 1993년 퇴직했습니다. 한 기자가 그에게 혹시 이루지 못하고 남아 있는 일이 있는지를 물었습니다. "그렇소"라고 소빈 씨가 대답했습니다. "자기만족처럼 들릴지는 모르지만 정말 딱 한 가지가 남아 있소." 그리고 그는 윤리 지도의 부족을 지적했습니다. 그러나 보통 대학생들은 이러한 부분에 대해 거의 교육을 받지 못하고 있습니다. 대부분의 교육자들이

이 주제를 다루기를 꺼려 하기 때문입니다. 그 결과 지금까지 가장 도덕과 윤리 교육이 필요한 젊은이들이 현실적으로 극히 적은 교육만을 받고 있습니다. 도덕과 윤리는 종교가 아닙니다. 그것은 평화로운 사회를 이루기 위해 필요로 하는 선한 행위에 관한 논리적이며 분별력 있는 원칙들인 것입니다.

윤리와 적법성

대부분의 사람들이 적법성과 윤리가 같은 의미를 가지고 있지 않다는 데에는 동의할 것입니다. 윤리적인 어떤 것이 적법한 것일 수도 있고 그렇지 않은 것일 수도 있습니다. 또 거꾸로 생각해도 마찬가지입니다. 예를 들어 봅시다.

1. 한 보험 판매원이 가장 알맞은 보험상품을 판매하는 것보다 많은 수수료를 받는 데만 관심이 있어서 잘못된 종류의 보험상품을 고객에게 판매합니다. 이것은 적법한 것이기는 하지만 비윤리적인 행동이지요.

2. 한 젊은 회사원이 제한 속도를 넘어서서 운전을 하고 있습니다. 그는 병원으로 가고 있는 중이며 그의 뒷자석에는 피를 흘리고 있는 아이가 있습니다. 아무도 이러한 상황에서는 법을 어기게 된 윤리에 대해 의문을 제기하지 않을 것입니다. 아마도 아이의 생명을 구하기 위한 의학적인 도움을 받지 않는 것이 오히려 비윤리적인 것이 될 수 있습니다. 그것이 법을 어기는 것을 의미하더라도 말이지요.

적법성은 최소한의 기준을 세워주지만 윤리와 기준들은 그것을 훨씬 넘어섭니다. 윤리와 가치관들은 공정함과 정의에 대한 것입니다. 그것은 사람들을 기쁘게 한다거나 불쾌하게 하는 것에 관한 문제가 아닙니다. 그것은 사람들이 필요로하는 권리를 존중하는 것과 관련된 것입니다.

삶의 목적

세상에는 많은 종류의 욕망들이 있습니다. 성공을 위한 욕망, 즐거움을 희생하고서라도 자신의 의무를 다하기 위한 욕망, 목표를 이루고자 하는 욕망도 있습니다. 인생의 의미를 부여해주고 죽을 만한 가치가 있는 것도 있습니다.

만약 당신이 양심을 잃는다면 전 세계를 다 얻은들 무슨 소용이 있겠습니까?

목적 없는 삶을 산다는 것은 살아 있더라도 죽은 것과 같습니다. 당신의 목표는 무엇입니까? 당신은 목표가 있습니까? 목표는 열정을 가져다 줍니다. 목표를 찾아보십시오. 또 만들어 보십시오. 그리고 열정과 인내를 가지고 그것을 추구해 보십시오.

매일 우리는 자신에게 이렇게 질문할 필요가 있습니다. "인생의 목표에 점점 다가가고 있는가? 내가 이곳을 더 살기 좋은 곳으로 만들고 있는가?" 만약 이에 대한 대답이 '아니오'라면 우리는 단지 우리의 인생 가운데 하루를 낭비하고 있는 것뿐입니다. 인생은 우리가 헌신하는 양에 비례해서 우리에게 보상해 줄 것입니다.

삶의 목적은 빨리 찾으면 찾을수록 좋습니다. 가장 큰 도전은 인생의 목적이 무엇인가에 대한 끝없는 탐색의 과

당신이 영원히 살 것처럼 공부하고, 당신이 내일 죽을 것처럼 생활하라.
— 마하트마 간디

정에서 나타납니다. 개인뿐만이 아니라 가족, 조직 그리고
국가를 위해서 말입니다. 만약 우리의 목표와 가치관이 분
명하다면 이기심과 사회적 의무 사이의 갈등 속에서도 도
덕적 균형을 찾을 수 있을 것입니다. 또한 언제 어떤 입장
을 취해야 할지를 알게 될 것입니다. 그때가 바로 단기적
인 이익을 위해서 잘못된 결정을 내리기보다 장기적인 이
익을 위해서 바른 결정을 내리기 시작하는 때입니다. 지혜
와 성숙함은 중요한 주제들에 대해서 더 잘 이해할 수 있
도록 해줍니다.

자네트 콜이 한 번은 이렇게 말했습니다. "나에게 중간
정도로 만족하는 사람을 보여주세요. 바로 그 사람이 실
패할 수밖에 없는 사람입니다." 인생은 스포츠를 구경하
는 것이 아닙니다. 뒷자리에 앉아서 벌어지고 있는 일들
을 그저 바라보고만 있을 수는 없습니다. 인생을 의미 있
는 것으로 만들기 위해서는 목표를 찾아야 합니다. 그리
고 그 목표를 이루기 위해 노력해야 합니다.

목적 있는 삶

우리 모두는 목적을 이루기 위해 이 세상에 던져졌습니
다. 우리는 말하자면 큰 그림의 일부인 셈입니다. 그러나
인생의 목적을 발견하는 사람은 그리 많지 않습니다. 대부
분은 자신만이 존재하고 있을 뿐이고 인생의 나날들을 의
미 있게 만들기보다는 단지 하루하루 지나가는 것을 세
고만 있을 뿐입니다.

알버트 아인슈타인 박사가 하루는 이런 질문을 받았습
니다. "우리가 왜 존재하는 걸까요?" 그러자 그가 대답했

습니다. "만약 우주가 우연으로 생겨난 것이라면 우리도 우연으로 생겨난 것이지요. 그러나 만약 우주에 어떤 의미가 있다면 우리에게도 의미가 있소이다." 그리고 그는 덧붙였습니다. "물리학을 공부하면 공부할수록 나는 더욱 더 형이상학에 끌리게 된다오."

어디에서 가치관을 배우는가?

최근에 뉴저지주 티넥이라는 곳에 있는 어떤 학교에서 한 교사가 실시한 고등학교 가치관 정화 수업에 관한 이야기를 읽은 적이 있습니다. 그 학급에 있는 한 소녀가 천 달러가 든 지갑을 발견해서 주인에게 돌려주었습니다. 교사는 학생들의 의견을 물었습니다. 같은 반 학생들은 모두 결론을 내리기를 소녀가 멍청하다는 것이었습니다. 또한 대부분의 학생들은 만약 어떤 사람이 부주의하다면 마땅히 처벌을 받아야 한다고 주장했습니다. 교사는 학생들에게 뭐라고 말해주었느냐는 질문을 받았습니다. 그러자 이렇게 대답했습니다. "글쎄요, 난 아무 말도 하지 않았어요. 내가 만약 무엇이 옳고 무엇이 그른지에 대한 입장을 전달한다면 그들의 상담자가 아니지요. 내 견해를 강요할 수는 없어요."

만약 우리가 부모들과 선생들로부터 가치관을 배우지 않는다면 누구에게 배울 수 있을까요? 그들이 우리에게 가치관을 가르쳐 주지 않는다면 우리는 자연적으로 그것들을 텔레비전이나 그 밖의 바람직하지 못한 요소에게서 배우게 될 것입니다. 이렇게 되면 사회가 뒤죽박죽되는 것은 당연한 일입니다. 위의 일화에서 등장하는 교사는 비뚤어

진 가치관에 대해 무책임할 뿐 아니라 우리의 아이들을 가
르칠 자격조차 없습니다.

승리와 승리자

승리하는 것과 승리자가 되는 것은 어떤 차이가 있을까
요? 승리는 사건이지만 승리자가 되는 것은 정신입니다.
승리자는 우리의 가치체계에 근거한 관점으로 볼 때 계속
해서 승리를 해왔습니다.

여기에 우리의 영감을 일깨워 주는 세 사람의 승리자가
있습니다.

1. 올림픽은 일생일대의 큰 행사입니다. 로랜스 르미유
   는 곤경에 처한 경쟁선수를 돕기 위해 요트경기에서
   경주를 중단했습니다. 전세계가 그 광경을 지켜보고
   있었습니다. 다른 사람의 생명에 대한 우선순위가 승
   리하고자 하는 욕망보다 더 컸던 것이지요. 비록 경기
   에서 승리하지는 못했지만 그는 승리자였습니다. 그
   는 전세계의 왕과 왕비들에게 극진한 예우를 받았는
   데, 그 이유는 그가 올림픽 정신을 잘 살렸기 때문이
   었습니다.

2. 곤잘레스라는 사람이 있었습니다. 그는 라켓볼 토너
   먼트 결승전 경기를 하고 있었습니다. 이 경기는 중요
   한 행사였고 그는 세계 챔피언 자리를 놓고 경기를 하
   던 중이었습니다. 서로 한 점만 더 따면 이기는 상황
   에서 곤잘레스는 상대편 선수가 점수를 따지 못하도
   록 하기 위해서 강력한 샷을 구사했습니다. 주심과

선심은 그 샷이 제대로 들어간 것을 확인했으며 그는 승리자가 되었습니다. 그러나 곤잘레스는 잠깐 동안 침묵하며 망설이더니 돌아서서 상대편 선수와 악수를 하며 이렇게 말했습니다. "그 샷은 빗나갔어요." 결과적으로 그는 서비스를 잃었고 마침내 경기에서 지게 되었습니다.

모든 사람들은 깜짝 놀랐습니다. 공식적으로 모든 것이 자신에게 유리한 상황에서 자기 자신을 실격시켜 경기에서 진다는 것을 누가 상상이나 할 수 있겠습니까. 왜 그런 행동을 했는지에 대해 질문을 받자 그가 대답했습니다. "그것이 나의 성실함을 지키기 위해 할 수 있었던 유일한 행동이었기 때문이죠." 그는 경기에서는 졌습니다. 그러나 승리자였습니다.

3. 일단의 판매원들이 회의에 참석하기 위해 마을을 떠나면서 가족들에게 금요일 저녁식사 시간까지는 돌아오겠노라고 말했습니다. 하지만 회의라는 것이 의례 그렇듯 문제가 꼬리를 물게 되어 제시간에 회의를 끝낼 수 없었습니다. 시간이 늦어진 관계로 그들은 비행기를 타야 했습니다. 그들은 거의 비행기가 출발하려는 마지막 순간에 공항에 도착했습니다. 티켓을 손에 든 채로 아직 비행기가 떠나지 않았기를 빌면서 달려갔습니다. 그러던 중에 그들 중 한 사람이 과일 바구니가 엎어져 있는 탁자에 부딪히고 말았습니다. 과일이 모두 흩어져서 이리저리 굴러다녔지만 멈출 시간이 없었습니다. 그들은 계속해서 뛰었으며 마침내 비행기에 탑승할 수 있었습니다. 모든 사람들은 비행기를 탈 수 있었다는 사실에 안도의 한숨을 쉬었습니

다. 하지만 한 사람은 그렇지 못했습니다. 그는 양심의 가책을 느끼고는 일어나서 동료들에게 작별 인사를 하고 밖으로 나갔습니다. 눈 앞에 펼쳐진 장면을 보았을 때 그는 다시 돌아오길 잘했다는 생각이 들었습니다. 그는 쓰러진 탁자로 다가갔고 탁자 뒤에는 과일을 팔아서 생계를 유지하는 앞 못보는 열 살짜리 소녀가 있었습니다. 그는 그 소녀에게 다가가 이렇게 말했습니다. "우리 때문에 네 하루가 망쳐지지 않았으면 좋겠구나." 그는 10달러짜리 지폐를 주머니에서 꺼내어 여자 아이에게 주고 "이 정도면 과일 값으로는 충분할 것 같구나"라고 말하고는 떠났습니다. 그 소녀는 무슨 일이 벌어지고 있는지 알 수가 없었습니다. 그녀가 들을 수 있는 것이라고는 멀어지는 발자국 소리뿐이었습니다. 발자국 소리가 사라질 때쯤 소녀가 소리쳤습니다. "하느님이신가요?" 그는 비행기를 놓치긴 했지만 승리자가 아닐까요? 물론입니다. 어떤 사람은 메달 없이도 승리자가 될 수 있지만 만약 승리의 중요성에 대한 정확한 인식이 없다면 어떤 이는 메달을 가지고도 패배자가 될 수 있습니다.

승리는 사건이지만 승리자가 되는 것은 정신이다

세 사람이 다른 수 백명의 사람들과 함께 마라톤 경주에 참가했습니다.

메달은 이들 세 사람이 아닌 다른 사람이 차지했습니다. 하지만 메달을 따지 못한 세 사람은 패배자일까요? 결코 그렇지 않습니다. 그들은 각기 다른 목적을 가지고 경기에 참가했습니다. 첫 번째 사람은 자신의 인내심을 테스트해 보기 위해서 경주에 참가했으며 또 기대했던 것보다 더 좋은 결과를 얻을 수 있었습니다. 두 번째 사람은 자신의 종전 기록을 더 향상시키기 위해서 참가했고 또 그렇게 하는 데 성공했습니다. 세 번째 사람은 지금까지 살아오면서 마라톤 경기에 참가해 본 적이 없었습니다. 그의 목적은 전 코스를 완주하는 것이었고 마지막 결승선에 무사히 도착해서 이 목표를 달성했습니다. 이러한 사실은 우리에게 무엇을 말해주고 있을까요?

각기 다른 목적을 가지고 있던 세 사람 모두 이를 이루었으며 누가 메달을 목에 걸었는지에 상관없이 그들은 모두 승리자였습니다.

마크 트웨인은 이렇게 말했습니다. "영예를 누릴 자격을 가지고도 그것을 누리지 못하는 것이 영예는 가졌지만 그것을 향유할 만한 자격을 가지고 있지 못하는 것보다 차라리 낫다." 품위라는 것은 많은 것을 가진다고 해서 얻을 수 있는 것이 아니라 그만한 자격을 갖추어야 얻을 수 있기 때문입니다. 만약 승리가 유일한 목적이라면 승리와 함께 오는 내적인 보상을 놓치게 될 것입니다. 승리하는 것보다 더 중요한 것은 명예롭게 승리하는 것이며 승리자가 될 만한 자격을 갖추는 것입니다. 명예롭게 패배하는 것이 정직하지 못하게 승리하는 것보다 낫습니다. 명예를 잃은 것은 준비가 부족했다는 것을 보여주지만 정직하지 못한 승리는 인격이 덜 되었다는 것을 보여줍니다.

한 사람의 인격을 테스트해 보려면, 그가 아무도 자신이 하는 일을 모른다고 생각할 때 하거나 하지 않게 될 행동

승리보다 더 승리적인 패배가 있다.
— 마이클 드 몽테뉴

을 보면 됩니다. 자신의 성실성을 더럽히고 지름길을 택해서 승리하는 것은 아무런 가치도 없는 일입니다. 트로피는 가지게 되겠지만 그 진실을 알고 있는 한 결코 행복한 사람이 될 수 없을 겁니다. 트로피를 차지하는 것보다 더 중요한 것은 선한 인간이 되는 것입니다.

승리자들은 하루하루를 마치 그날이 세상의 마지막 날인 것처럼 살아갑니다. 왜냐하면 이 날들 중에 어느 하루가 실제로 마지막 날이 될 것이고 언제 그날이 다가올지 알지 못하기 때문입니다. 세상을 떠날 때 그들은 승리자로 떠나게 되는 것입니다.

승리자는 자비롭다

기억하십시오. 승리자는 자비롭습니다. 그들은 결코 자신을 자랑하지 않습니다. 그들은 자기 팀 동료들과 상대 선수들을 존중하고 그들에게 감사합니다.

많은 사람들은 성공하는 방법에 대해서는 잘 알고 있습니다. 하지만 성공을 다루는 방법에 대해서 알고 있는 사람은 거의 없습니다. 또한 성공에는 항상 다른 몇몇 사람들을 불쾌하게 만드는 무엇인가가 있습니다.

성공을 위한 청사진

우리는 전세계적으로 여러 단체들을 대상으로 하여 '성공을 위한 청사진'이라는 3일간의 공개 세미나를 열고 있습니다. 이 세미나는 다음과 같은 철학에 기초를 두고 있지요. "성공하는 사람들은 특별한 일을 하는 것이 아니라 특별한 방식으로 일을 한다." 이 철학은 "성공이 모든 것은 아니다. 성공은 단지 한 가지 일일 뿐이다"라는 주장에 대한 반동으로 도입된 것입니다. 나로서는 후자의 철학을 사실이라고 믿는 사람들의 성실성이 의문스럽습니다. 그것은 '살인 본능'* 이라는 단어에 왜곡된 의미를 부여합니다. 만약 당신이 길거리에서 어떤 사람에게 "살인 본능이라는 뜻이 뭐죠?"라고 묻는다면 대부분의 사람들은 이렇게 대답할 겁니다. "무슨 짓을 해서라도 이겨야 한다는 거죠." 그것은 살인 본능이 아닙니다. 단지 정직하지 못한 것일 뿐이지요.

훌륭한 운동선수에게 있어서 살인 본능이 의미하는 것은 다음과 같습니다.

1. 100퍼센트의 힘을 쏟는 것이 아니라 200퍼센트의 힘을 얻는 것이다.
2. 이기기 위해서 상대방의 실수를 이용해야만 한다. 상대의 실수를 이용하지 않는 것이 곧 나의 실수이다. 그러나 이기기 위해 반칙을 하는 것은 살인 본능이 아닙니다. 그것은 전적으로 정직하지 못한 것입니다. 뿐만 아니라 부정하게 이룬 승리가 일시적으로 성공을 가져다 줄지는 모르지만 성취감을 가져다 주지는 못합니다.

실제로 인생이란 경쟁이며 우리는 경쟁을 해야만 살아갈 수 있습니다. 사실은 경쟁이 경쟁하기 좋아하는 사람을 만드는 것이지요. 그리고 두말할 것도 없이 목적은 승리하는 것입니다. 하지만 공정하고 정정당당하게 그리고 규칙대로 승리하는 것입니다.

---

* 살인 본능(killer-instinct) : 이기기 위해서 상대방의 실수를 이용하지만 해를 입히지는 않는 것 — 옮긴이

승자는 유산을 남긴다

훌륭한 사람들은 뒤에 무엇인가를 남깁니다. 승리자들은 누구도 혼자 힘으로 그것을 해낼 수는 없다는 것을 인정합니다. 비록 메달을 따더라도 그들은 자신들의 성공 뒤에 많은 사람들이 있었다는 것을 깨닫습니다. 그런 사람들이 없었으면 아마 성공은 어려웠을 겁니다. 선생님, 부모, 코치, 팬들 그리고 조언자들이 그들이지요. 어떻게 하면 그들의 은혜에 완전히 보답할 수 있을까요? 작은 감사를 표현하는 유일한 방법이란 자기의 뒤를 따라오는 사람들을 돕는 것입니다.

다음의 시가 이러한 부분을 잘 말해주고 있습니다.

다리 놓는 사람
◆

한 노인이 쓸쓸한 고속도로를 지나서
춥고 흐린 저녁에 커다랗고 깊고 또 넓은
곳에 도착했지요.
그 사이로는 완만한 물결이 흐르고
어둑어둑한 황혼 속에서 그는 물을 건넜지요.
느릿한 물결은 그에게 아무런 공포를 주지 못했지만
그러나 안전하게 반대편에 도착했을 때,
그는 돌아서서 다리를 놓기 시작하네요.
"노인장." 근처의 한 순례자가 말했지요.
"여기서 다리를 놓느라 힘을 낭비하고 있군요.
마지막 날에 당신의 여행은 끝날 것이고,
이 길을 다시 지나가야 할 필요가 없잖소.

이 깊고 넓은 물을 통과했는데,

왜 이 평온한 물결에 다리를 놓는 거죠?

노인이 회색빛 머리를 들었지요.

"여보게, 친구. 내가 오던 길로 내 뒤에

한 젊은이가 따라오고 있었소.

이 물이 내겐 별 것 아니었지만

그 금발의 젊은이에겐 함정이 될 수도 있지.

그도 또한 황혼의 어둠 속에서 물을 건너야 하기에.

친구, 나는 그를 위해 다리를 놓고 있는거요.

— 윌 알렌 드럼굴

소크라테스는 플라톤을 가르쳤고, 플라톤은 아리스토텔레스를 가르쳤으며, 아리스토텔레스는 알렉산더 대왕을 가르쳤습니다. 만약 이렇게 계속 전해지지 않았더라면 지식은 아마 사라져버리고 말았겠지요.

우리가 가지고 있는 가장 큰 책임은 다음 세대가 자랑스러워 할 만한 유산을 남기는 것입니다.

변하는 가치관 — 오늘날의 가치관

변화는 필연적인 것입니다. 우리가 좋아하든 싫어하든 간에 변화는 있게 마련입니다. 지역사회의 결속을 잃게 만들었던 '나' 중심의 세대와 상황윤리가 너무나도 팽배해 있습니다. 자신이 저지른 잘못에 대해 후회하는 것이 아니라 잡혔다는 사실에 대해서 슬퍼합니다.

1958년 실시된 고등학교 교장선생님들의 설문조사에 이런 질문이 있었습니다. 당신의 학교 학생들 사이에서 일어

성공한 사람이 되려고 애쓰지 말고 오히려 가치있는 사람이 되려고 노력하라.

— 알버트 아인슈타인

나는 가장 주된 문제는 어떤 것들입니까? 그 대답은 다음과 같았습니다.

1. 숙제 안하기
2. 기물 함부로 다루기 — 예를 들어 책을 던지는 것
3. 불을 켜놓거나 창문과 문을 열어놓은 채 퇴실하기
4. 종이를 씹어서 뭉친 뒤 볼펜으로 쏘기
5. 복도에서 뛰어다니기

30년 즉 한 세대가 지난 1988년 여론 조사에서 같은 질문을 하였습니다. 그런데 그에 대한 대답은 놀라울 정도로 판이하게 달랐습니다.

1. 낙태
2. 에이즈
3. 강간
4. 마약
5. 폭력에 의한 죽음, 살인, 총기류, 칼에 대한 두려움

오래된 가치라고해서 시대에 뒤떨어지는 것은 아니다

어떤 사람들은 책임감, 성실성, 헌신 그리고 애국심과 같은 가치들을 오래된 것으로 여깁니다. 아마도 이런 가치들이 오래되긴 했지만 분명히 시대에 뒤떨어진 것은 아닙니다. 이들은 세월의 시험을 견뎌냈고 앞으로도 영원히 그럴 것입니다. 뉴욕에서건 뉴델리에서건 아니면 뉴질랜드에서건 간에 이러한 가치들은 똑같은 의미를 지니고 있습니다.

또한 이러한 가치들은 보편적입니다. 나는 역사상 이러한 가치들을 존중하지 않았던 그 어떤 시대도, 그 어떤 문화도 알지 못합니다.

땅에 떨어져 있는 가치들

어떤 사회에서든지 기본적으로 부도덕성과 부정은 결국 절망이 되고 맙니다. 부도덕한 쾌락을 쫓는 탐욕적이고 무분별한 사람들은 가치체계가 확실히 서 있는 사람들에 의해서 제지되어야 합니다. 우리는 지금 변화의 과정속에서 길을 잃은 상태에 놓여 있습니다.

어떤 사회라도 도덕적 방향을 잃게 된다면 재앙의 길로 들어서게 됩니다. 왜냐하면 역사상으로 나타난 모든 실패들이 도덕적 실패에 기인한 것이기 때문입니다.

지금으로부터 50여 년 전에 미국은 고통스러웠던 대공황 한 가운데 놓여 있었습니다. 국가 재정의 약 삼분의 일이 약 한 달만에 사라져 버렸습니다. 또 생산량은 77퍼센트 감소했고 노동 인구의 4분의 1이 실업상태였으며 많은 도시들은 학교를 운영할 돈이 없었습니다. 20퍼센트의 뉴욕 학생들이 영양실조 상태였고 3천4백만에 달하는 남녀노소가 아무런 수입도 없이 하루하루를 살아가고 있었습니다.

그러나 무료 급식소라든가 은행 폐쇄, 굶주림과 같은 고통스런 와중에서도 루즈벨트 대통령은 한 라디오 연설에서 이렇게 이야기 할 수 있었습니다. "감사하게도 우리의 어려움은 단지 물질적인 문제에만 국한된 것입니다."

"감사하게도 우리의 어려움은 단지 물질적인 문제에만 국한된 것이다"
—루즈벨트, 대공황 시절 국민들에서 한 연설에서

무엇이 선인가?

만약 우리가 여론 조사를 실시해서 사람들에게 한 가지 질문을 던진다고 합시다. "당신은 착한 사람입니까?" 그러면 대부분의 사람은 "당연하죠!"라고 대답할 것입니다. 그러면 그들에게 다시 "왜 착하지요?"라고 묻는다면 그에 대한 대답은 다음과 같겠지요.

- 나는 사람들을 속이지 않으니까 착한 사람이에요.
- 나는 거짓말을 하지 않으니까 착하지요.
- 나는 도둑질하지 않으니까 착한 사람이죠.

"한 사람이 선하게 될 때는 잘못을 저지르지 않을 때가 아니라 선을 행할 때이다"

위에 나타난 이유들을 분석해 보면 본질을 빗겨가고 있다는 것을 알 수 있습니다. 자 우선 "남을 속이지 않아요"라고 말하는 사람을 생각해 봅시다. 글쎄요, 그 말이 의미하는 바는 단지 그가 사기꾼이 아니라는 것입니다. 또한 거짓말이나 도둑질을 하지 않는다고 말하는 사람들은 다만 자신이 거짓말쟁이나 도둑이 아니라는 것을 말하고 있을 뿐입니다. 한 사람이 선하게 될 때는 잘못을 저지르지 않을 때가 아니라 선을 행할 때입니다. 가치 있는 사람은 공정함, 연민, 용기, 성실성, 타인의 감정을 이해하는 마음, 겸손, 충실, 예의범절과 같은 덕목들을 갖춘 사람일 것입니다. 왜 이런 사람이 선한 사람일까요? 그 이유는 이들이야말로 의지할 수 있는 사람들이며 정의를 위해 굳게 서서 도움을 필요로 하는 사람들을 도와주고, 자신들과 그들 주변에 있는 사람들의 삶을 더 풍요롭게 만들어 주는 사람들이기 때문이지요. 모든 형태의 선을 이해하기 위해서는 우리에게 기준과 잣대가 필요합니다. 이때 기준은 윤리적인 것일 수도 있고 법적인 것일 수도 있습니다. 또 둘 다일 수도 있지요. 윤리적 기준이 다루는 영역은 옳은 것과 그른 것 그리고 그 사이에서 선한 것은 더욱 선하게 그리고 악한 것은 더욱 악하게 만드는 소위 회색지대입니다.

우리의 윤리적 기준은 얼마나 높은가?

다음과 같은 상황이 된다면 어떻게 하겠습니까?

1. 당신은 집에서 공항까지의 택시비가 64달러라는 것을 알고 있습니다. 당신은 전에도 이 정도 금액을 지불하였고 이것이 정확한 요금이라는 것을 알고 있습니다. 그런데 택시기사는 32달러만 요구합니다. 어떻게 하겠습니까?
2. 식당에서 식사를 하면서 당신은 네 가지 요리를 먹었는데 웨이터가 실수로 세 가지에 대해서만 계산을 했습니다. 어떻게 하겠습니까?
3. 가장 친한 친구가 불치의 병에 걸려 있으며 당신의 직업은 생명보험 판매원입니다. 친구와 그의 가족들은 10만 달러의 보험금을 필요로 합니다. 당신은 당신의 친구가 죽어가고 있다는 것을 아무도 모르고 또 아무도 알아낼 수 없다고 한다면 어떻게 하겠습니까?

당신이 윤리를 만들 수는 없습니다. 위와 같은 상황속에서 자녀들에게 어떤 조언을 해 주시겠습니까? 당신은 같은 상황 아래 있는 당신의 아이들에게 모범이 되도록 행동하고 있습니까? 우리는 태어나자마자 윤리에 대해 배우기 시작해서 평생 동안 학습합니다. 우리의 행동을 윤리적인 것

으로 바꿀 수 있을까요? 그렇습니다. 그러기 위해서는 훈
련이 필요합니다.

무엇이 윤리에 영향을 끼치는가?

- 탐욕
- 공포
- 압력

성과에 대한 압력이 비윤리적인 행동을 정당화시켜주지
는 못합니다. 공정하게 대접받는다는 것이 똑같이 대접받
는다는 것을 의미하지는 않습니다.

사업에 있어서의 윤리

윤리라든가 윤리가 결여된 것은 모든 직업에서 분명히
나타납니다. 탐욕스러운 의사는 돈을 벌기 위해 불필요한
검사를 하고 필요 없는 수술을 합니다. 변호사들은 자신의
이익을 위해서 진실을 왜곡합니다.

부모와 아이들은 모두 선의의 거짓말을 하고 회계사와
비서들은 종종 거짓 보고서를 작성하기도 합니다.

만약 주변 사람들을 속인다면 그것은 무엇보다도 자기
자신을 속이는 것입니다. 다른 사람에게 속을 준비를 하고
있는 것입니다. 번영은 책임감을 수반합니다. 도덕적, 사회
적 구조를 파괴하면서 산업과 사회자본을 세울 수는 없는
것입니다.

윤리적 행동을 따르지 않는 것은 법적인 행동을 따르지
않는 것과 같습니다. 어떤 사람들은 결코 윤리적이라고 평

가받을 수 없는 사람도 있습니다. 그들은 자신이 쉬운 길을 가고 있다고 생각합니다. 하지만 실제로는 그것이 더 험난한 길입니다. 만약 당신이 고객에게 바른 행동을 하지 못했을 때, 스스로에게 떳떳할 수 있습니까? 당신의 아이들에게 자랑하며 스스로를 자랑스러워하며 즐거워할 수 있습니까? 만약 그럴 수 없다면 그 행동은 비윤리적인 것입니다.

　유머감각과 자긍심이 그 사람으로 하여금 바른 길을 가도록 해주는 것입니다.

비 젼

　왜 사람들은 최고의 자리에 도달하지 못하는 걸까요? 한 가지 중요한 이유는 비젼이 없거나 있다고 하더하도 제한된 것이기 때문입니다. 우리는 가능한 것 이상의 꿈을 가질 필요가 있습니다. 오늘날 우리가 보고 있는 모든 것은 그것이 현실화되기 전에는 꿈에 지나지 않았습니다. 열정과 방향 그리고 목표를 가지고 살아가십시오. 꿈이 있습니까? 당신의 꿈은 무엇입니까? 매일매일 당신은 목표에 점점 가까이 다가가고 있습니까?

　당신에게 성공하는 방법만을 얘기해 주는 실패자들이 아닌 성공한 사람들로부터 조언을 구하십시오.

　기억하십시오. 성공한 사람들은 특별한 일을 한 것이 아닙니다. 다만 특별한 방법으로 그 일을 했을 뿐입니다!

1년을 내다보며 꽃을 가꾸라.
10년을 내다보며 나무를 심어라.
영원한 시간을 내다보며 사람을 가꾸어라.
　　　　—동양 격언

■ 새로운 세계를 여는 도서출판 물병자리의 책들

누구나 쉽게 배울 수 있는
펜듈럼 길라잡이
시그 론그렌 지음
김태윤 옮김
15,000원(펜듈럼 포함)

움직이는 진동추로 수맥을 찾거나 미래 예지, 기(氣) 측정, 숨겨진 비밀, 건강진단 등을 알아내는 고대로부터 내려오는 기술인 펜듈럼 다우징의 세계를 국내 최초로 소개하는 책이다. 책 속에 부록으로 들어 있는 펜듈럼과 다양한 그림 차트 들을 통해 독자들이 직접 배워서 활용할 수 있게 만든 책이다.

피라미드 에너지
빌 케렐 · 케시 고긴 지음
김태윤 옮김
5,500원

피라미드 에너지란 한마디로 피라미드 모양의 골조나 조형물 안에서 신비롭고 놀라운 에너지 장이 형성된다는 것이다. 이 책은 피라미드 에너지의 발견에서부터 그것을 입증하는 연구 성과들과 실생활에 응용할 수 있는 실험과 방법들을 담고 있는 이 분야의 가장 권위있는 책이다.

밀레니엄의 대예언 1 · 2
존 호그 지음
최환 옮김
각권 8,000원

에드가 케이시, 라즈니쉬, 노스트라다무스, 블라바츠키, 신 · 구약성서 등 89명의 예언자들의 102가지 원전에서 뽑은 미래에 관한 777가지 투시와 예언이 담긴 예언서의 결정판.다가오는 천년의 무한한 가능성을 적절히 보여주며 지금 우리가 무엇을 어떻게 해야 할지를 역사상의 위대한 예언들을 통해 제시하고 있다.

자본주의의 종말
고철기 지음
7,000원

이 책은 경제학자이자 명상가인 저자가 위대한 인도의 성자 사카르의 비전을 통해 밝힌 미래서이다. 경제 대공황, 물 위기, 식량 위기, 기타 자연적 대변혁으로 20세기말 자본주의는 필연적으로 붕괴하고 그 대안으로 제시된 프라우트와 네오 휴머니즘에 의해 21세기에는 새로운 신문명이 도래할 것이라 예언한다.

카발라
찰스 폰스 지음
조하선 옮김
8,800원

카발라란 비밀의 유대 신비주의를 말하는 것으로 서양 비교(秘敎) 철학 전통의 중심에 있는 체계이다. 국내 최초로 본격 소개되는 카발라의 모든 것을 알 수 있는 책이다. 카발라는 오컬트 및 정신세계 전반을 탐구하는 사람들에게 꼭 한번은 부딪히게 되는 관문으로, 이 책은 최상의 입문서로 권할 수 있다.

로즈웰 파일
필립 J.코르소 · 윌리엄J.번스 지음
최환 옮김
7,800원

1961년 육군 외국기술과장으로 있던 코르소 대령은 뉴멕시코 주로즈웰에 추락한 외계 인공물들에 대한 모방 공학 프로젝트를 수행하였다. 아직도 공개를 거부하는 로즈웰 파일을 정보의 핵심에서 관리했던 미 국방성 퇴역 대령이 폭로하는 미국 정부의 충격적인 UFO전략.

그대를 변형시킬
새로운 연금술
오쇼 라즈니쉬 강연
김성식 옮김
7,800원

신지학회의 회원이었던 마벨 콜린스의 신비서 《길을 밝히는 빛》에 대한 오쇼 라즈니쉬의 강의록. 오쇼 라즈니쉬의 초기 경전 강의록으로 그의 초기 사상이 고스란히 담겨 있는 책이다. 육체화되지 않은 신성한 존재들의 지혜를 담은 《길을 밝히는 빛》을 오쇼는 깊은 깨달음의 통찰로 명쾌하게 강의하고 있다.

돈을 끌어오는 마음의 법칙
사냐야 로만 · 듀엔 패커 지음
주혜명 옮김
7,500원

우주의 모든 만물은 우주의 에너지 흐름에 따르고 있다. '돈' 역시 이 에너지의 흐름을 따르고 있다. 저자들의 영적 안내자들로부터 채널링된 메시지를 통해 서술된 이 책은 명상을 통해 우주의 흐름을 터득해 돈과 부를 얻을 수 있는 방법을 제시하고 있다.

진실만 말하면서 세상을 사는 법
브래드 브랜튼 지음
정현숙 옮김
6,500원

현대인의 마음은 거짓말로 지어진 감옥이다. 이 책은 그 감옥에서 탈출하여 자유를 얻을 수 있는 방법을 제시한다. 게슈탈트 요법의 대가인 저자는 만천하에 자기 자신으로부터 발가벗어 보임으로써 정직과 진실만으로 세상을 새롭게 사는 법을 공개한다. 통쾌하리만큼 과격한 언어로 우리의 의식을 일깨운다.

예언자의 노래
칼릴 지브란 지음
이석태 옮김
4,800원

《예언자》라는 불후의 명작으로 20세기의 단테로 일컬어지는 칼릴 지브란의 작품으로 사랑과 믿음, 명상과 깨달음의 주제로 삶과 영혼을 노래한다. 칼릴 지브란의 언어는 고통과 고뇌의 길고 긴 삶의 여정에서 만나는 맑고 투명한 샘물처럼 우리의 영혼을 적신다.

히란야 에너지
야마다 다카오 · 데바 히데오 지음
한준호 · 안홍균 옮김
6,800원

'히란야'라는 말은 산스크리트어로 '황금'을 의미한다. 육각형의 별 모양에서 발생하는 이 놀라운 에너지는 인류 문명의 새로운 전환을 가져 올 실마리이다. 이 책은 피라미드 에너지에 이어 또다른 과학 혁명을 가져 올 히란야 에너지의 실체를 밝히며 무한한 우주와 우리의 정신세계를 새로운 시각으로 펼쳐 보인다.

민정암의 기
민정암 지음
15,000원 (CD포함)

국내 최고의 기공사 민정암 선생이 전하는 氣의 원리와 태극기공의 모든 것. 이 책은 건강과 행운을 가져오는 강력한 氣가 흐른다. 그리고 민정암의 살아 있는 氣가 담긴 CD가 책 속에 들어 있다. 200여 장의 그림이 실려 있어 누구나 쉽게 氣와 氣功의 원리를 배울 수 있다.

베일 벗은 천부경
조하선 지음
15,000원

천부경에 대한 완전한 입체적 해석이 담긴 이 책은 삼일신고, 다물홍방가, 도덕경, 팔괘 등을 천부사상에 입각해 풀이하고 있다. 그리고 그 전체적 조감을 위해 전세계의 종교 · 신화가 총망라되었다. 이 한권의 책에서 우리나라 상고철학과 인도 중국 등의 동양철학과 서양의 에소테릭, 오컬트 철학이 유기적으로 통합된 것을 만난다.

네 능력으로 살아라
데보라한 스미스 지음 · 홍성정 옮김
(근간)

직업 · 취업 그리고 어떻게 살 것인가에 대한 문제를 저자의 다양한 경험에서 온 넘치는 유머와 예리한 통찰력으로 쓴 책으로 미국과 동시 출간되는 멋진 책이다. IMF 체제 이후 불어닥친 실업과 취업난을 겪고 있는 우리 현실에 꼭 맞는 책으로 실의에 찬 직장인과 학생들에게 권하는 최고의 책이다.

숨겨진 예수 (마께)
콜린 드 실바 지음 · 김철호 옮김
(근간)

예수의 2세부터 30세까지의 생애는 아직도 밝혀지지 않는 수수께 끼이다. 이 책의 저자는 독일에서 명성을 떨치는 작가로 중근동과 소아시아 역사와 문헌에 정통하다. 이 소설은 성서에 나오는 동박박 사로부터 이야기의 실마리를 풀어간다. 긴박감과 재미는 물론 해박한 지적 모험을 함께 할 수 있는 웅장하고 멋진 소설이다.

밥 따로 물 따로 (마께)
이상문 지음
(근간)

그동안 수많은 사람들 사이에 입에서 입으로 전해져온 '음양감식조 절법'의 모든 것을 담은 책. 저자의 음양감식조절법은 난치 · 불치병 환자들에게 기적과 같은 치유를 보여 왔다. 소문 없는 베스트셀러였던 저자의 책들을 한권에 담으면서, 보다 알기쉽고 상세하게 재구성한 책이다.

타로카드 (마께)
줄리엣 샤만 지음
주혜명 옮김
(근간)

국내 최초로 공개되는 타로카드의 모든 것. 서양 점술의 핵심으로 오컬트 및 신비주의 근원을 이루는 타로카드는 단지 점술(占術)의 차원이 아니라 중요한 신화학적 인문학적 가치를 지닌다. 직접 타로 카드로 점을 칠 수 있도록 최고급 카드가 별책부록으로 들어 있다.

명당 만들기 (마께)
설영상 지음
(근간)

수맥 · 지기를 잘 알고 다스릴 줄 알게 되면 누구나 명당을 만들 수 있다는 것을 보여주는 책이다. 과거에는 풍수가가 명당을 찾아서 양택이나 음택을 삼았으나 현대에는 자신이 살고 있는 곳을 명당으로 만들어서 살아야만 하는 실정이다. 따라서 이 책은 자기 스스로 명당을 만들어 건강과 행복을 찾는 방법을 일러 준다.